河南创新发展

现实与未来

华小鹏 等 / 著

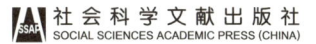

社会科学文献出版社
SOCIAL SCIENCES ACADEMIC PRESS (CHINA)

目 录

第一章 绪论 ·· 1
　第一节 创新是区域经济发展的根本动力 ······································· 1
　第二节 创新是区域经济发展的必由之路 ······································· 5
　第三节 创新驱动是区域经济发展的有效途径 ······························· 11

第二章 创新与区域发展 ··· 16
　第一节 创新与创新发展 ··· 16
　第二节 协同创新与区域创新 ·· 25
　第三节 创新驱动与区域发展 ·· 35

第三章 区域创新发展的实践 ·· 46
　第一节 区域创新发展驱动的整体特征 ··· 46
　第二节 区域创新发展实践的不同模式 ··· 51
　第三节 区域创新实践的经济政策支持 ··· 64

第四章 河南创新发展的现状 ·· 71
　第一节 创新的统计性描述 ··· 71
　第二节 河南创新现状的实证研究 ··· 82
　第三节 河南创新现状的实证结果分析 ··· 88

第五章 以创新推动河南农业现代化 ·· 94
　第一节 加快转变农业发展方式 ··· 94

第二节　推进农业标准化和信息化 …………………………… 106
　　第三节　推进城乡一体化建设 ………………………………… 114

第六章　以创新构建河南新型工业化 ……………………………… 124
　　第一节　河南创新与新型工业化现状分析 …………………… 124
　　第二节　河南创新和新型工业化的实证分析 ………………… 136
　　第三节　以创新构建河南新型工业化的路径 ………………… 143

第七章　以创新引领河南现代服务业 ……………………………… 152
　　第一节　优化金融行业生态 …………………………………… 153
　　第二节　推进文化产业发展 …………………………………… 159
　　第三节　构筑现代物流业体系 ………………………………… 169

第八章　以创新构筑河南发展新体制 ……………………………… 175
　　第一节　深化行政管理体制改革 ……………………………… 175
　　第二节　加快形成竞争有序的市场体系 ……………………… 183
　　第三节　创新和完善宏观调控方式 …………………………… 188

第九章　以创新提高河南整体发展质量 …………………………… 195
　　第一节　培育河南发展新动力 ………………………………… 195
　　第二节　拓展河南发展空间 …………………………………… 202
　　第三节　加快河南经济发展方式转变 ………………………… 212

参考文献 ……………………………………………………………… 223

后　记 ………………………………………………………………… 227

第一章
绪　论

在世界经济发展出现知识化与信息化、全球化与区域化的背景下，区域创新能力已经成为区域经济取得国际竞争优势的根本性条件。在保持30多年经济的快速增长之后，我国正处在经济结构升级、发展方式转变的关键时期。在此新的时代背景下，要实现区域经济新的腾飞，就必须把创新作为加快发展的关键，以全新的观念和思路，开创经济发展的全新局面。区域创新能力被认为是区域经济发展的重要推动力，对区域经济增长、区域产业集群以及区域产业结构升级均具有显著的推动作用。创新不仅是区域发展的动力和必由之路，而且是区域经济发展的有效途径。

第一节　创新是区域经济发展的根本动力

人类社会经济的发展，已从农业经济时代、工业经济时代过渡到了知识经济时代。知识经济以知识为最基本的生产要素，显著区别于以土地为最基本生产要素的农业经济和以资本为最基本生产要素的工业经济。传统的农业经济与工业经济都是以稀缺的自然资源为基础发展起来的，存在收益递减的基本经济规律和经济增长的极限，并且随着人类不可再生资源的减少，如果没有新的资源替代，其发展动力就有枯竭的可能。但知识经济不同，知识经济是以智力资源和知识为基础发展起来的，知识本身所具有的无穷性和可再生性等特点使知识资源可以无限创造和开发，从而避免了传统经济的各种弊端。与传统经济依靠大量生产要素的投入推动经济增长不同，知识经济的发展主要依靠知识的生产、传播和应用，其实质就是依靠不断的知识和技术创新。知识经济时代，创新是经济发展的最根本动力。在创新驱动下，知识产品的成本随着产品数量的增加而下降，知识越使用价值越大，从而冲破了传统经济收益递减的基本规律，形成了收益递增的特征。同时，由于创新主体的创新能力是无限的，创新主体的创新产品——新知识和新技术——理论上讲也是无限的，因此以其为基础的知识经济的发展空间也具有无限性。由此，在知识经济时代，创新能力的高低不仅直接决定了一个国家竞争力的高低，而且决定了一个地区经济实力的强弱。正是因为创新，众多区域在经济全球化过程中崛起，并走向个性化的发展道路。区域创新能力的不同，使我国经济的个性化和差异性在从大的流域经济、省级经济到县级经济乃至更低一级区域经济的范围内展开。区域创新正成为区域经济发展的强力"引擎"和"推进器"，区域创新能力也成为区分区域经济发展水平的重要标志。也正是在这种意义上，我们可以说，创新是区域经济发展的不竭动力。

一　创新提高了区域经济增长的质量

区域经济增长通常是指由于生产要素投入的增加或效率的提高等原因，一个地区在一定时期内经济规模在数量上的扩大，即商品和劳务产出量的增加。根据这个概念可以推断，一般情况下，区域经济增长的源泉来自两个方面：一是要素投入的增长，二是要素使用效率的提高。若经济增长主要依靠要素投入的增长来推动，则可称之为粗放型经济增长方式；若经济增长主要依靠要素使用效率的提高，则可称之为集约型经济增长方式。在区域经济的增长过程中，速度和质量是两个非常重要的指标，这两者既对立又统一。之所以对立，是因为经济增长速度与经济增长质量常常不可兼得：提高了经济增长速度，却损失了经济增长质量；提高了经济增长质量，却降低了经济增长速度。若要统一，就必须两者兼顾，而其关键就是看区域经济增长方式的选择。在粗放型经济增长方式下，区域经济发展往往注重的是速度，而忽视质量，在某些情况下，甚至速度和质量都无法顾及；相反，在集约型经济增长方式下，区域经济发展却可以达到速度与质量的统一。集约型经济增长，关键在于提高单位要素投入的效率，而这种效率的提高是通过技术创新来实现的。这是因为创新和技术进步在生产要素使用效率的提高上能够发挥三重作用：①创新能够以知识和信息等无形生产要素部分或者全部地代替自然资源等有形生产要素；②创新能够促进有形生产要素的反复和循环使用；③创新有助于开发新的生产要素或寻求替代生产要素。显然，创新有利于区域经济采用集约型的增长方式，以降低区域经济增长中的物质消耗，提高区域经济增长的质量。因此，创新是提高区域经济增长质量的有效手段。

二　创新促进区域产业结构的不断升级

区域产业结构是特定区域内各产业部门之间、各产业部门内部各行业及企业间的构成及相互制约的联结关系。由于区域经济增长是以区域内各产业部门的增长为基础的，因此区域经济增长过程实质上是区域内各产业部门增长过程的综合结果。区域经济增长要求区域内各产业部门之间保持合理的比例结构。合理和高级化的产业结构，能使区域经济资源得到合理利用、各产业协调发展，有利于取得最佳的经济效益；不合理、低级化的产业结构会降低区域经济增长的质量，并最终阻碍区域经济的发展。事实上，区域产业结构的变化要受很多因素影响和制约，如国民经济增长水平、资源条件、技术创新、市场需求、经济政策、投资结构、劳动力流向等。区域产业结构的升级就是在这些因素的相互作用下实现的，其中技术创新是关键因素。根据熊彼特的观点，技术创新就是导入一种新的生产函数，从而大大地提高潜在的产出水平，而区域产业结构升级的过程，就是伴随着技术进步和生产社会化程度的提高，不断提高产业结构作为资源转换器的效能和效益的过程。因此，技术创新是产业结构升级的决定性手段，或者说，产业结构升级就是技术创新的展开过程和逻辑终点。产业结构升级，既包括传统产业的改造，又包括落后产业的淘汰，还包括新兴产业的创生。

三　创新推动着区域的可持续发展

可持续发展是既满足当代人的需要，又不损害子孙后代满足其需要的能力的发展。其基本要求是人类能动地调控"自然—经济—社会"复合系统，在不超越资源与环境承载能力的条件下，促进经济持续发展，保持资源永续利用，不断提高生活质量。创新对区域经济可持续发展的积极作用主要体现在以下几个方面。

（一）创新是扩大资源供给的有效途径

相对于人类对资源的无限需求而言，资源的供给是受到严重限制的。在众多制约因素中，一个关键的因素就是技术创新能力与技术进步水平。技术创新与技术进步对资源供给增加的作用表现在两方面：一方面，技术创新可以使几年前人们还难以想象其利用价值的自然物成为今天宝贵的资源，从而使资源供给的绝对数量增加；另一方面，技术创新可以提高资源的利用效率，从而使资源供给的相对数量增加。

（二）创新是解决环境问题的重要手段

发展中国家的大量事实表明，技术水平落后和技术创新乏力是自然生态破坏和环境污染的重要原因，是环境经济决策失误的直接症结。因此，保护生态、减少环境污染也必须依靠技术创新与技术进步。技术创新与技术进步对环境保护的作用表现在三个方面：第一，技术创新与技术进步能够帮助人们认识环境污染；第二，技术创新与技术进步能够帮助人们治理环境污染；第三，技术创新与技术进步有利于培养人们的环境意识，在树立可持续发展的观念方面发挥积极的作用。

（三）创新是推动社会文明的变革力量

技术创新与技术进步作为推动社会文明的变革力量，其作用主要表现在以下四个方面：第一，技术创新与技术进步改变着人的价值观，直接或间接地决定着人类的理想和信仰；第二，技术创新与技术进步可以帮助实现正确的领导与管理，影响社会的政治生活；第三，技术创新与技术进步可以引起社会结构的变化，促进人们社会关系的调整；第四，技术创新与技术进步可以使人们从繁重的劳动中解脱出来，有更多的休闲时间和学习时间，使人们的生活更加丰富。总之，社会文明程度和技术创新与技术进步水平成正比。所以，技术创新与技术进步在区域可持续发展中起着决定性的作用。它不仅能带来经济效益，而且能带来社会效益和生态效益，实现经济、社会和生态的全面协调发展。

四 创新有助于创新区域内的中小企业获得范围经济

范围经济（Economics of Scope）这一概念是在探讨多产品生产企业的经济性的过程中由潘热和威利格等最早提出来的。潘热和威利格等指出，如果两个或多个产品生产线联合在一个企业中生产比把它们独立分散在只生产一种产品的不同企业中生产更节约成本，则存在范围经济。范围经济揭示了企业从事多产品生产的成本节约现象。

一般地讲，范围经济主要来源于共用要素的充分利用，一旦这种共用要素为生产一种产品而投入，无需增加太多费用甚至无需代价就可以部分或全部地用于生产其他产品,这时就存在范围经济。对于创新区域来讲,区域创新是该区域内中小企业获得范围经济的前提。正是由于创新,大量的创新型中小企业在一定地域范围内集聚成群,并建立网络连接,形成创新区域。在创新区域内,创新型中小企业通过各种正式或非正式的联系,互通信息,相互学习,协同生产,既节约了成本,又促进了更广泛和深入的创新,其实质是企业对因集聚而在创新区域内形成的众多共用要素的充分利用。正是这些共用要素在创新区域内的广泛存在和充分利用,才使得区域内众多的创新型中小企业不但可以为满足个性化和多样化的市场需求生产两种或者更多的不相关产品仍能节约成本,从而获得内部范围经济,而且还可以通过创新区域内企业间广泛的合作生产多样化产品,以低廉的价格进入市场,既保持成本节约,又保持充分的竞争力,从而获得外部的范围经济。

第二节 创新是区域经济发展的必由之路

美籍奥地利经济学家约·阿·熊彼特在1912年出版的《经济发展理论》一书中首次提出"创新是一种生产函数的变动"的概念,并特别强调"经济的变革,诸如成本的降低、经济均衡的打破、残酷的竞争以及经济周期本身,都应主要归因于创新"。在此之后,创新一直是国际上的研究热点,只是在不同国家、不同时期,它被赋予了不同的特点。当前,全球经济竞争越来越激烈,经济实力和创新能力成为国家竞争力的关键所在。同时,世界经济正转向以知识经济为主导的模式,知识和技术对经济增长的贡献已经大大超过资本、劳动力和自然资源的贡献,成为最主要的经济因素,经济的增长比以往任何时候都更加依靠创新与科技进步。由此,创新也成为区域经济发展的必由之路。

一 创新是区域转变发展方式的必然选择

改革开放以来,河南经济呈现高速增长,近年来全省经济总量稳居全国第五位,全省人民的生活水平不断提高。但是,我们也要清醒地认识到成绩背后仍存在忧患:河南省经济规模较大,但是大而不强;经济增长很快,但是快而不优。全省在需求结构上仍然过分依赖投资和外需,GDP的增长主要还是靠投资拉动,投入结构上比较依赖传统生产要素的投入和外延的扩张,经济结构和产业结构不合理的问题还没有得到根本性的解决,经济发展的质量和效益还有待提高，人口、资源和环境的瓶颈制约十分突出。当前，我国的经济发展正处于重大转型期，处于加快推动自主创新、建设创新型国家的重要战略机遇期，以往那种以出口为导向、依靠投资驱动、注重规模扩张的发展模式已经转变。与此同时，河南发展中的要素优势也在逐渐消失，随着土地、劳动力、自然资源等生产要素成本的不断提高，原有经济发展模式的空间越来越小，单纯依靠规模扩张促进经济增长的路子已经难以为继。在这种情况下，只有把自主创新摆在更加突出的位置，并通过创新来提升质量和效益，才能赢得更长时间的可持续发展，才能大幅度提高科技进步对经济增长的贡献率，从而使自主创新成为经济社会又好又快发展的内在动力。

创新是经济活力的源泉，是实现经济发展的持久动力。经济学家认为，一个国家竞争力的发展要经过要素驱动、投资驱动阶段，然后进入创新驱动、财富驱动阶段。当前，全社会已形成共识，即解决我国当代发展的根本出路在于提升科技创新能力。党的十八大报告在论述加快完善社会主义市场经济体制和加快转变经济发展方式时明确提出，要实施创新驱动发展战略。这就要求我们，在以后的发展阶段要努力转变经济增长的动力，彻底改变原来那种过度依赖"要素"和"投资"的发展模式，真正把发展转变到依靠科技和创新上来，以创新促进经济社会健康持续发展。河南省作为重要的经济大省，转变经济发展方式已经迫在眉睫，必须进一步把增强自主创新能力放在更加突出的位置，依靠科技创新来解决结构调整和发展方式转变等问题。

二 创新是构建现代产业体系的中心环节

所谓现代产业体系，是以人才、技术、文化、信息、资本为基本要素，以高科技、高附加值为主要特征，以先进制造业、现代服务业、现代农业为核心，产业间关联紧密、协调有序并具有国际核心竞争力的新型产业体系。近年来，河南省产业结构不断调整，但是前期依赖形成的产业结构粗放、发展水平低、质量效益差，尤其是主导产业竞争力不强、技术水平低和过于依赖能源原材料行业的状况尚未得到根本性的改变。在这种情况下，依靠创新，构建现代产业体系，既是河南省全面建设中原经济区、加快新型工业化进程的重大战略举措，也是顺应经济发展和产业演进规律的必然选择。

创新作为现代产业体系的首要特点，将现代产业体系与传统产业体系区别开来。科技创新是推动传统产业体系向现代产业体系跨越的第一动力。科技创新与科技进步推动社会的产业结构向着高附加值、高科技含量、知识化的方向不断发展。社会经济发展过程的实践也表明,科技创新是经济社会发展的决定性因素,是促进产业结构优化升级的根本动力。每次创新成果的出现都意味着产业发展达到了新阶段。某一产业技术创新能力的提高,必然使得科技创新成果融合吸收以及产业化的进程加快,其发展规模和影响力加大,并且随着这一产业的关联性和波及效果逐渐增强,可能引发新一轮的产业变革甚至产业革命,进而推动产业结构的根本性调整和升级。所以,科技创新不仅可以直接决定生产技术水平的高低,而且可以通过对需求变动、贸易方式和其他要素供给的影响,促进产业结构向现代化方向迈进。产业结构是经济结构的基础和核心,产业结构的状况在很大程度上影响和制约着国家和地区的经济增长效益和资源配置效率。河南作为我国的人口大省和经济大省,必须进一步提升全省的科技创新能力,依靠科技发展和技术进步加快构建现代产业体系,提高全省产业的核心竞争力,促进三次产业联动发展。

三 创新是区域经济发展理论的内在逻辑

知识与创新作用的凸显,使基于资源禀赋、忽视创新和市场的传统理论的根基发生动摇。众多"背道而驰""异军突起"的区域经济发展实践已非传统区域经济理论所能解释。众多经济学者和经济政策专家,试图从多个角度、多个层次,对现代区域经济的发展做出解释,发现了一些新的理论视野,如企业群理论、三螺旋理论、区域创新网络理论等。这些理论的共性是,强调市场力量、网络化、互动联系和知识资产的作用,归结为一点就是创新成为区域发展的必由之路。

首先,知识与创新作用的凸显,使基于资源禀赋、忽视创新和市场的传统理论的根基发生了动摇。传统的区域经济理论都是建立在工业化的经济基础之上,强调区域自然禀赋的重要性,默认区域内自然资源的难以转移性。梯度转移是传统区域经济理论指导的、伴随着世界范围内工业化进程而出现的一种区域经济发展模式,它的前提是地区间经济和技术落差的刚性存在,是基于一种直线进化的假设。梯度转移模式将不发达地区置于不利的分工序列位置,反映了一种不合理的分工格局。硅谷的迅猛发展向传统的区域经济理论提出了挑战,区域创新系统理论日益引起社会的关注。在传统的物质经济形态中,人类利用的资源是自然资源,如铁矿等,这种资源的特点是越用越少。而在知识经济形态中,知识资源和知识资产将取代有形的土地、资本等资源,而这种资源的特点是越用越多,正是这种易于移动的越用越多的知识和知识资产作用的凸显，极大地动摇了传统区域经济理论的根基。经济层次是客观存在的，但从本质上讲，经济区域是一条连续的发展谱带，而且经济层次是"山不转水转"式的"动态存在"。科学技术发展的跳跃性可以使一个原本落后的地区，依靠创新，尤其是科技创新，实现跳跃式发展而不必受梯度转移发展模式的限制。区域创新理论适应了世界经济、技术发展的规律，为不发达地区或国家打破不合理的分工秩序、实现经济跳跃式发展奠定了理论基础。

其次，企业群是一种符合市场规律的经济现象。随着工业时代的发展，企业群（即企业的空间积聚）不再是基于节约成本的空间安排，而是以促进创新和发展的复杂系统为中心的新型空间格局。现代意义下的企业空间积聚不是一般的企业扎堆。在产业价值链的各个环节上，如供应、制造、销售、研究与开发、设计、中介服务等，都可以积聚，而不一定要在区域内形成完整的产业价值链。小商品流通企业在义乌积聚，而制造小商品的企业却分布在周围县市；中关村的信息技术企业追求并浓缩核心能力，只从事研究与开发和销售，而把生产业务外包给周边地区或外省市企业。集中在一起的厂商比单个孤立的厂商更有效率，原因有三个：一是厂商集中能够促进专业化供应商队伍的形成；二是厂商的地理位置集中分布有利于劳动力市场共享；三是这个市场不仅有利于厂商，而且有利于工人。企业的空间积聚有助于知识外溢，这使得知识的非正式扩散经常非常有效。企业空间积聚本质上是市场作用的结果，政府硬拉几个企业圈入高新区是违反经济规律的，最终也是事与愿违的。

最后，区域创新系统是基于市场的创新和联系的共同作用的结果，是分析区域创新和发展的新理论框架。在完善的区域创新系统中，数量众多的多样化企业和组织相互渗透，结成利益均沾、形式多样的区域创新网络。区域创新网络是发育出来的，而不是构建出来的，完善的市场机制和自下而上的市场活动是区域创新的先决条件，也是区域创新网络得以发育的基础。就我国来说，企业民营化和市场化程度越高，企业在区域创新网络中就越活跃。政府在这里的作用主要表现为营造一个适宜的法律、政策和文化环境，同时在企业难以承担的基础性项目建设和对中介组织扶植、引导方面发挥作用。创新区域具有明显的外部经济特征，正因如此，地方经济管理机构要摒弃狭隘的地方主义，变"抢逼围"为鼓励区域内企业向外部扩张，发展外包协作，建立跨区域、跨国界联盟。对创新区域绩效的衡量，要求指标更加软化、测度范围更加广泛、内容更加多样。成功的区域创新政策关键在于引导企业和知识资源植根本地，鼓励区域组织之间相互渗透、相互联系。

四 创新是区域经济发展规律的内在要求

为适应区域化和个性化的发展趋势，我国开始了区域创新系统的建设，各地陆续出台了有关培育创新和鼓励创业的政策。但有些问题至今没有澄清，因而存在一些不符合区域经济发展规律的具体做法。当前需要首先在以下问题上澄清认识：如何处理区域创新与国家创新的关系；如何协调各级政府机构在区域创新中的作用。国家创新是一个复杂艰巨的系统，区域创新是其子系统，是国家创新体系的基础和重要组成部分，它体现国家创新体系的层次性特征。创新无论是国家的，还是地区的、企业的，其本质都是基于人的自下而上的行为和过程。国家层面上的创新是必需的，但国家总体层次上的创新如果没有区域层次创新来支撑，其将成为空中楼阁。因此，应该通过创建区域创新系统来健全与完善国家创新体系，相关建议主要有以下几点。

（一）发展小范围区域经济

创新来源于小范围区域经济甚至是某一个人的创新，越是贴近市场的创新行为越有可能取得成功，其强度也越大。重视小范围区域经济的发展是创新本质的要求。经济发展必须依托于某一特色区域，而区域差异的存在使区域经济的发展集中于某一有效边界内。任何一个区域经济都是由若干个小范围的区域经济连片形成的，一镇一品、一村一品以及自然发展的"一条街"经济，更有可能成为中国经济的希望。人为地抹平区域差异，只注重大区域经济发展规划，往往使区域丧失个性，因而不利于区域经济的发展。发展小范围区域经济，要培育市场化的中介组织。积极培训经营管理咨询、设计、会计、法律服务、商会、行业协会、银企联席会议、科技服务网络、人才培训中心等中介组织机构，加强小范围区域经济中企业之间的信息交流和合作，并积极发挥中介组织的自律性管理和协调功能，建立适合现代市场经济要求的合作机制。同时，鼓励发展区域性合作社或配送中心，引导小企业在原材料采购、产品销售等方面进行合作。积极开展、组建小范围区域经济中企业互助式金融机构的试点，鼓励小企业以法人形式相互参股，促进农村小企业走向以资金为纽带的联合。

（二）地方经济与高新技术产业开发区

近年来，有一个现象值得注意：一方面，各地方政府盲目追求高新技术,各地首长率大批官员、企业家到北京、上海等地的知名院校、科研机构探讨合作;但另一方面,各地对现有的知识资产却视而不见。实际上,在一个国家范围内,这种走马观花式的"观光"考察仅仅是一种表面姿态而已。企业与大学实质性的合作主要发生在企业与大学的院系、各个教授之间,而不是企业所在地政府与某一大学之间,越是基层,越是市场化行为,越有效果。促进区域经济发展,需要充分发挥市场机制的作用,通过建立并完善区域创新网络,引导资源之间相互渗透,促进科研、教育机构的当地化,完善区域经济管理政策和管理方式,最大限度地发挥区域资源协同创新能力。

高新技术产业开发区成为我国许多地区经济的亮点,但企业资源局限于高新区范围之内已经行不通了。如何实现高新技术开发区与本地经济的一体化,是当前一个亟须解决的问题。经济资源的本质要求在于它的流动性,只有在流动中才能实现价值的增殖。资源和企业集中于某一地理空间范围内,在发展的初期,集聚带来的外部性会促进企业的发展和资源的有效利用。但是,在经济发展到一定规模之后,如果仍然将资源限制在人为划定的地理范围内,那么无疑会阻碍企业的发展和资源的有效利用。目前,首先要进一步加强高新区内的资源利用。同时,高新区内的技术、人员、资金等资源要向区外的经济加强渗透,实现与区域经济的完全交流一体化发展。在创新区域内,高新区的发展要植根于新企业的创立和衍生,如果把企业与区域分解,把区内几个企业的成长看作整个高新技术开发区的发展,那么就会阻碍创新的发生和创新区域的发育,这个问题应引起高度重视。因而,在高新区的发展中,不能只顾大企业。一个完善的创新区域是一个完整复杂的生态系统,既要有高新技术企业,又要有传统产业企业和第三方服务性企业,并且,众多的企业之间、企业与大学(科研院所)之间以及政府和行业管理机构之间还应建立密切的联系,形成高效的区域创新网络。

(三) 塑造个性鲜明的具有全球竞争力的经济区域

要努力创造各种条件,让国内一部分有实力的区域经济体直接参与国际竞争,争取成为中国在某种意义下的世界中心。仔细分析中国区域经济发展的前景和潜力,力争在21世纪初培育形成几个全球意义下的个性区域,比如中关村以信息产业为核心的高技术产业经济和知识产业区、浦东的国际金融和国际外贸区、珠江三角洲作为全球化意义下更具竞争力的制造中心与外包中心、以陕西杨凌为中心的高新农业示范区等。必须加速培育大型企业参与国际竞争的能力,要造就中国的"航母"级公司。这些大型企业必须具有强劲的创新能力，植根本地并与区域内其他组织相互之间密切渗透。它们是区域经济的核心企业，要制定政策，创造条件，支持企业走出去，在尽可能短的时间内，发展成为具有全球影响力的大公司。公平对待民营企业，支持民营企业参与国际竞争。加大改革力度，要求大型国有企业实施全球化经营战略，开拓国际市场，增加国际投资。参与国际竞争的大型企业要与区域经济内的众多中小企业结成紧密的协作网络，从而通过大公司参与国际竞争带动区域经济发展。构建新型的政企关系，发挥地方政府在区域创新中重要的服务作用，培育促进创新的各种知识平台。从计划经济向市场经济的过渡，从工业经济向知识经济的演进，在一定意义上，是一个政府执政的过程。地方政府要研究在经济转型时期以及市场经济条件下，本地资源尤其是知识资源与知识资产的具体生存和发展方式，探索新的区域经济管理方式、方法，不断寻求创新而使区域管理走向完善。当前，地方政府工作的重点是改善经济发展环境，发现、培育地方经济特色，引导个性化经济力量发展，培育区域创新网络，善用区域内创新资源，提高区域创新能力。

第三节 创新驱动是区域经济发展的有效途径

传统的区域经济增长方式主要体现在粗放型增长上，通过投入大量资本、土地、劳动力等资源来体现，往往以牺牲生态环境为代价。随着新的经济形态的出现及其发展，传统的区域经济增长方式受到极大的挑战，传统要素在知识经济时代生产要素体系中的地位明显下降，因而，创新便成为区域经济发展的有效途径。当前河南正处于工业化、城镇化加速推进和转型攻坚阶段，产业结构总体低端化、创新能力偏弱、质量效益不高、综合竞争力不强等矛盾比较突出，发展优势的转变和重塑任务繁重。作为一个人口大省、农业大省和粮食大省，河南面临外部环境的剧烈变化和环境资源约束的持续强化，传统发展模式难以为继，这就要求河南必须创新发展模式，以创新驱动促进其经济发展。河南要实施创新驱动发展，把化解矛盾与推动发展有机结合起来，这有利于破解河南发展难题，发挥后发优势，是在新的历史起点上实现中原崛起、河南振兴的正确选择。

一 创新驱动是加快"三化"建设的正确选择

新型工业化、新型农业化、新型城镇化相对于传统"三化"而言，是以人为核心的"三化",是实现城乡统筹、产城互动的城镇化,是公共服务均等、改革红利城乡共享的城镇化,是节约集约、生态宜居的城镇化。大力推进新型城镇化建设、破解城乡二元结构、促进社会公平和共同富裕,对河南省全面建成小康社会、加快推进现代化建设具有重大的现实意义和深远的历史意义。河南是农业大省、人口大省,正处于全面建成小康社会的决定性阶段,处于爬坡过坎、攻坚转型的关键时期。河南人均 GDP 已突破 5000 美元,进入工业化、城镇化加快推进和蓄势崛起的新阶段,但主要人均指标低、城镇化水平低、"三农"问题突出已成为制约经济社会发展的主要症结。随着内外部环境和资源条件的深刻变化,推动"三化"进入数量和质量并重、以提升质量为主的转型发展新阶段,走河南特色、科学发展的新型"三化"道路势在必行。

回顾过去,河南的"三化"发展主要由廉价的土地和劳动力来驱动,这种粗放型的发展方式在今天已难以为继。一方面,现有的资源环境已难以支撑粗放的城镇化发展模式,城镇建设缺乏科学规划,资源利用效率低下,大城市土地供应紧张,交通拥挤严重,内涝频发以及大气和水体遭到破坏,已影响到城镇的可持续发展。如近年来,河南部分城市的雾霾天气等污染问题集中爆发,交通拥堵,人民群众反映强烈。另一方面,信息通信等高新技术迅猛发展,移动终端迅速增长,网络连接速度不断提升,信息化与城镇化相融合已成为必然,也要求城市管理部门立足于不断提高城市管理水平、着力打造智慧城市的长远目标。因此,要实现由"乡"到"城"的良性转变,河南决不能走过去那样高消耗、高排放、城乡分割、缺乏特色的传统城镇化老路,应该充分依靠科技创新和智力资源,以创新要素为驱动,以内涵增长为重点,以适度集聚为原则,着力推进绿色发展、循环发展、低碳发展,推进信息化和城镇化协同发展,推进城市运行管理和社会管理数字化,推动形成绿色、低碳、集约、节约的生产、生活方式和智能、协同、高效、安全的城市建设运营模式。积极探索出一条以科技创新为驱动力、集成应用现代科技创新成果、符合城乡发展实际的新型"三化"道路。

二 创新驱动是培育发展新优势的最佳抓手

依靠要素驱动、投资驱动的发展模式,虽然能在一定时期内刺激经济高速增长,但同时也形成了对生产要素资源的过度依赖,从而加剧城乡结构、产业结构、分配结构和消费结构等经济结构的失衡。改革开放 30 多年来尤其是进入21世纪以来，河南经济的持续快速发展主要得益于劳动力、资源以及环境的低成本优势。随着发展进入新阶段，河南的劳动力、资源、土地等要素成本不断攀升，投入边际报酬持续下降，以往的那些资源要素的低成本优势正在逐步消失。从国际环境看，后金融危机时期全球经济复苏进程艰难曲折，以美国为代表的主要发达国家提出了"再工业化"的发展战略，贸易保护主义重新抬头，对中国实行严格的技术封锁，加大对本土高端制造业的隐性保护等，都使得河南廉价的劳动力、丰富的自然资源等不再具有竞争优势。与此同时，伴随着人民币的不断升值、收入和发展水平的不断提高，河南传统的发展模式已难以为继，必须努力培育发展的新优势，提高经济发展的质量和水平，增强参与竞争的能力。经济全球化的历史也表明，任何一个区域都不可能完全依赖自身有限的资源而独立实现长久的经济发展，河南如果不能充分利用全球丰富的经济、科技资源，那么其经济发展成本不仅高昂，而且必然会因自身资源的有限而终止。而全球经济科技资源的利用能力来自自主创新，来自依托自主创新所获得的核心技术，来自依托自主创新所形成的区域战略产业对全球经济科技资源的吸纳能力。美国的硅谷、中国的北京中关村和中国的台湾新竹科技园等都是通过自主创新知识产权的拥有而大量吸纳人才、资金、信息等经济科技资源，从而成为不断拓展区域经济发展空间的引擎。同样，河南要培育发展新优势，拓展发展新空间，必须通过加强自主创新，实施创新驱动发展战略来集聚全球优质的经济科技资源，为中原崛起服务。

三 创新驱动是推进"四个河南"的重中之重

党的十八大报告指出，建设中国特色社会主义的总体布局是经济建设、政治建设、文化建设、社会建设、生态文明建设"五位一体"。河南省原省委书记郭庚茂同志多次提出，要把党的十八大"五位一体"的总体布局在河南具体化，策划好"富强河南、文明河南、平安河南、美丽河南"建设。总体来说，"富强河南"建设意在牢牢把握发展是第一要务，全面提升河南发展水平，奋力实现富民强省的既定目标；"文明河南"建设就是不断提高河南的公民道德素质和社会文明程度；"平安河南"建设就是要致力于创新河南的社会管理方法和模式，维护社会稳定和促进社会和谐；"美丽河南"建设则是要推进河南绿色、循环、低碳、可持续发展，努力构建资源节约型、环境友好型社会。"四个河南"建设科学、全面地概括了河南省委、省政府的战略谋划和部署，是关于河南发展思路的深化、发展和完善，对于保持河南未来经济社会的和谐健康发展具有重要意义。但是我们还应该看到，河南是我国发展中的人口大省，经济社会发展水平与发达地区相比还存在较大差距，多年来粗放型的经济增长方式还没有根本扭转，要实现"四个河南"建设目标，任务非常繁重。加快推进"四个河南"建设，墨守成规、因循守旧是不可能成功的，必须坚持创新驱动，不断拓展创新的领域和范围，把实施创新驱动战略作为推进"四个河南"建设的必由之路。我们知道，创新驱动战略，本身就包含着科技创新、观念创新、文化创新、制度创新、产业创新、管理创新、服务创新等方面的要求，而"富强河南、文明河南、平安河南、美丽河南"这"四个河南"建设都离不开这些领域的创新。通过各种创新来激活发展的动力、集聚发展的资源、开拓发展的空间，从而以科技实力、创新能力引领带动全省经济社会的发展，加快推进"四个河南"建设步伐。

四 创新驱动是全面建成小康社会的有力支撑

党的十八大报告指出，到2020年要同步"实现国民生产总值和城乡居民人均收入比2010年翻一番"，我国将实现全面建成小康社会的目标。中国共产党河南省第九届委员会第五次全体（扩大）会议通过的《中共河南省委关于深入学习贯彻党的十八大精神，加快推进中原经济区建设的决议》也提出要确保到2020年1亿河南人民同全国人民一道迈入全面小康社会，并明确了具体的奋斗目标：主要经济指标平均增速高于全国平均水平，力争高于中部地区平均水平，人口自然增长率低于全国平均水平，实现生产总值和城乡居民人均收入在2012年基础上翻一番，人均生产总值和城乡居民收入达到全国平均水平。

改革开放30多年来，河南经济社会发展取得了瞩目的成绩，"十二五"期间，河南经济总量稳居全国第五位、中西部首位。但是我们也要清醒地认识到，河南人口多、底子薄、基础弱、发展不平衡的基本省情还没有改变，人均GDP、城乡居民人均收入、农村居民人均纯收入等主要指标低于全国平均水平，消费率特别是居民消费率对经济增长的贡献较低，消费、投资、出口协调拉动经济增长的良好格局尚未形成。同时，河南省是农业大省、制造业大省，但农业现代化水平较低，制造业大而不强，高消耗、高污染，产业链低端的行业在产业结构中占较大比重，缺乏具有较强竞争力的核心技术和世界品牌，现代服务业发展较为滞后，城乡发展、区域发展、社会均衡发展不平衡问题依然突出。在这种情况下，河南要如期实现全面建成小康社会的目标，任务还十分艰巨。未来，河南既面临着产业转移、扩大内需、后发优势等重大机遇，又面临着结构性矛盾突出、区域竞争压力加大、改善民生任务繁重等多方面的挑战。为保证全面建成小康社会目标的顺利实现，河南只有依靠创新驱动，坚持实施创新驱动发展战略，把创新作为调整经济结构、促进产业升级、转变经济发展方式的根本途径；依靠创新解决制约经济社会发展的主要问题和矛盾；依靠创新激发发展活力，开拓更加宽广的发展空间，最终推动全省经济社会实现跨越式发展，为全面建成小康社会提供强大的动力。

第二章
创新与区域发展

自熊彼特开创创新理论以来，国内外学者对其开展了广泛的研究，逐步发展并不断完善着创新理论。特别是到了20世纪80年代，随着经济全球化、信息化、知识化的快速发展，创新主体、创新活动都呈现出新的特点，形成了一批新的创新理论。梳理这些理论，对于研究创新河南、指导河南创新实践，都具有重要的理论意义和现实意义。

第一节 创新与创新发展

创新首先在于理念创新，就是用创新的思想、理论指导区域经济发展的实践，其能有效解决区域经济增长方式转变中的突出矛盾，推动区域经济增长方式的转变。从创新理论的提出，到创新理论自身的不断发展，一方面促进了经济和社会的变革，另一方面也体现了人类社会的发展要求，为我们理解创新、把握创新提供了新的路径。

一 创新理论

创新是人类社会发展的灵魂，是社会进步的重要引擎。作为一种理论，自熊彼特开创创新理论以来，国内外学者对其开展了广泛的研究，逐步发展并不断完善着创新理论。特别是到了20世纪80年代，随着经济全球化、信息化、知识化的快速发展，创新主体、创新活动都呈现出新的特点，形成了一批新的创新理论。

（一）创新理论的基础

从中国思想文化史的角度看，"创新"这个词由来已久，作为群经之首的《易经》就包含丰富的创新达变的思想，如《易经》中《杂卦》里就有"革，去故也；鼎，取新也"。儒家经典"四书"之一的《大学》开篇便指出："大学之道，在明明德，在亲（新）民，在止于至善。""创新"，顾名思义，就是创造新的事物。

在西方，自从美籍奥地利经济学家熊彼特（Schumpeter）1912年在他的《经济发展理论》一书中首次提出创新理论以来，"创新"一直是各国学者普遍关注的焦点之一。在20世纪30年代和40年代之交相继出版的《经济周期》《资本主义、社会主义和民主》两本书中，熊彼特对创新加以全面、具体的运用和发挥，形成了完善的创新理论体系。

熊彼特认为，"创新"是指"新的生产函数的建立"，是将一种从来没有过的生产要素和生产条件的"新组合"引入生产体系，即"企业对生产要素的新组合"，它包括五种类型：①引入一种新的产品或提供一种产品的新质量；②采用一种新的生产方法；③开辟一个新的市场；④获得一种原料或半成品的新的供给来源；⑤采取一种新的企业组织形式。熊彼特认为经济系统的均衡只是一种理想的状态，在实际的经济生活中是永远不可能达到的。因此，经济发展应该理解为一种变化，造成经济发展或经济变化的动因，"是流量系统自发的和不连续的变化，是对均衡的扰动，永远改变和替代不了先前存在的均衡状态"[1]。这种经济系统内部"自发的和不连续的变化"，就是创新。企业家之所以进行创新活动，在于获取潜在的经济利润或者争取带来盈利的机会，只有创新者才是企业家[2]。

熊彼特的理论解释了经济周期现象。他认为，创新的出现，造成了对生产资料和银行的扩大需求，引起经济高涨；当创新扩展到较多企业后，盈利的机会就会减少，对生产资料和银行的需求也减少，导致经济萎缩；经济的衰退又会促使企业家进行新的创新以寻找盈利机会，从而导致下一轮经济的高涨、收缩，从而形成了经济周期的四个阶段。同时因为经济领域的广泛性，创新不是单一存在的，不同领域、多种多样的创新因其时间的长短和效果的差异导致了经济周期的不稳定性，呈现出长周期和短周期的差别。所

---

[1] 〔美〕熊彼特：《经济发展理论》，何畏译，商务印书馆，1990，第5页。
[2] 丁娟：《创新理论的发展演变》，《现代经济探讨》2002年第6期，第27~29页。

以,资本主义经济的发展是以周期性的波动形式表现出来的。创新使潜在的利润变成现实的利润并推动着资本主义经济的发展,同时也使一批无法创新的企业在此过程中被淘汰。据此,熊彼特认为,对于资本主义经济和企业的发展来说,创新是一种"创造性的毁灭"[①]。

当代西方著名的经济学家保罗·斯威齐指出:"熊彼特的创新理论在于用生产技术和生产方法的变革来解释资本主义的基本特征和经济发展过程,熊彼特的理论与马克思的理论具有某些惊人的相似之处。"[②]

熊彼特的创新理论构成一个完整的理论体系,既是经济理论,又是社会发展理论[③]。熊彼特的理论对后来的经济增长理论、社会发展理论、罗斯托的经济成长阶段论以及加尔布雷思的新工业国理论等都产生过重要的影响。

(二) 创新理论的发展

自从熊彼特提出创新理论以来,许多学者沿着他的思路重构经济理论,创新理论内涵不断丰富和完善。20世纪70年代,美国学者Nelson和Winter在生物进化理论的启示和借鉴下,创立了创新的演化经济理论,推动了技术创新和制度创新的融合,引发了从系统总体的视角剖析创新过程机理的大量研究。

在熊彼特之后,创新理论开始朝着两个方向发展。一是技术创新学派。以曼斯菲尔德(E. Mansfield)、施瓦茨(N. L. Schwarts)等为代表,从技术的创新与模仿、推广、转移的关系角度对技术创新进行了深入的研究,形成了一些具有代表性的理论。另一个是制度创新学派。以道格拉斯·诺斯(Douglass C. North)等为代表,把创新与制度结合起来,研究制度因素与企业技术创新和经济效益之间的关系,强调制度安排和制度环境对经济发展的重要性[④]。

1. 技术创新理论

经济学家从不同的视角对技术创新理论进行了研究,形成了不同的观点。美国经济学家曼斯菲尔德提出了技术模仿论,他的理论主要解释一项新技术首次被某个企业采用后,究竟需要用多久才能被该行业的多数企业所采

[①] 丁娟:《创新理论的发展演变》,《现代经济探讨》2002年第6期,第27~29页。
[②] Paul M. Sweezy, *The Theory of Capitalist Development* (Oxford University Press, 1942), pp. 94-95.
[③] 〔荷〕范杜因:《经济长波与创新》,贺力平译,上海译文出版社,1993,第115页。
[④] 丁娟:《创新理论的发展演变》,《现代经济探讨》2002年第6期,第27~29页。

用。尽管他的理论在一定程度上能够有助于对技术模仿和推广的解释，但因其理论假设的前提条件与实际相差太大，从而对现实经济的解释能力有限。

美籍德国经济学家门斯（G. Mensch）提出了技术创新论，在其代表作《技术的僵局》一书中，继承和发展了熊彼特的长波技术论，利用统计资料证实了技术长波论，把创新分为基础创新、改进型创新和虚假创新三种类型，由此提出了基础创新的前提和环境。他认为，当经济陷入危机时，只有新的基础创新和新的产业部门才能使经济走出危机。缺乏创新或者说技术的僵局，是导致经济萧条的主要原因。

美国经济学家卡米恩（M. I. Kamien）和施瓦茨（N. L. Schwarts）在20世纪70年代提出了市场结构论。他们从垄断竞争市场的角度对技术创新的过程进行了分析，回答了什么样的市场结构对技术创新最为有利的问题。他们认为，决定技术创新的变量有三个：竞争程度、企业规模、垄断力量。从市场结构的角度看，最有利于技术创新的市场结构是介于垄断和完全竞争之间的"中间程度的竞争"的市场结构。在垄断统治条件下，因缺乏竞争对手的威胁，不容易引起重大的技术创新；在完全竞争的条件下，因缺乏保障技术创新的持久收益的垄断力量，也不利于进行重大的技术创新；而在市场竞争保持一定程度的条件下，技术创新的速度最快，效果最好。

2. 制度创新理论

诺斯在《制度变迁与美国经济增长》《西方世界的兴起》《制度、制度变迁与经济绩效》等著作中构建了一个完整的理论框架，重点分析经济发展中的制度创新和制度安排。他认为，制度创新是使创新者获得追加利益的现存制度安排的一种变革。制度之所以会被创新，是因为创新的预期净收益大于预期的成本，而这些收益在现存的制度安排下是无法实现的，只有通过人为地、主动地变革现存制度中的阻碍因素，才可能会获得预期的收益。一般情况下，制度的创新通常通过个人、自愿合作性的安排和政府的安排来实现，具体形式的选择取决于成本和收益以及决策者的影响力的大小。

拉坦（V. W. Latan）提出了诱致性制度变迁理论。拉坦在综合舒尔茨和诺斯等人理论的基础上，提出了一种关于制度变迁的诱致性创新理论模型。在他看来，"导致技术变迁的新知识的产生是制度发展过程的结果，技术变迁反过来又代表了一个对制度变迁需求的有力来源"[①]。

[①] 〔美〕科斯等：《财产权利与制度变迁》，盛洪等译，上海三联书店，1994，第327页。

（三）创新理论的新发展

20世纪90年代以来，随着经济的全球化和知识化，世界经济正由工业经济向知识经济转变，人们越来越重视对创新理论的研究，国家创新系统理论正是在这种背景下提出来并日益受到人们关注的。

有的学者将国家创新系统理论归纳为三个学派：宏观、微观和综合学派。英国经济学家克里斯托弗·弗里曼在1987年首先提出国家创新系统的概念。他研究了日本经济在技术落后的情况下，通过技术创新，结合组织和制度创新，经过短短的几十年成为经济强国的原因。这反映出国家在推动技术创新中的重要作用，说明了一个国家要实现经济的追赶和跨越，必须将技术创新与政府职能结合起来，形成国家创新系统。政府应充分发挥提供公共产品和制度供给的职能，推动产业和企业的技术不断创新。伦德瓦等一些经济学家从国家创新系统的微观视角，探讨用户和生产厂商之间的相互关系。他认为，研究创新系统的关键在于如何应用有价值的知识，并在生产中获得经济效益。经济学者迈克尔·波特则把国家创新系统的微观机制和宏观绩效联系起来进行考察。他认为，国家的竞争力反映在企业的创新能力基础上，每个国家的政府都应该根据本国的实际情况，为本国的企业创造一个适宜的、鼓励创新的政策环境，构建适合于本国经济发展的国家创新系统。虽然不同的学者从不同的视角对创新理论进行研究，提出了各具特色的理论框架，但目前尚未形成一个被普遍接受的定义。这些理论仍然需要在实践中检验和深化。

20世纪以来，以毛泽东、邓小平、江泽民、胡锦涛、习近平等为代表的中国共产党人，面对时代对中国共产党、中国人民和中华民族的生存和发展提出的挑战，在马克思主义基本原理的指导下，秉承马克思主义的创新精神和创新特质，把马克思主义普遍真理的创新性同中国革命和建设的实际相结合，形成了一整套科学严谨的富有中国特色的社会主义革命和发展理论体系，探索出了一条指引中国革命和发展走向胜利的中国特色的社会主义革命和发展道路，进一步从理论和实践两个层面丰富和发展了马克思主义的创新思想。

二 创新发展理论

（一）创新实践的内涵

马克思主义哲学认为，社会生活在本质上是实践的，实践是人类社会存在和发展的基本方式。实践创造着社会的物质财富和精神财富，推动着社会文明的发展。劳动是实践最初始也是最基本的形式，人类社会就是在劳动中产生的。

实践是人类发挥主观能动性改造周围世界的活动，是人的主观标准和物的客观标准的辩证统一体，体现着人和周围世界的双重建构关系。由此，可知实践从其本质意义上来讲具有创新性，是创新性和常规性的矛盾体。随着人类实践能力的不断发展和实践水平的不断提高，实践内含的创新性和常规性之间的矛盾关系也在经历着历史性的发展和变革，实践的本质日益由原初的常规性占主导地位逐渐向创新性占主导地位发展，实践日益从常规性实践发展成为创新性实践。

创新实践指依据对事物的规律、属性和关系等方面的新发现或新运用，促使人更有效地认识世界和改造世界的实践。创新实践由于在实践的目的、手段、方式、对象等方面不同于以往的实践形式，因此能够创造出在质上不同于先前实践的新成果。创新实践以人在现存世界中产生的新需求为起点，"以主体的创造本性为主体性根源，以客体的可选择性、可利用性、可分解性和可组合性为客体性根源"①，是人发挥其思维的能动性和创造性，预先对实践的结果和过程进行理性建构和设计，并通过对客体的现实改造活动，创造出新的、更高的、更能符合和满足人的需要和要求的实践结果的过程，其生动地体现了人类实践的质变、飞跃和发展。较之于常规实践，创新实践更能体现实践的能动性和创造性，更能进一步拓展人类认识世界和改造世界的深度和广度，更能体现出实践改造世界以满足人类需要的特性。

（二）创新发展的概念及特点

1. 创新发展的概念

随着作为人类社会存在和发展基本方式的实践日益由常规实践升华为创新实践，作为实践的成果和一般过程的社会历史发展也日益由传统发展升华为创新发展。

党的十八届五中全会指出："坚持创新发展，必须把创新摆在国家发展全局的核心位置，不断推进理论创新、制度创新、科技创新、文化创新等各方面创新，让创新贯穿党和国家一切工作，让创新在全社会蔚然成风。"这是我们国家有史以来把创新发展放在最高的战略位置，也是我们对当代中国

---

① 蔡英田：《论创造性实践与重复性实践》，《吉林大学社会科学学报》1993年第2期，第13页。

发展规律认识的一次历史跨越。

创新发展指在人类实践发展到以创新实践占主导地位,并由此成为实践活动的主导形式的基础上,社会生产,即物的生产、人的生产特别是精神性生产均呈现出以创新为主要驱动,以创新为主要内容,以创新为主导形式,以创新为主要价值取向的社会历史发展阶段及其过程①。

2. 创新发展的特点

与常规发展相比,创新发展具有以下几个方面的特点②。第一,凸显了社会历史发展的人本性。在常规发展阶段,社会历史发展的主要驱动力是依靠资源和能源的消耗,人在更大程度上受"物的依赖性"的束缚,人的实践的能动性和创造性不可能很好地发挥出来。在创新发展阶段,社会发展的主要驱动力是创新实践,人在更大程度上摆脱了"物的依赖性"的束缚,逐渐地在社会生产中取得了以人的自由而全面发展为基础的主体性,人能够更加自觉、更加自主地创造自己的历史,从而其实践的能动性和创造性就有可能更好地发挥出来。第二,进一步体现了社会发展的整体性。第三,进一步提高了社会发展的时效性。在创新发展阶段,创新实践日益成为人类实践活动的主要形式,创新实践通过一系列的理论创新、科技创新、制度创新和文化创新活动,进一步增强了社会发展的整体性、系统性、协调性和时效性。第四,进一步增强了社会发展的机遇性。第五,进一步增加了社会发展的风险性。

(三) 创新发展的规律

目前世界经济已经进入了必须依靠创新驱动发展的时代,也可以说当代经济表现为创新经济。

1. "知识"成为新经济发展的重要"资源"

创新发展的本质可以理解为从知识转化为财富的过程,把知识和财富看成两种形态的事物,那么,在微观组织层面上转化的过程就是创新,在宏观层面上转化的过程就是创新发展。创新强调组织单元对新知识的商业转化,创新发展则强调系统进入了新知识转化为财富的状态。因此,创新和创新发展都离不开知识,知识是经济发展所必须依赖的资源③。与自然资源不同,

---

① 杨启国:《创新发展论》,博士学位论文,中共中央党校,2010。
② 杨启国:《创新发展论》,博士学位论文,中共中央党校,2010。
③ Nelson, R., Winter, S., *An Evolutionary Theory of Economic Change* (Harvard University Press, 1982), p.67.

知识资源具有累积性（即越被使用、越添加，则越多）①。累积知识的重新组合是知识再生产的重要基础，这种链式循环发展能够抵消规模递减效应②，最终引致经济的加速增长。

知识资源的载体主要是大学、科技组织、社会信息部门和企业研发机构等。数据也属于知识资源，互联网带来的新技术革命使经济系统中出现了大数据和云计算等新型知识资源，使互联网成为新的资源载体形式（虚拟载体）。知识资源的配置方式决定着知识作为创新要素的流动和使用。从根本上说，人类社会的不断发展都是由知识资源永无止境的扩展推动的。当代经济已经表现出知识资源爆炸式增长的特点，加速膨胀的知识资源与现实经济发展日趋同步，其相互加强的作用明显提升并主导着现实经济的运行③。

2. "知识"的运用促进了创新发展

在商业过程中，对知识进行智慧的运用就会产生新的知识，如发明和专利。新知识一经产生，创新就不仅仅表现为生产要素的新组合，还形成了新的生产要素，这种新的生产要素进一步增加了知识资源。在经济活动中，能够智慧运用知识的人主要是创新者和企业家。一个国家和地区创新的数量和质量取决于创新者和企业家整体的数量和水平。创新者和企业家整体数量和质量的提高与一个国家或地区的制度、文化、历史、科技和经济发展水平等社会环境紧密相关。在系统整体运行层面上，大学、研究机构、企业、政府等私营和公共部门联合构成的组织网络及其相互联系的制度体系，决定着国家的创新绩效④。知识创新在产业系统中的应用和扩散带来了产业的发展、社会生产力水平的提高和生产供给规模的扩大。

3. 社会财富的再分配影响系统的创新

经由价值再分配，社会分享了发展的成果，并形成对创新发展运行的再投入；经由价值再分配，创新发展带来了社会福利和国民生活水平的提高，同时也扩大了系统支撑发展的资源和对生产的再投入。一方面是社会

---

① Romer, P., "Endogenous Technological Change", *Journal of Political Economy* 98 (5), 1990, pp. 71 - 102.
② Weitzman, M. L., "Ecombinant Growth", *The Quarterly Journal of Economics* 113 (2), 1998, pp. 331 - 360.
③ 王胜光等：《创新发展政策学研究的基本命题》，《科学学研究》2015年第3期，第321~329页。
④ Freeman, C., *Technology, Policy, and Economic Performance: Lessons from Japan* (Pinter Publishers, 1987), p. 104.

价值再分配机制的合理与否决定着对知识资源和创新过程不同的再投入力度。价值再分配决定着对知识资源增长和创新及其应用和扩散行为的投入力度，决定着能否建立起更为强劲的创新发展再循环。国家财政经费预算、税收制度安排、促进形成以企业为主体的创新投入机制等政策安排都直接关系到系统能够建立怎样的持续发展能力。另一方面，社会的再分配机制会增进或减损对创新企业的社会认同，形成有利于或不利于创新的社会氛围和社会关系基础。创新者和企业家队伍的形成、社会创新文化和创业精神的形成都受到社会财富再分配机制的影响，围绕价值再分配所形成的制度环境和社会价值观导向是支撑国家创新发展的社会基础①。

三 从创新实践到创新发展

创新是当今时代精神最集中的体现。中国共产党人继承马克思的创新思想形成了马克思主义的创新理论。创新理论开拓了解放思想、实事求是思想路线的新境界，丰富发展了马克思主义实践论，深化发展了唯物史观的社会动力论，极大地推进了马克思主义哲学的发展。

党的十八届五中全会将创新发展位列为"五大发展理念"之首，在中国传统哲学、西方熊彼特思想和马克思主义政治经济学等思想的基础上赋予了创新更加深刻、丰富的实践内涵：创新发展不同于资本主义的经济价值创新，是社会价值的全面创新；创新发展不限于科学技术的创新，是多种机制的集成创新；"以人为本""以民为本"是创新发展的出发点、落脚点和核心点。

创新实践作为人类实践的高级形式，更进一步地体现出了人类实践的能动性和创造性。它深刻揭示了社会基本矛盾运动和发展的机制，也更科学地揭示了当代社会发展的动力机制和运行机制，为我们更好地认识和探索人类社会历史发展的规律提供了新的契机。

马克思主义哲学认为，生产力与生产关系、经济基础与上层建筑、社会存在与社会意识的矛盾贯穿于人类社会历史发展的全过程，是推动人类社会历史发展的根本动力。

理论创新、科技创新、制度创新、文化创新等创新实践概念的引入，在理论上为深入阐明社会矛盾的运动规律提供了可能。首先，作为生产实践高

---

① 王胜光等：《创新发展政策研究的基本命题》，《科学学研究》2015 年第 3 期，第 321 ~ 329 页。

级形式的科技创新，通过发明新技术、形成新工艺、引起技术革命，使生产力成为了社会发展中最活跃、最革命的因素。科技创新"造成的生产力的质上的发展，使原有的生产关系和上层建筑的制度安排与新的生产力发生矛盾，而制度创新打破了旧有的生产关系和上层建筑，通过新的制度设计和制度安排，为技术创新基础上形成的新的生产力创造了广阔发展的空间"①。而科技创新和制度创新的互动势必为理论创新提出新的要求和达到要求的现实可能性，从而推动理论创新与时俱进地向前发展。由于"实践基础上的理论创新是社会发展和变革的先导"，包含了"时代精神的精华"的理论创新又引领人们的思想观念和社会意识形态发生变革，因此理论创新为推动科技创新和制度创新提供了正确的方向和强大的思想动力。其次，理论创新、科技创新、制度创新又在客观上推动了社会观念意识形态即社会文化的创新。而文化创新则通过培育和涵养有利于创新的社会文化氛围，为理论创新、科技创新、制度创新等创新实践活动的顺利开展奠定坚实的社会环境基础。因而，正是理论创新、科技创新、制度创新、文化创新等创新实践相互依存、相互促进而有机构成的合力系统，推动着生产力与生产关系、经济基础与上层建筑、社会存在与社会意识的矛盾运动和不断解决。

随着作为人类社会存在和发展基本方式的实践日益由常规实践升华为创新实践，作为实践的成果和一般过程的社会历史发展也日益由传统发展升华为创新发展。

第二节 协同创新与区域创新

协同创新是基于协同论基础上的一种创新理论，是一种大跨度整合的创新组织形式，其实质就是以知识增值为核心，为实现重大科技创新而实现的多种创新主体的参与和整合，包括企业、政府、知识生产机构、第三方机构以及用户的合作。技术创新和管理创新能够提高资源的使用效率，降低消耗，防止生态失衡和环境恶化，巩固区域经济持续发展的依托，培植起高素质的区域经济长远发展的增长源。

一 协同创新

协同创新作为整合创新资源、提高创新效率的有效途径，成为当今世界

---

① 庞元正：《创新实践与马克思主义哲学当代化》，《哲学研究》2009年第7期，第22页。

科技创新活动的新趋势和创新理论研究的新焦点,受到世界各国和地区的高度重视。

(一) 协同创新的内涵与特点

"协同"一词在英文中有 synergy、collaboration、cooperation、coordination 等多种表述,在《汉语大词典》中是齐心协力、互相配合的意思。1971年,德国学者 Haken 在系统论中最早提出了协同的概念——系统中各子系统的相互协调、合作或同步的联合作用及集体行为,并指出其结果是产生了"1+1>2"的协同效应。随后,管理研究者将这一思想应用到企业新产品开发(NPD)领域,并扩展至企业与价值链上下游企业、互补企业甚至竞争企业在产品设计、制造和销售的资源共享及协作运营中。20世纪80年代后,科技与经济的结合日趋紧密,协同的思想在创新系统理论中得到重视和深化,并以"产学研合作"为主题探索企业与大学、科研机构或中介组织之间如何通过要素的互动形成创新合力[1]。协同创新的先期基础是协同制造和开放式创新[2]。协同制造是充分利用网络技术、信息技术等手段,实现供应链内部及供应链之间的企业在产品设计、制造、管理和商务等方面的精细合作,最终通过改变业务经营模式达到企业资源最充分利用的目的。

开放式创新是美国的 Chesbrough 教授于 2003 年提出的。它是指一个组织可以从其内外部同时获取有价值的创意和优秀的人才资源,运用组织内外部的研发优势在内外部实现研发成果商业化,并在使用自己与他人的知识产权过程中获利。相对于协同制造和开放式创新,协同创新是一项更为复杂的创新组织方式。

协同创新是指企业、政府、知识生产机构(大学、科研机构)、中介机构和用户等为了实现重大科技创新而开展的、以知识增值为核心的、大跨度整合的创新组织模式。协同创新的关键是形成以大学、企业、科研机构为核心要素,以政府、金融机构、中介组织、创新平台、非营利性组织等为辅助要素的多元主体协同互动的网络创新模式,通过知识创造主体与技术创新主体进行深入合作、资源整合,产生"1+1+1>3"的非线性效用[3]。

---

[1] 何郁冰:《产学研协同创新的理论模式》,《科学学研究》2012 年第 2 期,第 165~174 页。
[2] 陈劲等:《协同创新的理论基础与内涵》,《科学学研究》2012 年第 2 期,第 161~164 页。
[3] 陈劲:《协同创新与国家科研能力建设》,《科学学研究》2011 年第 12 期,第 62~63 页。

协同创新机理的核心主要包括知识产权的归属、经济利益的占有比例[①]、知识转移[②]、过程管理[③]等。协同创新的特点主要有两个：一是整体性，创新生态系统是各种要素的有机集合而不是简单相加，其存在的方式、目标、功能都表现出统一的整体性；二是动态性，创新生态系统是不断动态变化的。

在科技经济全球化的环境下，实现开放、合作、共享的协同创新模式已被实践证明是一种行之有效的提高创新效率的重要路径。充分调动企业、大学、科研机构等各类创新主体的积极性和创造性，跨学科、跨部门、跨行业组织实施深度合作和开放创新，对于加快不同领域、不同行业以及创新链各环节之间的技术融合与扩散，显得更为重要。

（二）协同创新的驱动机理

协同创新是各个创新要素的整合以及创新资源在系统内的无障碍流动。它是以知识增值为核心，通过国家意志的引导和相关制度（或机制）的安排，以企业、大学（高校）、科研院所、政府、教育部门等为创新主体的价值创造过程。

随着科技创新成为商业竞争的重要手段，越来越多的企业逐渐转向获取行业前沿技术，为大学和科研机构的探索性研究与市场需求导向之间的协同创造了条件和机会。从交易成本角度分析，如果在产学合作中企业获取知识的成本低于内部开发的成本，同时大学能获得超出独立研究的额外利益，那么协同创新就能顺利开展。合作各方只有形成了共同的利益基础，设定风险分担和利益分配机制并辅以一定的风险投资机制，才能使长期被分割在企业组织中的经济要素与大学（科研机构）的科技要素打破组织界限，进行融合与重组。大学知识扩散的需要与企业技术创新知识源的需要，构成了协同创新的供需市场[④]。

Lee 指出，获取互补性研究成果、进入新技术领域、开发新产品、接近

---

① 胡恩华等：《产学研创新存在的问题及对策研究》，《科学管理研究》2002年第1期，第69~72页。
② 王毅等：《产学研合作中粘滞知识的成因与转移机制研究》，《科研管理》2001年第6期，第114~121页。
③ Perkmann, M., Walsh, K., "University-industry Relationships and Open Innovation: Towards a Research Agenda", *International Journal of Management Reviews* 28 (9), 2007, pp. 259–280.
④ 鲁若愚：《企业大学合作创新的机理研究》，博士学位论文，清华大学，2002。

大学的重要人员、提高学术研究是企业参与产学协同创新的主要动机[①]。而大学也能从合作中获得企业对其研究的经济支持，推进研究的实用性，探索新的研究领域以获得更多的学术成果[②]。

科技、市场、文化是协同创新的三种驱动力。科学与技术的融合推动了大学、科研院所及企业三者之间的合作，技术的多元性又有利于促使企业家实现创新、增加市场需求、促进经济发展。因此，科学与技术的融合以及技术的多元性共同驱动了协同创新[③]。在市场驱动方面，市场运作机制是协同创新的前提条件，同时是促进创新主体合作的外在动力。与大学、科研机构合作的企业具有强烈的内在需求。企业要想获得持久的竞争优势，必须开放企业边界，与外部的创新资源构建联系，这样才能降低企业获取先进科学技术的显性成本和隐性成本，提高创新的速度和绩效。协同创新除了科技、市场的外部硬驱动之外，还需要文化的内部软驱动。文化是一种无形的驱动力，影响着各个合作主体合作的深度和广度。各个创新主体对协同文化的共同认可是合作的精神内核。文化在两个方面驱动协同创新的实现：第一，文化促使宏观主体对协同创新管理实践形成统一的科学认识；第二，文化通过促使微观主体形成共同利益体而实现协同创新。

（三）协同创新路径

创新主体对创新的共同追求是实现协同创新的前提，同时，各协作主体间（产学研）共同利益体的形成对于协同创新的实现也至关重要。

王进富等认为，产学研协同创新路径是指合作各方在合作开始后，根据自身特点、技术特点和环境特点，对合作方式进行选择的一系列可选择路线的总和[④]。从企业视角看，企业与大学、科研机构合作追求的是竞争优势和超额利润，而达到上述目的的一个重要手段就是获得科技优势（"知识产权优势"）。因此，创新应以企业需求为主导，进行产学研协同创新路径的选择，发挥产学研协同创新耦合器作用。但是，在产学研合作过程中，若合作路径选择不当，就会产生合作方式及利益的冲突等问题。

[①] Lee, Y. S., "Technology Transfer and the Research University: a Search for the Boundaries of University-industry Collaboration", *Research Policy* 25 (6), 1996, pp. 843–863.

[②] Geuna, A., Nesta, L., "University Patenting and Its Effects on Academic Research: the Emerging European Evidence", *Research Policy* 35 (6), 2006, pp. 790–807.

[③] 陈劲等：《协同创新的驱动机理》，《技术经济》2012年第8期，第6~25页。

[④] 王进富等：《产学研协同创新机制研究：一个理论分析框架》，《科技进步与对策》2013年第8期，第1~6页。

其中，知识产权冲突是利益冲突的重要表现。从知识产权归属的角度分析，产学研协同创新路径选择可以从技术转让、合作开发和合作创办企业三个角度考虑（见图2-1）。

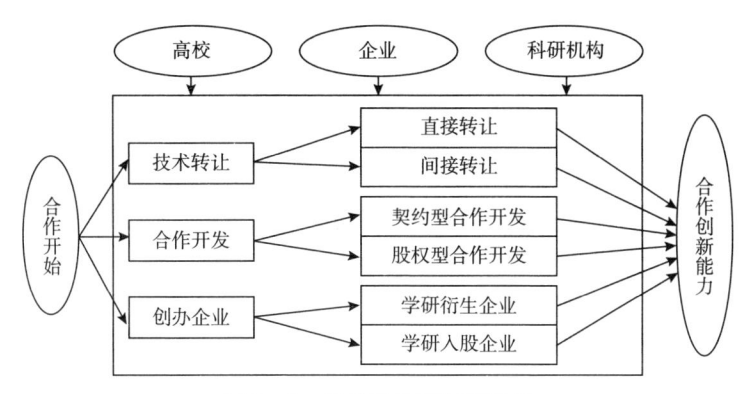

图2-1 产学研协同创新路径

资料来源：王进富、张颖颖、苏世彬、刘江南：《产学研协同创新机制研究——一个理论分析框架》，《科技进步与对策》2013年第8期，第1~6页。

产学研协同创新双方在确定知识产权归属后，根据各自的特点和互补性选择合适的合作创新路径，并基于利益分配博弈，解决合作双方的利益分享问题，为双方创新实施提供良好的耦合方式。高校和科研机构参与合作创新的主要目的就是要获得利益（研发和科研资金的支持）。企业参与合作创新的最根本目的是获得市场竞争优势。因此，产学研结合技术创新的竞争主要表现在对利益的竞争上，而利益竞争使得产学研结合技术创新的路径存在差异。

二 区域创新

（一）区域创新的内涵

"区域创新"这一概念最初是由英国学者库克与莫根于1990年提出的，后来库克又对区域创新系统进行了深入的研究。随着研究的不断深入，区域创新受到一些发达国家的重视，美国、日本、韩国、欧盟等国家和地区纷纷出台了相关的引导和鼓励区域创新的政策，目的是提升自身综合国力。我国也出台了鼓励区域创新的相关政策及措施：2003年科技部下发了《区域创新体系建设研究工作研讨会会议纪要》；2006年2月和5月国务院先后发布了《国家中长期科学和技术发展规划纲要（2006~2020年）》和《国家创新驱动发展战略纲要》等指导性文件。

区域创新有广义和狭义之分：广义是指整个区域社会、经济、文化发展创新；狭义仅指与区域新技术、新知识的创造、产生、扩散、应用有关的过程。区域创新的内涵可表述为：由地方政府根据本区域的实际并主导推动，以创新体制机制和构建完善的区域创新生态和创新文化氛围为前提，科学有效地配置资源，使产学研和中介组织紧密结合，通过激发各创新主体的积极性，优化各主体间协同创新效率来推动新科技成果的研发、产生、转化及推广应用，并以此促进本区域科技进步和产业结构调整升级，进而增强区域优势和提升区域竞争力，实现区域经济、社会和环境的持续健康发展。简单地说，区域创新是指广义的创新实践在区域的具体体现。

在区域创新中，企业、高校、科研机构、各类中介组织和地方政府共同组成了一个区域创新的五大行为主体，它们各有分工，通力合作，共同实现区域的创新目标。其中，企业是技术创新的主体，也是创新投入、产出以及收益的主体，是创新体系的核心。与国家创新相比，区域创新更多地是由地方政府将中央政府的创新驱动发展战略、鼓励创新的政策和相关制度具体化到区域政策和经济行为之中，并根据各自区域的社会经济文化特征加以落实。在创新的方向方面，较为注重和支持富有区域特色和市场竞争优势的产业和产业集群的创新和发展。

（二）区域创新体系

1. 区域创新体系的内涵

"区域创新体系"（Regional Innovation System），又称为"区域创新系统"，自 20 世纪 90 年代初期以来，受到学术界的广泛关注，成为近年来国内外区域经济和国际经济地理学研究的热点。国内外许多学者从不同视角对区域创新体系的概念进行了探索，国外以 Cooke、Asheim、Autio、Morgan、Martin、Ribeiro 等的观点为代表，而国内以胡志坚、黄鲁成、柳卸林等的观点为代表。虽然目前学术界对区域创新体系的定义尚未达成一致，但总体上来说，区域创新体系应包括创新活动的主体要素、功能要素、资源要素及环境要素等。其中主体要素指创新活动的行为主体，主要包括区域内的企业、高校、科研机构、各类中介组织和地方政府等；功能要素指行为主体之间的关联与运行机制，包括制度创新、技术创新、管理创新和服务创新等；资源要素包括投入区域创新活动的人才、资金、物资、技术和信息等；环境要素指区域创新环境，包括体制、机制、政府或法制调控、社会文化、基础设施和保障条件等。

综上，区域创新体系指在一定区域空间范围内，为实现本区域预定的创新发展目标，由参加创新的企业、高校、科研机构、政府以及中介机构等行为主体组成的，通过人才、资金、物资、技术和信息等投入，推动区域制度创新、科技创新、管理创新和服务创新，对区域社会、经济、生态等产生影响而形成的创造、储备、使用和转让知识、技能和新产品的相互作用和相互支撑的网络系统。

2. **区域创新动力系统**

企业、高校、科研机构、中介机构和政府作为参与区域科技创新的行为主体，共同构成了一个完整的区域创新动力系统。

企业是区域创新体系中最活跃和最重要的主体之一，既是技术创新的主体，又是技术成果推广和应用的主体，是创新决策、创新投资、创新研发和创新风险收益的主体。企业为高校及科研机构提供需求信息、研发资金支持，为中介机构提供市场需求信息，也是政府税收的重要来源。

高校及科研机构主要承担知识和技术创新的研发工作，提供区域创新所需的知识和智力支持。其为企业提供科技研发成果、技术咨询服务，并为其培养人才；为科技中介机构提供技术信息、可转让的科技成果和知识产权；为政府提供人才、智力支持。

科技中介机构是区域创新体系的重要组成部分，其重要的服务功能是实现创新资源的优化配置、促进科技成果的转化推广和再利用，主要包括：信息集散、技术咨询、市场预测、决策支持、项目孵化和客户服务等。

政府是区域创新体系中的一个重要主体，在整个区域创新系统中起着监督、引导和协调沟通的作用，是整个创新系统的环境营造者和规则维护者。政府对区域创新体系建设的作用主要包括：营造环境、服务支撑、协调服务、组织领导、配置资源。具体来说，为科技中介提供引导、区域宏观调控以及政策环境建设等；为高校及科研机构建设提供制度环境，给予经费资助，完善与区域经济相适应的教育体系；为企业提供完善的市场环境、政策环境，推动企业发展。政府若工作适当，则能够推进区域创新体系建设。

（三）区域创新能力

在科学技术快速发展的今天，区域经济的发展可以有多种模式，但强大的区域创新能力是实现区域持续、快速发展的推进器。

区域创新能力是指特定区域运用多种手段合理有效配置人力、物力、信息、技术和资金等资源，运用技术基础设施，通过不同创新主体和不同创新层次的协同创新活动，促进区域经济和社会发展的能力。

区域创新能力评估指标体系可以从四个方面来理解，分别是区域创新投入、区域创新产出、技术扩散和区域创新环境[①]。第一，区域创新投入是核心，是决定区域创新能力高低的关键因素，它反映出区域创新的主动力驱动程度。学术界曾经长期将R&D资金投入看作是区域创新投入，而今天一般是将包括R&D资金投入在内的各种要素的综合投入视为区域创新投入。第二，区域创新产出是区域创新能力最显著的外在表现，它说明了区域创新能力在不同层面（上游创新、中游创新与下游创新）上的表现，是反映区域创新能力的关键指标。第三，技术扩散是体现区域创新能力的重要方面。一方面，技术扩散效应的发挥，会促使区域内企业通过学习、模仿等方式提高创新能力，最终导致区域内整体技术水平的提高。另一方面，技术扩散效应也会影响甚至制约企业创新投入的积极性。第四，区域创新环境是基础，主要包括经济环境、政治环境、文化环境、法律环境、资源环境等。区域创新环境反映了特定区域内的社会、经济、文化等条件对创新的支持程度，影响创新投入、创新产出与技术扩散，是创新投入、创新产出与技术扩散存在的背景。

三 从协同创新到区域创新

建设创新型国家是现阶段我国社会经济发展和科技创新的重大战略，区域创新是建设创新型国家的关键。我国区域科技和经济发展水平不均衡的现状决定了统筹区域经济协调发展的重要任务是整合各地区的创新资源，实施区域协同创新。在党的十八大明确提出创新驱动发展战略的背景下，为实现区域经济的新一轮跨越式发展，各地区应积极探索以市场为导向、以企业为龙头、以大学和科研机构为依托的区域性政产学研协同创新新机制，不断深化政产学研协同创新合作层次，共享优势创新资源，走政产学研协同创新的发展道路，完善区域协同创新体系，增强区域自主创新能力，助推区域经济发展。实现从协同创新到区域创新的转变，应做好以下几个方面的工作。

（一）加强区域性政产学研战略协同

区域性政产学研协同创新是对一定地域内的各创新主体及各异质性资源

---

① 万勇：《中国区域创新能力的评价指标体系研究》，《中南大学学报》（社会科学版）2009年第5期，第643~646页。

进行优化整合。政府管理部门、产业界、高校、科研机构及科技中介机构在价值取向、文化观念、目标追求等方面都存在较大的差别。

依据协同学理论，协同创新成败的关键在于形成各创新主体的利益均衡点。在政产学研协同创新体系中，高校和科研机构主要追求科研成果的产出，形成的是一种自由探索未知世界的学术文化；产业界则以实现商业利润为目标；政府管理部门着眼于本地区发展全局，主要关注税收和GDP的增长。在协同创新体系中，各创新主体应有整体意识，相互配合，各司其职。高校和科研机构应着眼于制约本地区发展的行业共性技术和关键核心技术的开发，开展重大攻关项目研究，切实为区域经济发展贡献力量。企业应加强不同创新要素之间的开放式合作，构建基于产业链的企业创新联盟，同时须向高校、科研机构等知识智库"借力"。

构建区域性政产学研协同创新体系，最为重要的是如何在地方政府政策的引导下，实现高校、科研机构与企业等创新主体异质文化的深度融合，进而形成共同的目标愿景和利益风险机制，从战略层面实现协同①。

（二）构建区域性政产学研协同机制

首先，打破产学研封闭的组织壁垒，实现优势资源在高校、科研机构、企业等创新主体之间的流动与共享，创造协同效应，推动区域发展。由于参与区域协同创新的行为主体都是独立的利益主体，利益共享与风险共担原则是协同创新得以持续进行的基本前提，因此可以说，实施区域政产学研协同创新的关键在于充分发挥地方政府的引导和协调作用，对各方利益进行协调，科学界定政府与产学研各方的利益范围和责任边界，设定风险分担和利益分配体制机制，并辅以一定的风险投资机制。目前，我国高校、科研院所、企业之间基于利益驱动的自愿协同创新尚未成型，需要在政府的引导调控下健全外部驱动机制，这样才能确保区域协同创新持续、健康、稳定地推进。

其次，区域协同创新是一项复杂的系统工程，实施区域性政产学研协同创新战略，既要研究和解决地方迫切需要解决的"战略性问题"，又要关注和研究影响地区发展的"公益性问题"，同时还要面向社会未来发展探究

---

① Strand, O., Leydesdorff, L., "Where is Synergy Indicated in the Norwegian Innovation System? Triple Helix Relations Among Technology, Organization and Geography", *Technological Forecasting & Social Change* 80 (3), 2013, pp. 471-484.

"前沿性问题"。这些问题的解决，需要多个高校、科研机构和企业建立优势互补、功能联动的技术创新联盟。实践表明，政府对区域经济运行机制的适度调节有利于促进优势资源的合理配置，促进区域性技术创新联盟的形成①。

（三）营造有利于开展区域协同创新的外部环境

《国家中长期科学和技术发展规划纲要（2006～2020年）》和国务院2016年7月28日下发的《关于印发"十三五"国家科技创新规划的通知》（国发〔2016〕43号）文件，在促进高校、科研院所、企业的科技教育资源共享等产学研用结合与协同方面都提出了明确要求。上述文件为地方政府开展区域协同创新指明了方向。

1. 地方政府应做好区域发展战略规划和顶层设计

首先，地方政府应通过制度安排和资金支持将高校、科研机构、企业等主体的微观创新活动纳入区域宏观发展目标。其次，应建立起以政府财税政策为引导、以企业研发基金为主体、以商业银行贷款和民间资本为补充，辅之以一定的风险投资机制的资金保障体系，为区域性协同创新的顺利开展营造良好的资金环境②。最后，地方政府不仅要直接资助公益性或基础性的研究项目，而且要发挥在区域内的制度创新和政策安排方面的相应功能，为区域创新系统内其他行为主体充分高效的互动提供良好的制度、政策环境。

2. 完善区域协同创新体系

首先，确立区域内企业的创新主体地位，鼓励企业加强自身创新能力建设，通过项目引导和产业政策打通产学研合作的通道，形成区域协同创新网络体系，并维持其正常运转。其次，完善技术交易市场，充分发挥市场引导下的中介机构作用，确保资源信息在政产学研各创新主体之间无障碍流通，为区域性协同创新的顺利进行提供辅助和支撑。最后，努力培养创新人才，充分发挥人才作用，建立以全面素质教育为基础和以创新意识、创新精神为核心的人才培养机制，加大教育投入。

3. 完善区域协同创新的文化法制和市场环境

首先，积极营造有利于区域创新的社会文化环境、法治环境和市场环

---

① 潘锡杨、李建清：《政产学研协同创新——区域创新发展的新范式》，《科技管理研究》2014年第21期，第70～75页。
② 潘锡杨、李建清：《政产学研协同创新——区域创新发展的新范式》，《科技管理研究》2014年第21期，第70～75页。

境，促进形成公平竞争的市场秩序，打破垄断，放宽市场准入，为区域创新能力的提升提供保障。其次，充分发挥政府的制度创新功能，促进创新资源的流动和技术外溢。区域创新是某一特定空间范围内的经济现象。地理上的邻近、共同的合作规范、文化心理和社会认同的存在，大大提高了区域内人们的信任程度和相互依存度，使得技术外溢在区域创新中发挥出更大的作用，节约了信息传递的时间和创新成本。在一定区域之内，技术外溢是重要的、流动的创新资源，通过创新网络得以实现。因此，在区域创新政策的制定过程中，政府要重点设计促进技术外溢的相关制度和机制。

（四）从协同创新到区域创新的实现路径

张忠唐等认为，区域创新作为一种区域整体行为，其实现路径大致可分为五个阶段：①地方政府制定区域创新规划；②地方政府营造创新活动所必需的完整社会创新生态；③构建区域创新体系；④通过优化创新生态的作用、提高系统内各创新主体各自的能动性以及相互之间的协同性，提高整个创新体系的运转效率；⑤地方政府对前一段时间的区域创新情况做出评估，并结合实际需要通过重新调整区域创新规划和优化创新生态引导区域创新进入再一次的循环。

第三节 创新驱动与区域发展

创新驱动是指充分发挥科技对经济社会的支撑和引领作用，大幅提高科技进步对经济的贡献率，实现经济社会全面协调可持续发展和综合国力不断提升。具体到区域发展，就是充分依靠技术创新、管理创新，提高资源的使用效率，降低消耗，防止生态失衡和环境恶化，巩固区域经济持续发展的依托，培植起高素质的区域经济长远发展的增长源，推动我国社会主义市场经济建设和整个国民经济的可持续发展。

一 创新驱动

（一）创新驱动的内涵

最早把"创新驱动"作为一个发展阶段提出来的是美国管理学家迈克尔·波特，他以钻石理论为研究工具，以竞争优势来考察经济表现，从竞争现象中分析一个国家或地区的经济发展过程，把它划分为四个阶段：要素驱动（factor-driven）阶段、投资驱动（investment-driven）阶段、创新驱动

(innovation – driven）阶段和财富驱动（wealth – driven）阶段①。其中，发展到"创新驱动"阶段时，该国家或地区会呈现"许多产业已出现完整的钻石体系"，并且其呈现的创新状态是：有锐不可当的竞争力出现，各种产业和产业环节中的竞争开始深化与扩大，而且具有竞争力的新产业也在相关产业中产生；企业除了改善国外技术和生产方式外，本身也有创造力的表现，企业也能持续创新，它们的创新能力又形成其他新产业出现的原动力②。

国内一些学者也对创新驱动的内涵进行了研究和探索。洪银兴③认为，经济增长包括由要素数量增加而产生的"增长效应"和由要素技术水平提高而产生的"水平效应"，"水平效应"即是由创新实现的经济增长。刘刚④将创新驱动对应于创新型创业活动，认为其主要依赖知识创造，新产品和新技术的创新是其主要表现。李洪文⑤认为，"创新驱动作为新时代的创新理念，突破了传统依靠要素驱动和投资驱动进行科学发展的观念，将要素和投资两个驱动源替换成了具有时代特征、凸显时代科技发展水平的科技资源和人才资源"。

刘志彪批评了将创新驱动与要素投入对立起来的思路，认为创新驱动是针对模仿和学习驱动而言的，是生产率驱动或者说是广义的技术进步驱动⑥。洪银兴同样认为，创新驱动也需要要素和投资，但要素和投资由创新来带动，所以，"转向创新驱动就是利用知识、技术、企业组织制度和商业模式等创新要素对现有的资本、劳动力、物质资源等有形要素进行重新组合，以创新的知识和技术改造物质资本、提高劳动者素质和科学管理。各种物质要素经过新知识和新发明的介入和组合提高了创新能力，就形成内生性增长。显然，创新驱动可以在减少物质资源投入的基础上实现经济增长"。⑦

---

① 〔美〕迈克尔·波特：《国家竞争优势》，李明轩译，天下文化出版公司，1996，第16页。
② 〔美〕迈克尔·波特：《国家竞争优势》，李明轩、邱如美译，华夏出版社，2002，第1页。
③ 洪银兴：《科技创新与创新型经济》，《管理世界》2011年第7期，第1~8页。
④ 刘刚：《经济增长的新来源与中国经济的第二次转型》，《南开学报》（哲学社会科学版）2011年第5期，第97~106页。
⑤ 李洪文：《我国创新驱动发展面临的问题与对策研究》，《科学管理研究》2013年第3期，第26页。
⑥ 刘志彪：《从后发到先发：关于实施创新驱动战略的理论思考》，《产业经济研究》2011年第4期，第1~7页。
⑦ 洪银兴：《关于创新驱动和创新型经济的几个重要概念》，《群众》2011年第8期，第31~33页。

洪银兴同时强调，创新驱动包括科技创新、制度创新和商业模式的创新，其中科技创新是关乎发展全局的核心。现阶段的创新由技术创新上升到科技创新，所以，创新驱动的实质是科技创新。甘文华则认为，在知识经济的时代背景下，创新驱动已经从原来封闭的、单个的、技术的、人造环境的创新，向全球配置创新资源、区域合作创新、非技术性创新、生态自组织系统等创新模式演进[①]。

简言之，创新驱动指的是创新成为推动经济增长的主动力。与其他阶段相区别，不是说创新驱动不需要要素和投资，而是说要素和投资由创新来带动[②]。创新驱动就是利用知识、技术、企业组织制度和商业模式等要素对现有的资本、劳动力、物质资源等有形要素进行新组合[③]。

创新驱动是推动经济增长的动力和引擎，利用知识、技术、企业组织制度和商业模式等创新要素对现有的资本、劳动力、物质资源等有形要素进行新组合，从主要依靠技术的学习、跟随和模仿，转向主要依靠自主研发、创造与发明，以及新知识的生产和创造。

（二）实施创新驱动的必要性

创新驱动发展是相对于生产要素驱动发展而言的。长期以来，我国都是依赖劳动力、土地、资本、自然环境等生产要素的配置、消耗和整合来发展经济，这种经济发展方式在发展初期取得了一定成效，但是随着我国人口红利的下降以及资源能源的有限容量，其优势逐渐消退。伴随工业化而来的环境污染和生态破坏愈演愈烈，过去粗放式的发展难以维系，其弊端逐渐显现，甚至在一定程度上阻碍了经济发展，因此，转变经济发展方式是我国进入知识经济时代的必然要求，其切入点就在于实现创新驱动发展代替生产要素驱动发展，实施创新驱动发展战略成为我国的必然选择。

相对于生产要素驱动发展而言，创新驱动发展"改变了过去单纯依靠要素驱动和投资驱动的模式，而把创新作为推动经济增长的主动力，从而解决了要素供给不可持续的难题"[④]。

---

① 甘文华：《创新驱动的四重维度：基于方法论视角的分析》，《党政干部学刊》2013年第1期，第49~52页。
② 洪银兴：《关于创新驱动和协同创新的若干重要概念》，《经济理论与经济管理》2013年第5期，第5~12页。
③ 洪银兴：《关于创新驱动和创新型经济的几个重要概念》，《群众》2011年第8期，第31~33页。
④ 李东兴：《创新驱动发展战略》，《中央社会主义学院学报》2013年第2期，第103页。

2014年6月,习近平总书记在两院院士大会上指出:"世界发达水平人口全部加起来是10亿人左右,而我国有13亿多人,全部进入现代化,那就意味着世界发达水平人口要翻一番多。不能想象我们能够以现有发达水平人口消耗资源的方式来生产生活,那全球现有资源都给我们也不够用!老路走不通,新路在哪里?就在科技创新上,就在加快从以要素驱动、投资规模驱动发展为主向以创新驱动发展为主的转变上。"

党的十八大报告在论述加快完善社会主义市场经济体制和加快转变经济发展方式时,明确提出把"实施创新驱动发展战略"放在加快转变经济发展方式部署的突出位置。可以说,实施创新驱动发展战略是立足全局、面向未来的重大战略,是加快转变经济发展方式、破解经济发展深层次矛盾和问题、增强区域经济发展内生动力和活力的根本措施。

(三) 转向创新驱动发展方式的策略

1. 健全有利于实施创新驱动的制度和政策

实现创新驱动发展的重点是自主创新,而强化企业的创新主体地位是实现创新驱动发展的关键。首先,政府应加大对产学研协同创新的政策扶持和制度保障。一方面,政府要继续深化经济体制改革,确立企业在技术创新中的主体地位。另一方面,要逐步增加对科学研究及其成果转化的投入和扶持力度。对产学研协同创新的合作各方在低息贷款、税收减免、财政补贴、立项优先等方面实施优惠政策,并设立产学研协同创新专项基金或高科技联合开发风险基金,鼓励科技成果的转化,倡导产学研各部门的协同创新[1]。其次,健全技术创新的市场导向机制,促进企业真正成为技术创新决策、研发投入、科研组织和成果转化的主体。支持行业领军企业构建高水平研发机构,鼓励开展基础性、前沿性创新研究,吸引集聚全球优秀人才,培育具有国际竞争力的创新型企业。既要尊重市场规律,又要更好地发挥政府作用。

2. 提高自主创新水平

落实创新驱动战略,加大创新投入,提高自主创新水平。首先,构建有利于落实创新驱动战略的体制架构,提高创新资源的集聚能力和使用效率。其次,加大创新投入,发挥财政资金撬动作用,引导社会资源投入创新,形成财政资金、金融资本、社会资本多方投入的新格局,扩大创新创业投资规

---

[1] 李祖超等:《产学研协同创新问题分析与对策建议》,《中国高校科技》2012年第8期,第24~25页。

模。最后，转向创新驱动发展在投资结构方面有两个重要环节：一是重视加大人力资本的投资力度，提高劳动者素质，集聚高端创新创业人才；二是加大对孵化和研发新技术的投资，不断获得新技术，逐步提高自主创新水平。

3. 完善有利于创新驱动的外部环境

首先，明确政府在创新驱动中的职责。政府在创新驱动中应起到调控、引导、协调和扶持的作用，承担服务和保障的职责。具体职责包括：制定中长期科学和技术发展规划纲要，通过优惠政策和外部环境支持创新，政府采购或直接投入公共技术研发，协调各主体的关系、组织他们协同合作。其次，搭建创新驱动平台。创新驱动平台包括产业集群创新平台、公共服务创新平台和科技创新投融资平台。通过这三个创新驱动平台集聚创新要素，充分激活各类创新资源，有效促进创新成果转化，为经济转型升级和持续发展提供物质支撑和有力保障。最后，完善创新驱动机制。健全的创新驱动机制包括：①运行机制——创新评价；②动力机制——创新人才；③保障机制——创新政策；④提升机制——创新文化。国家和区域创新驱动力系统是一项复杂的系统工程，只有不断完善创新驱动机制，才能保障系统安全、健康、稳定地运行。

二 区域发展

（一）区域与区域发展

按照一国范围界定区域，国家是由若干区域或若干层次的区域所组成的。"区域"通常是指一定的地域空间，但是不同学科对其做出了不同的界定：地理学把"区域"界定为地球表面的一个地理单元；经济学则把"区域"界定为一个在经济上具有某种地域性特征的相对完整的经济单元；政治学把"区域"看作国家实施行政管理的行政单元；社会学则把它作为具有人类某种相同社会特征（语言、宗教、民族、文化）的聚居社区[①]。虽然上述各学科对其研究的视角不同，但它们在其内部组成部分是否在某种指标或特征上具有相关性方面是一致的。总体来说，区域的基本特征包括可度量性、整体性和结构性。

区域经济以一定的地域空间为载体，具有空间差异性、相对独立性和整

---

① 杨立新等：《论区域发展战略的内涵与地位》，《环渤海经济瞭望》2007年第10期，第39~41页。

体关联性等特征,包括区域内的资源组成、产业分布、产品类型、技术水平、区域文化等要素。它既对不同区域经济的发展变化以及空间组织的相关关系的应用进行研究,又对特定区域的促进经济增长的方式和措施进行探索和研究,揭示市场经济条件下生产力的空间分布以及发展规律。

区域发展指特定区域在一定的政治经济和文化背景下,独立进行的以资源开发、资源整合和优化配置为主要内容的一系列经济社会活动,包括区域经济发展和区域文化发展。区域发展的核心目标是区域内人类社会的全面进步,从落后向文明、从贫困向富裕、从冲突向和平的一种不断的趋向和超越。区域发展不仅指一定区域范围内人类经济、政治、社会、文化的进步,而且包含着生态环境的保持和改善。

(二) 区域经济与区域文化的关系

党的十六大报告指出,"当今世界,文化与经济和政治相互交融,在综合国力竞争中的地位和作用越来越突出。文化的力量深深熔铸在民族的生命力、创造力和凝聚力之中"。

区域文化是国家文化的重要组成部分,指一定区域内人们在长期的经济活动中所形成的价值观念和行为规范等思想意识的总和。它是区域地理环境、社会生产方式、区域传统文化等因素综合作用的结果。

区域文化与区域经济相互影响、相互作用。区域经济能够决定和固化区域文化发展的形态、结构、类型、特质以及水平等,并为区域文化提供物质条件;区域文化能够推动或制约区域经济的发展,当区域特色文化渗透进区域经济中时,又可以形成特色区域经济模式[①]。

区域经济与区域文化的良性互动发展是推动区域快速、可持续发展的一项重要力量,例如,盛唐时期和康雍乾时期既是我国历史上的经济盛世时期,又是文化兴盛时期。区域经济与区域文化的互动发展是提升区域可持续发展、提升区域整体竞争力的有效途径。

(三) 区域经济与区域文化互动发展的实现路径

在区域经济增长与发展的关系中,区域文化因素的影响十分关键。它是加速区域经济增长、实现区域协调发展的根基。实现区域经济与区域文化互动发展应做好以下几个方面的工作。

---

① 李浩:《区域文化视角下的区域经济发展路径创新》,《改革与战略》2012 年第 5 期,第 125~127 页。

1. 区域经济发展与区域文化发展战略同步

首先,从大局出发,制定和实施促进区域文化与区域经济互动发展的整体战略规划。有些地区经济落后,其重要原因可能是该地区劳动力文化素质和文化观念较为落后,落后的传统文化模式将会导致人们因循守旧、缺乏创新精神,由此成为区域发展的障碍。其次,建立健全互动制度体系。区域文化与经济的互动制度体系既包括组织机构等实体性的制度安排,又包括地方性法规、政策等环境的建设。在财税政策、投融资体制和政绩考核等制度方面尝试创新,依托制度体系对体系内各互动主体进行引导、规范和扶持。最后,搭建和完善多层次、多形式的互动协调机制,如税收分享机制、成本分摊机制、公共产品补偿机制等[1],处理好公益性与盈利性的关系。

2. 发挥区域文化对区域经济的推动作用

区域经济发展是建立在区域文化基础上的。区域文化对区域经济发展的作用表现为:区域文化为区域经济发展提供强大的内驱力作用;特定区域文化产生并形成特定的区域经济;先进的区域文化为区域经济发展提供强大的精神动力和智力支持。加强优秀的区域文化建设,推动文化创新,弘扬创新精神,并以此支配人们的行为,对纷繁的社会经济关系进行必要的调节,使经济主体的主动性、积极性和创造性得以最大限度的发挥,以文化创新推动区域经济的发展。同时,将区域的文化资源与经济优势相结合,拓展规划产业价值链,将区域文化的精髓融入经济领域,转变经济发展模式,拓宽经济发展的渠道和范围,打造独特的区域经济特色产业,调整和优化区域产业结构,建立具有区域特色的经济格局。

3. 发挥区域经济对区域文化的促进作用

区域经济是区域文化的载体,其状况和发展过程对区域文化的发展水平、类型、速度和结构等方面产生了一定的影响。区域经济是区域文化建设的基础。所以,一方面,要通过发展区域经济,加大对区域文化建设的投入,充分挖掘、提取和传承优秀的区域文化基因,建设优秀的区域文化。另一方面,要适时对区域文化进行变革。由于区域文化是区域在长期发展过程中形成的,具有长期性和稳定性等特征,随着区域经济的不断发展和社会环境的不断变化,原有的区域文化就可能成为区域经济发展的障

---

[1] 王文举:《京津冀协同发展需要体制创新》,《北京日报》2015年1月12日,第4版。

碍，因此需要对区域文化进行变革，以使其能够更好地适应区域经济发展的需要。

三 从创新驱动到区域发展

（一）创新驱动与区域竞争优势

随着创新能力成为衡量区域发展的重要因素，创新驱动在区域经济发展和社会文化进步中的作用日益突出，一些经济发达国家都把创新作为打造核心竞争优势的战略途径，加快推进以科技创新为核心的创新驱动发展步伐，以取得未来区域发展的先机。

从区域经济发展的角度来看，竞争优势就是该区域能够创造出比别的地区更符合时代需求的生产力，而创新驱动经济发展正是内生动力培育、不断提高地区生产力，从而推动区域经济社会发展的过程。这是因为，在创新驱动区域发展的过程中，新知识、新技术对产业内的各个环节进行改造和重新组合，能够突破传统经济结构和网络模式下的资源应用方式和要素配置，通过转变产品和服务的价值，形成更高效的产出效率、更集约的生产方式和区域可持续发展的生产力，从而成为增强竞争优势的关键。因此，创新驱动是突破区域发展瓶颈、推动区域经济转型升级和重构竞争优势的动力源泉[1]。首先，创新驱动能够突破经济增长的极限，推动区域形成经济发展的质量优势。创新驱动不仅能够激发创新的活力，而且能够解决由于生产方式退化而带来的生产要素报酬递减问题，同时能够进一步解决稀缺资源给传统产业发展带来的瓶颈问题。其次，创新驱动能够有效增强产业内在发展动力，提高区域产业核心竞争优势。最后，创新驱动能够有效加快区域比较优势转换，重构区域经济国际竞争优势[2]。

（二）创新驱动实现区域发展的机理

区域发展的核心问题是如何构建并保持该区域的竞争优势。在产业竞争中，不同区域的生产要素优势是会发生变化的。当前我国一些东部沿海地区摒弃了要素驱动和投资驱动的经济增长方式，纷纷选择向创新驱动转型过渡。究其原因，这是因为要素驱动主要受制于人口红利消失、资源稀缺和生

---

[1] 林平凡：《创新驱动实现区域竞争优势重构的路径选择》，《广东社会科学》2016年第2期，第29~37页。
[2] 张来武：《论创新驱动发展》，《中国软科学》2013年第1期，第1~5页。

产要素递减等多种问题①，而投资驱动不仅受制于人，而且带来了环境承载力减弱和劳动力成本上升等多种社会问题②。

首先，要解决要素驱动和投资驱动驱动力不足的情况，区域发展必须向创新驱动转变。而创新驱动与要素驱动和投资驱动的区别就是它对知识依赖的程度是最高的，它的生产资料就是知识。要想获得知识，就必须要有能生产知识和运用知识的人。这类人才的特性就是可以带来重大的创新突破，从而带动一个学科和一个产业的崛起。其次，创新驱动实现区域发展的一个重要战略基点就是自主创新能力，即以全球视野谋划和推动创新的能力，提高原始创新、集成创新和引进消化再创新能力，更加注重协同创新的能力。再次，检验创新是否驱动了区域的发展主要是看创新在市场中的表现。如果创新在市场中的收益逐步放大，且远超过其他的驱动方式，那么基本可以认定该区域已经过渡到创新驱动的阶段。最后，只清楚区域发展的制约要素和动力要素是不够的，如何保障和促进区域创新驱动发展的形成，还要回归到一些具体的保障措施和激励措施上，两者应该由政府来主导③。

综上所述，区域发展的关键是向创新驱动发展转变，而实现这种转变的关键在于构建激励和保障创新的机制、重视创新人才的培养、提升自主创新能力、实现传统和新兴产业技术创新升级、激发市场主体活力等共同作用所形成的合力。

(三) 创新驱动实现区域发展的路径

党的十八大提出了"创新驱动发展战略"，目的是转变不可持续的经济发展方式，把创新作为驱动经济社会发展的新引擎，以此实现综合国力的逐步提升。而区域作为国家经济发展的重要组成部分，则承担着落实创新驱动发展战略的重要使命。实施创新驱动才能使区域获取竞争优势和实现区域发展。

创新驱动区域发展的路径是将科技创新和管理创新等引入区域经济社会发展的轨道，通过实施自主创新培育技术优势，价值链创新培育市场优势，战略性新兴产业创新培育产业优势，软实力创新驱动培育文化优势④，以及

---

① 张来武：《论创新驱动发展》，《中国软科学》2013年第1期，第1~5页。
② 洪银兴：《论创新驱动经济发展战略》，《经济学家》2013年第1期，第5~11页。
③ 杨阳等：《基于AHP的区域创新驱动发展关键要素的研究》，《现代管理科学》2015年第8期，第6~8页。
④ 林凡凡等：《区域创新体系中产业突破性创新能力形成机理研究》，《广东社会科学》2014年第6期，第16~23页。

人才机制创新培育人才优势等，构建起具有技术优势、市场优势、产业优势、文化优势和人才优势的区域核心竞争力，以此突破传统生产要素对区域发展的桎梏，形成具有重新配置生产要素，重构自主创新发展体系，实现科技创新、人才创新与产业发展深度融合，为区域经济社会发展提供持续动力的能力，最终实现区域发展（见图2-2）。

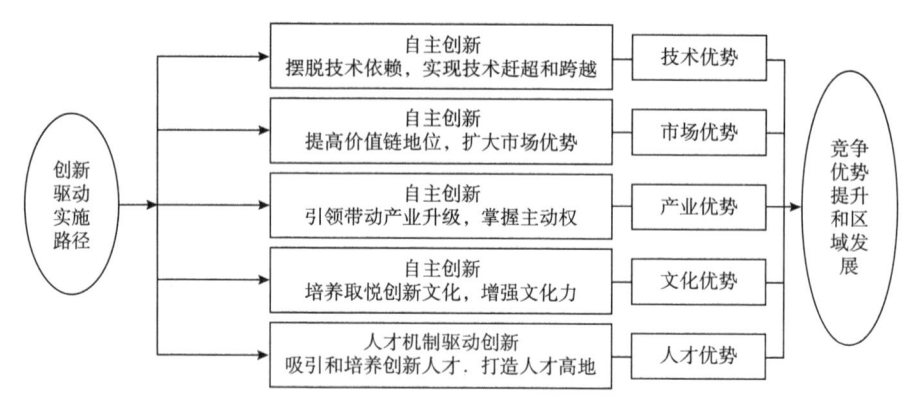

图2-2 创新驱动实现区域发展的路径

首先，以自主创新驱动区域产业技术赶超，建立技术竞争优势。区域发展的重点在于突破性创新和自主创新。自主创新包括原始创新、集成创新和消化吸收后再创新。突破性创新是瞄准国内外尖端技术和前沿技术进行深度创新，从而把区域创新活动推向国内外技术链的高端位置。因此，突破性创新能够使有条件的区域在较短的时间内完成高端产业环节的创造，这也是后发地区突破发达国家跨国公司战略性技术封锁、掌握产业升级主动权、构建未来竞争优势的重要基石[①]。区域内持续的突破性创新活动，是该区域掌握自主核心技术和知识产权、改变原有产业技术发展轨道、建立新的技术范式、形成新的核心技术链的重要路径，最终实现区域产业创新升级，确立产业竞争的技术优势地位。

其次，以价值链的创新驱动占据产业链高端，把技术创新与价值链高端环节的培育结合起来，强化价值链环节转化，巩固并扩大市场竞争优势。同时，以新兴产业的创新驱动实现产业结构优化升级，获取区域产业竞争优势。

再次，创新驱动发展战略具有深刻的文化根植性特征，它的实施需要培

---

① 林平凡等：《区域创新体系中产业突破性创新能力形成机理研究》，《广东社会科学》2014年第6期，第16~23页。

育独特的区域创新文化，营造开放和包容的创新氛围①。区域创新文化是区域软实力的重要内容，要以软实力的创新驱动优化区域经济发展环境，培育创新文化竞争优势。

最后，创新驱动发展需要培育创新型人才，加强知识产权保护，发展生态经济。创新型人才是实现区域创新驱动和经济结构调整结合的核心要素。在区域范围内，要不断完善人才、智力、项目相结合的柔性机制，突出创新人才的市场价值，以科学的人才机制创新吸引优秀人才，获取创新创业人才竞争优势，为区域创新驱动提供智力保障。通过加强和完善知识产权保护制度，才能使创新得以延续。提高以生态环境质量为导向的创新能力，在实施创新驱动发展的过程中全面融入生态优先理念，结合区域生态环境承载力，以产业与生态融合为重点，大力发展生态经济，实施绿色设计，开发利用新技术、新材料、新能源，以绿色技术创新支撑清洁能源和绿色生产，最终实现区域经济、社会、环境、生态等相关子系统的协调和可持续发展。

---

① 辜胜阻等：《创新驱动战略的五大特征和五大机制》，《科技创新导报》2014年第19期，第9~12页。

第三章
区域创新发展的实践

"区域创新"是 P. N. Cooke 等人在 20 世纪 90 年代初基于英国经济学家 Freeman（1987）提出的"国家创新"的基础上发展而来的。虽然国内外对于区域创新及其相关理论的研究已经很多，但是对于区域创新发展实践的整体特征、实践模式、经济政策，学术界尚未形成完整统一的理论体系。区域创新是一个国家创新体系的有机组成部分，也是构成区域核心竞争力大小的重要指标参数。本章试图从资源、资本、技术三个方面阐释区域创新发展实践的整体特征，从前向一体化、后向一体化、混合一体化三个向度阐发区域创新发展实践的迥异模式，从财税、金融、土地三个维度阐述区域创新发展实践的经济政策，旨在初步探索区域发展实践的研究体系。

第一节 区域创新发展驱动的整体特征

发展是区域经济的主旋律，创新更是区域经济发展的重头戏。没有创新发展的区域经济，就会滞后于同一时期的其他地域。然而，无论是区域发展，还是区域创新型发展，都离不开实践，因为实践是区域创新发展的重要载体和直接呈现。区域创新发展实践虽然形式很多，但是从总体上来看，主要是受资源、劳动力、资本、智力、技术等要素驱动，具体呈现为资源密集型、劳动密集型、资本密集型、智力密集型、技术密集型，也就是区域的创新发展受实体要素驱动、资本投资驱动或技术创新驱动。由于区域资源禀赋、资本情状、技术条件迥异，因此就形成了区域创新发展实践的差异化特征。区域创新发展驱动的整体特征见图 3-1。

```
区域创新发展驱动的三大整体特征
    ├── 资源密集型
    ├── 资本密集型
    └── 技术密集型
```

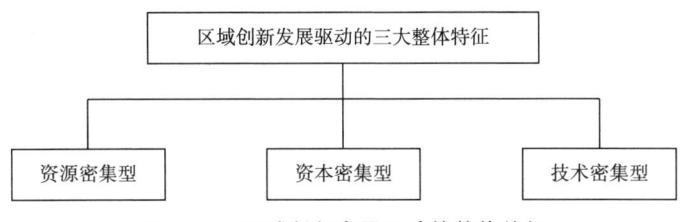

图 3-1 区域创新发展驱动的整体特征

一 资源密集型创新

资源密集型（resource-intensive）是指原料指向型工业或资源密集型工业，也就是这类企业通常在生产过程中需要消耗大量的原材料及燃料，但是在区域创新发展实践中，蕴含着更深层次含义，即在该区域内的创新发展实践中，不同的单位或部门通常会消耗大量原材料（数吨至几百吨），且这些原材料中含有的有效成分较低，失重比较大，特别是有色金属冶炼、钢铁工业等，也包括那些在生产过程中大量耗用电力或其他燃料的单位或部门，诸如铁合金冶炼、炼铝等，还包括原料不宜长途运输的单位或部门，例如制糖、茶叶初加工、粮食粗加工等。这类单位或部门的原材料费用通常占较大比重。诚然，一些单位或部门原材料的趋向性特点是随生产技术的进步或交通运输条件的改善而衍变。其实，那些在区域创新发展实践中需要使用较多土地等自然资源才能运营的单位或部门，也应归属于资源密集型类，特别是那些与土地资源关系最为密切的种植业、林牧渔业、采掘业，在区域创新发展实践中，只有借助这些关键要素，才能使区域经济的生产力得到较快发展。由于人是社会生产力中最活跃、最革命的因素，因此接下来在资源密集型方面，重点阐释劳动密集型在区域经济创新发展实践中的作用。

劳动密集型（labor-intensive）主要是指使用较多劳动力而对技术、设备依赖程度较低。具体说来，在区域经济创新发展的诸多要素组合配置中，劳动力投入比重较高，直接体现为活劳动消耗比重较高而物化劳动消耗比重较低。对于区域创新发展实践来说，劳动密集型只是一个相对概念，在不同社会经济发展阶段有不同标准。对于特定区域来说，劳动密集型主要涉及农业、林业及纺织、服装、皮革、玩具、家具等方面。无可否认，有时为满足市场需求的多样化、个性化或对精湛手工艺品的追求，更可以发挥劳动密集型的优势，因为这类产品的生产量不是很大，但是利润空间非常可观。劳动密集型伴随着区域经济创新发展的全过程，逐步由占主导地位向占非主导地位转变，即使是发达国家或地区也是如此。有关研究显示，劳动密集型在美国、日本、我国台湾区域经济发展中分别持续了110年、80年和40年。毋庸置疑，劳动密集型对我国区域经济的创新发展发挥了强劲的拉动作用。劳动密集型涵盖城乡两大地域，涉及区域经济发展中的一、二、三产业，有时一些高新技术产业中的某些工序，例如，光学仪器、精密零件的研磨、抛光等，仍然靠劳动力密集型来完成。国际经验表明，凡是人口众多、土地和资本稀缺的国家或地区，劳动密集型对推动区域经济发展具有重要意义，因为大力发展劳动密集型产业对解决当地人就业、增加他们收入、拉动多元需求，都会发挥重要作用。据统计，1996~2001年，劳动密集型对全国乡镇区域增加值的贡献率为55.5%。劳动密集型产业已为区域经济发展做出了重要贡献，并形成了苏南、温州、珠江三角洲等区域创新发展模式。

其实，资源密集型区域的发展主要是以市场需求为导向、以企业运营为主体，围绕区域内优势资源搞开发，发展区域特色产业，从而带动区域经济快速发展。政府要加强区域产业政策引导，围绕支柱产业、优势产业的发展，建立有利于项目实施、企业成长的新机制，切实加大支持力度，发挥项目聚集生产要素的作用。在区域主导产业选择上，要以资源深加工和区域特色为主导，突出区域品牌、特色品牌。坚持依托区域内产业园区发展工业的思路，有效形成规模经济和聚集效应。针对区域内不同企业情况，因地制宜，因势利导，培育特色独具、优势突出的主导产业，使其成为区域发展的增长极，从而带动工业总量的扩张，提升工业产值在区域内国民经济总量中的比重，促进区域经济又好又快发展。

二 资本密集型创新

资本密集型（capital – intensive）是指某种产品在生产中资本投入比其他生产要素投入相对较多；在单位产品生产成本中，资本成本与劳动成本相比，所占比重较大；每个劳动者所占用的固定资本、流动资本均较多。这说明资本密集型需要较多的资本投入，诸如冶金、钢铁、电力、石油化工、机械制造、通信设备制造、运输设备制造等重工业。对于区域经济发展来说，资本密集型主要是指区域发展呈现出需要投资量大、技术装备多、吸纳劳动力少、资金周转较慢、单位产品成本中消耗资本所占比重较大的特点，其产品产量同投资量成正比，而与所需的劳动力数量成反比。简单地说就是：凡是成本中物化劳动消耗所占比重大而活劳动消耗所占比重小的产品，一般都可以称之为资本密集型产品。由于区域发展资本密集型产业需要大量资金，倘若大规模地发展资本密集型产业有困难，那么就应从实际出发，充分发挥多方积极性，有重点、有选择、有计划、有步骤地发展资本密集型产业。

其实，资本密集型与区域经济增长存在着一定的联系。随着全球经济的快速发展，资本密集型产业对区域经济增长的贡献率较大，且资本效率上浮的速度快于整个区域内产业的发展速度。而随着国际金融危机的影响日益深远，资本密集型产业对区域经济增长的贡献率正逐步下降，且资本效率下滑的速度也快于整个区域内产业的发展速度。这说明当一个区域内资本密集型产业达到一定规模后，它的进一步扩张能力已经非常有限，由此在区域经济增长中的地位逐步下降，对区域创新发展实践的作用也日趋削弱。更为重要的是，由于这些资本密集型产业一般追求规模化效应，因此它们极为容易导致行业整体产能过剩问题。所以，当区域资本效率下滑非常迅速时，它会远远快于工业资本整体效率的下滑速度。从宏观维度审视，资本密集型产业曾经是驱动区域经济发展的加速器，是实现一个区域经济快速增长的根本动力。然而，随着行业产能过剩的出现，以及资本效率下滑的演进，一个区域要想继续依靠传统资本密集型产业大规模扩张来拉动该区域经济增长已经变得越来越困难，而以技术为驱动力的创新时代呼之欲出。

正因为如此，在过去十多年里，那些资金紧缺、技术落后而人口众多的区域，为了改变落后面貌，开启了大规模的招商引资，以期引进外资，实现区域内的资源密集型优势与资本密集型产业对接，从而更好地驱动区域经济发展。这种方式虽然使区域生产力获得了较大发展，但是由于资本对资源环境不合理的开发，在创造巨大财富的同时也付出了惨痛代价，走的是一条先污染、后治理的畸形路子。这就要求区域经济创新发展必须注重经济发展同资源环境相协调，切实走出一条资源消耗低、环境污染少、可持续发展的新型之路。

三 技术密集型创新

技术密集型（technology - intensive）是指科技装备程度比较高，以高、精、尖技术为手段，所需劳动力或手工操作人数比较少，产品具有较高知识与技术含量，无形资产在区域内占有相当比重，知识与技术成为区域经济创新发展的重要内驱力。由于技术密集型主要是综合运用先进的、现代的科技成就，因此生产或管理的内容、环节主要依赖知识与技术，它的单位产品所需资金投入较多，耗费原材料较少，但是集中了众多熟练技术人员的参与。

技术密集型的程度，直接反映一个区域经济创新发展的情状。产品技术性能复杂，是技术密集型的显著特征。从某种意义上说，技术密集型程度与机械化、自动化呈正相关关系。技术密集型程度越高，区域经济创新发展的机械化或自动化程度越高，资源消耗越少，劳动生产率越高，对区域内生产力发展的助推力度越大，飞机、宇航、原子能、精密机床、数控机床、超大规模集成电路等都属于技术密集型。在一个区域内，这类企业的入驻对于拉动区域经济的创新发展具有不可估量的价值和意义。时至今日，以微电子、"互联网+"、信息产品制造等为代表的技术密集型产业，日益成为带动区域经济发展的主导产业。从这种意义上说，技术密集型产业的发展情状，决定了一个区域的核心竞争力甚至该区域经济增长的未来前景。

实践证明，一个区域技术密集型情状直接反映该区域科技整体发展水平。从一定程度上说，一个区域技术密集型程度与该区域创新发展实践甚至区域经济发展情况呈正比。如果一个区域技术密集型程度较高，那么它对该区域的创新发展实践驱动力就强，从而对该区域经济发展具有积极的促进作用，因为它能为区域经济发展的各部门提供较为先进的劳动手段与各种新型材料。诚然，如果一个区域技术密集型产业发展较多，那么它就会助推该区域内科技人才发挥作用，这一方面有利于该区域应用和推广国内外最新科技成果，另一方面也有利于区域内引进国外先进技术与生产高精尖产品，还有利于提高区域内企业的经济效益，从而驱动该区域生产力的快速发展。随着全球科技水平的整体提升，一些区域内技术密集型产业也在迅速发展。在一个区域内大力发展技术密集型产业，已成为该区域走新型工业化道路的时代要求。基于河南人口众多、劳动力成本低的特点，河南在走新型工业化发展和提升资源密集型产业的同时，应大力发展技术密集型产业，从而使先进高科技成为驱动其经济发展的火车头。

综上所述，无论是资源密集型、资本密集型，还是技术密集型，都离不开创新，甚至可以说是创新驱动贯穿始终。没有创新驱动嵌入其间，上述"三型"很难成为区域经济发展的支撑点。因此，从区域经济创新发展实践维度审视，资源是载力，资本是活力，技术是动力。没有资源的支撑，区域经济发展不可能实现；没有资本的注入，区域经济发展必然没有波澜；没有技术的驱动，区域经济发展的创新难以实现。

第二节　区域创新发展实践的不同模式

从全球视角观察，我们可以发现，从以硅谷、波士顿128公路为代表的美国企业主体型区域创新到以大学科技园为载体的英国知识带动型的区域创新，从以技术引进为突出特征、以技术模仿为重要补充、以自主创新为动力驱动的日本、韩国的技术引进型区域创新到以软件园为主导的印度的政府推动型区域创新（见表3-1），说明区域创新差异是相当大的。然而，在当代中国，区域创新发展实践日益呈现出前向一体化、后向一体化、混合一体化三个模式（见图3-2）。尽管这三个模式是完全不同的，但是它们基本涵盖了美、英、日、韩、印的区域创新内容。其实，一体化是我国区域创新发展实践的重要特征，其以持续扩张的后向一体化形式出现，又以改造升级的前向一体化显现，还在既定区域内呈现出发展的前后向一体化融合的混合一体化特征。

表3-1　国外区域创新模式情况

国　别	模　式	备　注
美国	企业主体型	以硅谷、波士顿128公路为代表
英国	知识带动型	以大学科技园为载体
日本、韩国	技术引进型	以技术引进为突出特征、以技术模仿为重要补充、以自主创新为动力
印度	政府推动型	以软件园为主导

图3-2　区域创新发展实践的三种模式

一　"前向一体化"创新实践模式

前向一体化本是生产型企业或制造商的战略，旨在获得原有成品深加工的高附加价值或更多渠道而把前向相关企业统合起来，但是在区域经济发展中也从总体上呈现出这一类似的重要特征。在区域经济发展过程中，对传统区域进行现代改造、升级，维持和巩固那些适合创新实践的既定区域，调整或根本改变那些不适合创新实践的陈旧区域，从而打造全新的已有区域经济。其实，区域创新发展实践的前向一体化似乎是受偶然性支配的，"但是，在表面上是偶然性在起作用的地方，这种偶然性始终是受内部的隐蔽着的规律支配的"①。那就是区域创新实践存在前向一体化的现实可能，能够将潜存的实力发掘出来，能够将潜在的优势发挥出来。

  区域发展过程中的老城区通常功能紊乱，交通堵塞，还存在着承载压力过大、环境堪忧等诸多不和谐因素，市政配套、建筑布局、用地结构等诸多问题日益凸显，老城区已经从域内城市发展的"依托"变成了"门槛"，从昔日的"亮点"变成了"缺陷"，所以老城区改造升级是区域前向一体化发展进程中不可或缺的重要部分。在区域发展后向一体化大规模开发建设的过程中如何同步做好区域内老城区的品位提升，直接影响到整个区域发展的形象，区域内老城改造迫切需要推进，从点式改造到线式改造，再到面式改造，逐步绿化、美化、亮化整个老城区，从而使区域城市景观、区域内居住条件、相应基础设施都得到实质性改善。因此，随着区域一体化进程的加快，老城区改造已成为区域前向一体化发展刻不容缓的重大工程，这既是区域社会经济由快速发展向和谐发展的客观需要，也是区域内群众对改善人居环境的现实需要，老城区到了必须"改变面貌、提升形象"的历史阶段，也成为区域发展前向一体化的重大课题。以要素驱动为载体的老城区改造，需要有计划、有步骤、分阶段、有目标地务实推进，切实加快区域内老城区更新改造的步伐，不断改善区域城市形象，持续提高人居品质，丰富区域文化内涵。为使区域前向一体化创新实践成功演进，需要广泛动员全社会共同参与，充分发挥区域内各级政府甚至社会各界的积极性、主动性和创造性，尊重区域基层人民的首创精神，从经济发展、生态环境、资源节约、社会建设、人口转移、公用服务设施配置、基础设施建设等诸多维度出发，构建科学合理的评价监督机制和考核评价体系，形成区域人民群策群力、共建共享的生动和谐局面，同时相关部门应为促进区域基础设施建设共享、生态环境联防联控、传统产业改造升级等提供相应的法律、法规保障，为破解区域前

---

① 《马克思恩格斯全集》第 4 卷，人民出版社，1995，第 247 页。

向一体化过程中的矛盾与问题提供法律依据。

为了推进区域老城区（棚户区、城中村）改造升级，在实体要素驱动的同时，可以推动区域内全国卫生城市、环保城市等的联创性，将老城区由区域发展的负担，转化为区域发展新的增长点，将区域内老城中的低档专业市场打造为中高档专业市场，将陈旧体育设施更新改建为全新的体育场馆或其他场所，将传统的小商品市场外迁到老城区外新建。在区域更新改造老城基础设施过程中，可以全方位地提升区域内城市的整体品位，这说明区域前向一体化衍生的创新实践能够合理地调节区域内人与自然之间的物质变换。正如马克思曾经指出的那样，"在最无愧于和最适合于他们的人类本性的条件下来进行这种物质变换。但是不管怎样，这个领域始终是一个必然王国……，这个自由王国只有建立在必然王国的基础上，才能繁荣起来"①。毋庸置疑，区域前向一体化的创新实践包含着区域内人与自然之间重要的物质变换以及人与人之间的各种活动互换，这种变换与互换助推了区域前向一体化的发展。这是区域创新发展实践从个性中把握共性、从相对中看到绝对、从暂时中把握永恒的结果，也是区域内创新发展实践在广度上扩展到宏观层面、在深度上深入到微观层面的体现。时至今日，创新已成为区域发展前向一体化的火车头，是推动区域社会发展进步的根本动力。在区域综合竞争日趋激烈的当代中国，区域发展问题尤其是持续创新问题，已经成为关系区域增长能否持续的重大问题、影响区域经济盛衰兴亡的关键问题、支配区域现实情境与未来发展之间消长关系的核心问题。因此，促进区域经济快速发展，不断提高区域持续创新能力，已经上升为不同区域发展的头等任务、最大利益、最重政治。区域前后向一体化创新开始容易，持续困难，这就需要在区域发展过程中始终保持清醒头脑，正视现实和困难，以便有效地战胜、克服它。马克思曾指出，要从批判旧世界中发现新世界，要从建造新世界中创造更加美好的未来。区域前向一体化发展也与此类似。

"世界潮流，浩浩荡荡，顺之者昌，逆之者亡。"一个区域成功的创新实践，对该区域来说，都是发展转变自己，这是走在全国乃至全球发展前列的最大机遇和条件，同时也是最大挑战和考验。在区域创新发展实践过程中，要不断深化对持续创新规律、绿色发展规律、联创驱动规律的认识，

---

① 《马克思恩格斯全集》第25卷，人民出版社，1974，第926~927页。

"从国内外、省内外、县内外、区内外的实际情况出发,从其中引出其固有的而不是臆造的规律性,即找出周围事变的内部联系,作为我们行动的向导"①。这就需要区域构建有效的政策保障体制机制,配合区域后向一体化的协同发展,积极从财政、土地、产业、投融资、人口、环境等方面,制定区域发展的政策支持、支撑体系,积极推进区域创新实践的综合配套改革,构建区域内统一的市场准入政策、执法标准和法制环境,促进区域内商品和生产要素自由流动,建立完善开放、竞争有序的区域市场体系,为区域前向一体化过程中的各类市场主体营造良好的市场环境,重点支持区域内重大基础设施建设、公共服务设施配套、生态环境治理与改善,从而引导区域创新实践持续健康发展。

二 "后向一体化"创新实践模式

后向一体化,原为企业通过兼并或收购若干原材料供应商,旨在掌控其运营供应系统,实现产供一体化。在区域经济创新发展实践中,突出表现为有规划地延展,一方面形成了大学城、产业园区、生态园区、物流园区等诸多园区,另一方面也在区域演进发展中把城乡连为一体,终极实现了区域经济一体化协同发展。毋庸置疑,当原有区域发现它拓展区域未来发展空间对它至关重要时,它就会进行区域规划,积极向外延伸推进。

(一)集群化

它是区域创新发展实践后向一体化的方向。在这一过程中,区域将会大幅提升整体创新能力,加快技术转移与开放合作,推进产业转型升级,促进区域内产、学、研协同创新发展。

随着郑洛新国家自主创新示范区的开启,郑州国家自主创新示范区建设将会以郑州高新区为核心区,全面辐射带动郑州航空港经济综合实验区、郑东新区、郑州经济技术开发区、金水科教园区等相关区域,切实构筑高新技术产业发展全新格局。自主创新核心区的功能布局在强化战略先导地位的同时,重点突出"高"和"新",辐射区主要突出"专"和"精",这样就可以使核心区、辐射区各展所长、多元发展。郑州高新区重点建设北斗导航产业园、机器人产业园、联东U谷郑州生态科技产业园、亿达软件园、新三板产业园等,谋划高新区"未来科技城";郑州航

---

① 《毛泽东选集》第3卷,人民出版社,1991,第801页。

空港经济综合实验区重点建设以电子商务园为载体的空港，以电子信息基地为载体的古城，以商贸会展园区、航空物流园区为载体的会展物流，以精密机械产业园、智能终端产业园、生物医药产业园为载体的双鹤湖四大片区；郑东新区重点建设金融智谷、创意岛孵化园、中原金融产业园、龙子湖科技创新集聚区、电子信息创新创业综合体、国家知识产权服务业集聚发展试验区等；郑州经开区重点建设智能汽车与电动汽车产业园、重大装备制造科技产业园、河南跨境电商智慧产业园、虚拟现实/增强现实科技产业园、机器人与智能制造科技产业园、智慧物流园等；金水区以金水科教园区为依托，重点建设河南外包产业园、郑州启迪科技园、郑州北大科技园、西亚斯亚美迪国际软件园等。

区域集群化发展不仅是全球化进程中出现的一种历史潮流，而且也是区域经济发展后向一体化的必然趋势，更是区域社会发展进入高级阶段的重要标志。建立健全区域后向一体化发展协调机制，推动区域间产业分工、基础设施、环境治理、生态保护的协调联动，构建区域集群化协同发展的体制机制，实现区域内集群功能有机契合、有序衔接，产业错位互补、互动协调，从而提高整个区域的运行效率和竞争能力，进而推进区域集群向高级化、良性化方向可持续发展，终极实现区域后向一体化的高效发展。这就需要打破区域内的地域分割和行政壁垒，树立区域经济"一盘棋"的发展观念，使一定地域范围内的自然、社会、经济有机耦合、协同发展，形成城际之间、城乡之间功能互补、结构优化、产业关联、协调发展的优化格局。区域后向一体化创新实践要从战略高度出发，以中心城市为载体，支持区域内其他城市与核心区融合对接，组建区域发展核心圈，形成中心带动周边、周边支撑中心的良性互动；坚持点式布局、线式提升、面式延展的区域发展策略，扩大区域发展规模，完善区域发展功能，推进区域发展错位演进，提升区域辐射、散射、折射能力，增强区域内城市支撑功能和承载能力；凸显区域城市吸纳农业人口转移效能，有重点地发展区域前向一体化的中心乡镇，扩充小城镇的腹地容量，加强区域内的城乡规划和功能对接，推动区域内基础设施、产业分工、生态保护、环境治理等协调联动，促进区域内的生产要素优化配置和自由流动，真正落实新常态下区域创新、协调、绿色、开放、共享的发展理念。

持续创新是区域后向一体化集群发展的主观需要。尽管创新是区域发展的必由之路，但是一定要继续坚持解放思想、实事求是、与时俱进，坚定不移地把改革创新精神贯彻到区域发展的各个环节，着力构建更加开放、充满活力、富有效率、有利于区域创新的体制机制，为区域发展实现质的跨越提供强大动力和体制保障。恩格斯曾指出，"所谓'社会主义社会'不是一种一成不变的东西，而应当和任何其他社会制度一样，把它看成是经常变化和改革的社会"[①]。对于区域经济发展来说，持续创新形同此理。在区域创新发展实践中，要勇于打破习惯思维和主观偏见的束缚，研究新情况，提供新思路，解决新问题，按照"先中心再边缘，先增量再存量"的思路积极推进。区域发展的创新思想，一旦被人们掌握，就会变成推动区域发展、国家发展乃至社会发展的物质力量。其实，创新是一场旷日持久的人民战争，只有动员人民，才能进行创新；只有依靠人民，才能进行创新。创新活动是人民的事业，随着持续创新活动的深入，必将是创新成果的不断涌现。一个区域集群要赢得与另一区域集群的比较优势，就必须坚持持续创新，"就必须大胆吸收和借鉴人类社会创造的一切文明成果，吸收和借鉴当今世界各国包括资本主义发达国家的一切反映现代社会化生产规律的先进经营方式、管理方法"[②]，这就要求区域创新必须大胆吸收和借鉴其他区域发展的创新成果。但是，区域创新不能过急，过急了创新不了，越急越创新不了，要长期坚持，一以贯之。持续创新，是区域经济集群发展的不竭动力。过去区域发展所取得的一切成绩，是靠持续创新；现在区域发展要实现新的突破，同样要靠持续创新，"过去我们打仗靠这个，现在搞建设、搞改革也靠这个"[③]。实践证明，凡区域集群发展的成就和辉煌都是在持续创新基础上取得的；凡区域集群发展的停滞和迟缓都是在创新动力不足基础上所产生的。

（二）大学城

它是区域创新实践后向一体化的亮点。随着区域经济发展由工业经济时代向知识经济时代演进，高等院校也由区域发展的边缘演化为区域发展的重要支撑。作为高等教育的一种创新性发展模式，大学城建设越来越受到不同区域的重视。特别是随着区域发展后向一体化的推进，全国形成了一批大学城。从上海的杨浦大学区、松江大学城到天津的大港大学城、西青大学城，从南京的仙林大学城、江宁大学城到杭州的下沙大学城、小和山大学城，从

[①] 《马克思恩格斯选集》第4卷，人民出版社，1995，第693页。
[②] 《邓小平文选》第3卷，人民出版社，1993，第373页。
[③] 《邓小平文选》第3卷，人民出版社，1993，第382页。

沈阳的南区大学城、北区大学城到郑州的龙子湖大学城、高新区大学城、龙湖大学城，从武汉的黄家湖校区、南湖大学城到成都的中心城区、温江大学城，从西安的长安大学城到广州的广州大学城等，这些大学城的建设，既能满足高校外延式发展的需要，又能满足它们自身内涵式发展的需要。伴随区域发展后向一体化出现的大学城，与传统大学有很大的不同，它可以使高校资源共享、优势互补，创新体制与机制，创造机会和平台，既可以极大地促进区域内高等教育的发展，又可以使区域发展赢得更多更有效的智力支撑。

　　大学曾经是、现在是、将来依然是人文精神的地平线，是一个国家、一个民族甚至一个区域先进文化思想的旗手，是诸多优秀思想文化交流的先锋。耗散结构理论创始人普利高津曾如此描绘，"我们的时代是以多种概念和方法相互冲击与混合为特征的社会，这些概念和方法在经历了过去完全隔离的道路后突然间彼此遭遇在一起，产生了蔚为壮观的进展"。因区域后向一体化而诞生的大学城正是如此。大学城建设不仅对区域创新实践具有重大现实意义，而且也彰显了区域创新实践后向一体化的重要价值。大学城建设可以大幅度改善区域内的交通条件，既方便了人们日常的快捷出行，又拓展了城市未来的发展空间，还加快了区域内矿产、土地、旅游等资源的开发，全面提升有限区域内的资源价值，极大地促进区域内第三产业的发展，从而增加区域内政府的财政收入，进而有利于其为区域内的人们提供更多更好的公共服务。同时，大学城的建设，将会极大地改善当地的基础设施建设，加快区域内的城镇化步伐，也为区域内高新技术企业发展提供重要的智力支撑，从而有利于新技术的应用、新成果的转化，加快区域内人流、物流、信息流、资金流的耦合与融贯，促进区域内产业与教育、科研一体化。

　　知识经济的悄然兴起、传播媒介的急剧改变、网络文化的蓦然盛行，多维的文化空间向迥异的人们描绘了一幅幅色彩缤纷的基本图景。区域在大学城智力支撑下的发展应是充满诗意、和美、和谐的，更应是理性、科学、文明的，让区域内的人们"刚毅地直立于天空之下、诗意地栖居于大地之上"，已成为区域创新发展追求的一个重要方向。区域创新实践犹如一个转换器①，通过区域内大学城培养人才的实践进入自然，使自然成为人的自然；区域内的自然通过转化进入社会，使社会成为自然的社会；区域内

---

① 吴倬编《马克思主义哲学导论》，当代中国出版社，2002，第4页。

社会通过大学城提供的知识改造进入人类,使社会成为人的社会。这一系列转换无疑使整个区域的发展有机整合起来。此外,区域内大学城培养的人才,通过创新实践不但能够认识客观规律,而且能够利用客观规律,使客观规律不仅为人所用,而且使区域内的物按照人们需要的方式同人发生关系,终极达到物被人所掌握和占有的目的。正如马克思所指出的那样,"环境的改变和人的活动或自我改变的一致,只能被看做是并合理地理解为革命的实践"①。

(三) 产业园区

它是区域发展后向一体化的重要组成部分。在区域后向一体化发展的产业园区内,要积极引导各类创新要素向企业主体集聚,引导这些企业不断加大创新投入,使其真正成为区域实践的研发创新投入主体、技术创新转化主体、创新风险受益主体,同时以创新为驱动,引导这些企业加快建立现代企业制度,充分完善产权结构,鼓励创新知识产权参与收入分配,全面推进知识与资本对话,切实深化资源要素市场化配置改革,积极推行创新企业的期权期股期益制度,不断健全以资源稀缺情形、市场供求情况、环境成本情状为主要特征的价格形成机制,有效促进创新企业主体不断开发新技术、新工艺、新产品,鼓励支持创新企业主体联合高等院校、科研院所,以股东制、会员制等灵活多样的形式参与到创新平台上来,在组建产、学、研战略联盟基础上建立风险共担、利益共享机制,共同致力于创新技术开发、创新成果转化和创新实践产业化。在协调推进工业化、信息化、城镇化、农业现代化过程中,一定要坚持区域内产业园区绿色发展。绿色发展是区域后向一体化发展产业园区的客观需要。在区域发展的创新实践中,一定要有生态意识、环境意识、绿色意识,务必要促进人与自然的和谐与协调,正确处理区域经济创新发展同人口、资源、环境的关系,切实改善生态环境、美化生活环境,积极开创生产发展、生活富裕、生态良好的现代文明发展道路,真正把"破坏资源环境就是破坏生产力,保护资源环境就是保护生产力,改善资源环境就是发展生产力"的理念落实到区域发展之中。区域发展的创新实践是永无止境的过程,绿色发展也是永无止境的过程,这两个过程相互结合、相互促进地推动区域经济向前发展。这种良性循环不仅在中国而且在国际范围内也是一个伟大成就,更

---

① 《马克思恩格斯选集》第1卷,人民出版社,2012,第134页。

可以对不完全发达或不发达的区域提供某些经验。在经济发展新常态下，区域创新要坚定不移、毫不动摇；绿色发展要一以贯之、全面执行。创新和绿色事实上是一枚硬币的两面，它们不但源于区域经济发展的需要，而且源于人类社会发展的需要，都追求经济发展得更快、人们生活得更好。对于持续创新与绿色发展，区域发展必须坚持"两手抓，两手都要硬"，要在促进持续创新的同时，始终保有绿色意识，坚持绿色发展。其实，绿色发展是区域立足当前、着眼长远的发展思路，要努力建设人与自然和谐相处、人与人协同共进的幸福美好新家园，实现经济有实力、创新有成果、生态有改善的区域发展目标。

无数历史清晰表明：凡区域持续创新强劲之日，就是区域发展繁盛之时；凡持续创新同绿色发展最佳结合之日，就是区域发展活跃兴旺之时。考察任何一个区域，只要深入进去，就可以发现各种纷繁复杂的关系中存在持续创新与绿色发展的差异。因此，现在区域真正的大问题，带全局的战略问题，一个是持续创新问题，一个是绿色发展问题。在以创新、绿色为主题的经济新常态下，不同区域都面临着发展问题，不仅落后区域迫切地谋求发展，而且发达区域再发展问题也越来越突出。每个区域对国家的影响，越来越取决于持续创新能力和绿色发展比率。区域创新从哪里开始，绿色进程也应当从哪里开始，而绿色进程的进一步发展不过是区域创新过程在快速发展前后一贯的形式上的反映。这种反映是区域发展与时俱进、一以贯之坚持的结果。没有区域持续创新，便没有区域快速发展，直接影响区域内经济活力；没有区域绿色发展，便没有区域协调发展，导致区域创新动力终极不足。其实，持续创新与绿色发展是历时态与共时态的统一，在持续创新中始终坚持绿色发展，在绿色发展中积极推进持续创新。如果说持续创新是区域发展的"物质武器"，那么绿色发展则是区域发展的"精神武器"。因此，要积极传播持续创新、绿色发展思想，在整个区域以及区域内人们之间进行推广，使之成为区域发展的行动指南，让其为一切要求创新、渴望绿色区域的人们所向往，也为区域发展上创新不足、绿色贫瘠区域的人们所羡慕。或许，这对许多区域来说是"高山仰止"，但是"虽不能至，心向往之"。只要我们坚定不移地走持续创新、绿色发展之路，锲而不舍地探索和认识区域发展规律，就一定能够不断地在特定区域范围内有所发现、有所发明、有所创造、有所前进，就一定能够做到让区域创新更好地造福社会、造福人类。

三 "混合一体化"创新实践模式

创新是区域发展的直接动力,也是一个区域发展快慢甚至核心竞争力的决定性因素。而混合一体化是区域创新实践发展的必然结果,是区域发展前向一体化与后向一体化的综合体现(见图3-3)。恩格斯曾指出:"人的思维的最本质的和最切近的基础,正是人所引起的自然界的变化,而不仅仅是自然界本身;人在怎样的程度上学会改变自然界,人的智力就在怎样的程度上发展起来。"[①] 区域创新实践的混合一体化正是这种思想的呈现与再现。自从区域内最美的花朵——思维着的精神绽放以来,混合一体化带来的区域创新实践已经发生了巨大的变化,驱动着区域内经济社会的快速发展。

前向一体化 ← 改造升级 — 区域创新发展实践 — 扩张延展 → 后向一体化

图3-3 区域创新发展实践混合一体化情况

区域混合一体化的创新实践要求对区域内一切旧观念、旧思想、旧理论、旧体制之中不合理、不规范、不合时宜部分进行抛弃与批判,不能因墨守成规而过于保守,也不能因拘泥于书本、经验和已有的认识而因循守旧,更不能怕在区域创新实践中失败、在区域内创新实验中因失利而暂时淘汰,要注重对区域创新实践经验的总结,注重研究新技术、新经验、新问题、新情况,敢于对区域内创新实践提出合理的质疑,勇于突破区域内一切陈旧东西的束缚,不断拓宽新视野,不断开辟新境界。创新实践是区域内科学理论发展的重要杠杆,也是区域内社会发展的强大动力。区域混合一体化衍生的创新实践之所以具有强大的生命力,之所以具有强大的助推力,之所以具有强大的影响力,就在于它与时俱进、不断创新的品质,而且总是根据区域发展的实际需要,不断地进行创新实践。在后向一体化的区域发展实践中,创新不但是该区域发展的灵魂,而且是这个区域兴旺发达的不竭动力。区域要发展就必须创新,以创新实践助推区域发展,也只有创新实践才能走出和超越区域的过去和现状。没有区域发展创新性的超越,就不会有实质性的超

---

① 《马克思恩格斯选集》第4卷,人民出版社,1995,第329页。

越。而区域发展没有实质性的超越,就会沦为僵死化的陈迹或工具化的教条,甚至会陷入保守性的辩护或虚伪性的粉饰。在创新中超越,在创新中流行,这是区域发展永葆生机的双重旋律。

视野决定格局,定位关乎未来。为了推进区域创新实践的快速发展,河南根据新常态下创新、协调、绿色、开放、共享的五大发展理念,遵循市场运行规律、价值演绎规律、产业发展规律、城市延伸规律,顺时合势,提出了"一极三圈八轴带"的发展思路,以期加快驱动中原城市群一体化的发展进程。"一极"旨在打造郑州都市区,使其成为中原区域城市群核心增长极;"三圈"旨在依托高铁、城际铁路网,构建以郑州为区域中心,涵盖洛阳、开封、新乡、许昌、平顶山等8个省辖市的"半小时"核心圈,其余9个省辖市的"一小时"紧密圈以及中原经济区其他中心城市的"一个半小时"合作圈(见图3-4);"八轴带"旨在依托区域综合运输通道优势,带动区域人口聚集和产业集聚,壮大提升区域节点城市范围,形成辐射区域八方的"米"字形(见图3-5)城镇产业发展轴带。这些对于河南区域发展来说,真是"未来已经到来,只是尚未流行",而要成功演进这一宏大的混合一体化区域发展设想,任重而道远。尽管如此,辐射八方的"米"字形发展轴带,犹如区域发展的一条条"快车道",它将迅速集聚区域内外的各种要素资源,在沿着交通大动脉布局延展的不同区域,形成特色迥异的产业分布。在可以期待的未来,在"米"字形交通布局的支撑下,更多的产业将会诞生,更多的资源将会涌入,更多的人群将会加入,有米"下锅"的成功区域创新实践不再遥远。

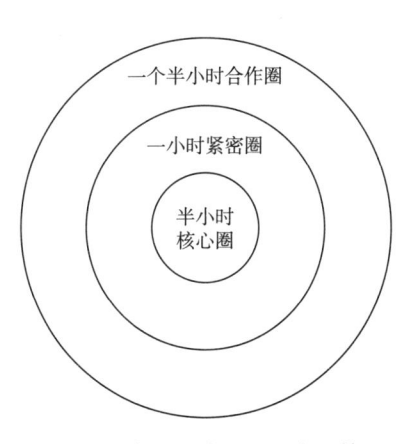

图3-4 中原经济区三圈发展情况

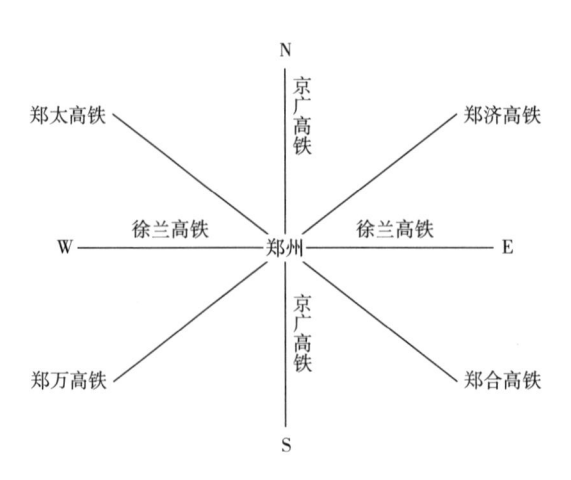

```
          N
          京
          广
郑太高铁    高    郑济高铁
          铁
     徐兰高铁   徐兰高铁
W ─────── 郑州 ─────── E
          京
          广
郑万高铁    高    郑合高铁
          铁
          S
```

图3-5　河南"米"字形高速铁路网

恩格斯曾经指出："当我们深思熟虑地考察自然界或人类历史或我们自己的精神活动的时候，首先呈现在我们眼前的，是一幅由种种联系和相互作用无穷无尽地交织起来的画面，其中没有任何东西是不动的和不变的，而是一切都在运动、变化、生成和消逝。"① 区域混合一体化的创新实践之所以能够成功推演，是因为该区域改造升级的前向一体化和扩展延展的后向一体化都具有普遍联系性。任何一个区域内部都是一个相互联系的有机整体，区域发展的根本原因正在于事物相互联系，而相互联系包含着相互作用，这种区域内的相互作用必然导致区域经济的运动和发展，这也是区域混合一体化创新实践能够积极推演的前提。区域混合一体化创新实践的发展过程是前进性与曲折性、上升性与回复性的统一，也就是说成功的区域混合一体化创新实践不是直线式的而是曲折的，但是它发展的总趋势是前进的、上升的。虽然区域混合一体化创新实践是浅显易懂的，但是正如"仅仅知道大麦植株和微积分属于否定的否定，既不能把大麦种好，也不能进行微分和积分，正如仅仅知道靠弦的长短粗细来定音的规律还不能演奏提琴一样"②，所以成功推演区域混合一体化创新实践绝非易事。

在推进区域混合一体化创新实践的活动过程中，必须把区域创新发展的内容和形式辩证统一起来，注意克服片面地追求区域内发展的形式，为形式而形式，忽视区域混合一体化创新实践的内容，甚至出现以形式伤害内容的

---

① 《马克思恩格斯选集》第3卷，人民出版社，1995，第359页。
② 《马克思恩格斯选集》第3卷，人民出版社，1995，第485页。

形式主义。同时,适应区域混合一体化创新实践内容的需要,要善于根据区域混合一体化创新实践的时间、地点和条件不失时机地选择、利用和创造最适当的形式,以促进区域混合一体化创新实践内容的发展,"我们不仅发现一个运动后面跟随着另一个运动,而且我们也发现,只要我们造成某个运动在自然界中发生时所必需的那些条件,我们就能引起这个运动"①。对于区域混合一体化创新实践中出现的机遇,要善于敏锐地洞察识别它,不失时机地抓住它,加以整合利用,使它成为促进区域混合一体化创新实践的契机。对于区域混合一体化创新实践中可能出现的有害的偶然因素,要切实防患于未然,尽可能减轻或避免它们的不利影响。在区域混合一体化创新实践中,应将注意力放到那些可能实现的事情上,切勿去干那些区域混合一体化创新实践不可能实现的、劳而无功的事情。要将区域混合一体化创新实践现阶段可以实现的可能性与只在将来阶段才可实现的可能性区分开来,既要集中力量做好那些区域创新现阶段可以实现的事情,又不能忽视区域混合一体化创新实践只在将来才可实现的事情,否则区域创新实践就会目光短浅,区域发展就会失去远大的奋斗目标。

在区域混合一体化创新实践过程中,要切实摒弃那些不顾全局甚至长远利益而滥用资源、污染环境、破坏生态的行为,果断远离那些置文明道德法规于不顾而只顾眼前利益的投机取巧、见利忘义、损人利己的行为。恩格斯告诉我们:"我们每走一步都要记住:我们统治自然界,决不像征服者统治异族人那样,决不是像站在自然界之外的人似的——相反地,我们连同我们的肉、血和头脑都是属于自然界和存在于自然之中的;我们对自然界的全部统治力量,就在于我们比其他一切生物强,能够正确认识和运用自然规律。"② 因此,只要是符合区域混合一体化创新实践要求的事情就应该去做,只要是符合区域混合一体化创新实践要求的事物就应该给予肯定和褒扬,反之,就应该制止或否定。区域混合一体化的创新实践,就是要从有限中寻求无限、从暂时中把握永恒、从相对中看到绝对、从有条件的东西中寻求无条件的东西,使之确定下来,积累下去,指导实践,指导未来。区域混合一体化创新实践会遇到区域前向一体化或后向一体化留下来的大量生产力、资金和环境,尽管一方面这些生产力、资金和环境为区域混合一体化创新实践所

---

① 《马克思恩格斯选集》第4卷,人民出版社,1995,第328页。
② 《马克思恩格斯选集》第4卷,人民出版社,1995,第383~384页。

改变，但另一方面，它们也预先规定区域混合一体化创新实践的条件，使区域混合一体化创新实践得到一定的发展和具有特殊的性质。区域混合一体化创新实践是合规律性与合目的性的统一。当区域混合一体化创新实践的有目的的活动符合区域发展的客观规律时，就可能加速推进区域经济的发展，反之，就会失败甚至延缓区域经济的发展。"行动的目的是预期的，但是行动实际产生的结果并不是预期的，或者这种结果起初似乎还和预期的目的相符合，而到了最后却完全不是预期的结果。"[①] 所以在区域混合一体化创新实践过程中，要努力避免出现这种情状。区域的自然不只是区域内人们实践活动的舞台，同时更是他们生于斯长于斯的存在家园，是与其息息相关的自然环境。任何违背其发展规律的危害，都必将会使区域内人们自身受到伤害。面对不同区域创新实践发展的现实，发达区域以历时性演进的创新实践发展进程，现在却需要发展中区域在共时性条件下完成，这种跨越性创新实践发展现实，只能说是区域一体化发展给发展中区域的特殊馈赠。

综上所述，前向一体化主要靠要素驱动，后向一体化主要靠资本驱动，混合一体化主要靠创新驱动。联动化是区域创新实践的主导。无论是前向一体化，还是后向一体化，亦或是混合一体化，它们之所以能够促进区域内生产力的发展，就在于它们为区域内生产力诸要素的结合，特别是人与物的结合提供了较好的形式，从而把区域内潜存的、可能的生产力变为现实的生产力，能够比较充分地调动区域内生产力中的积极因素，使其更好地发挥作用。

第三节 区域创新实践的经济政策支持

创新是一个国家兴旺发达的不竭动力，无疑对区域经济的发展具有积极的促进作用。实践证明，一个区域如果积极运用财政、税收、金融、土地等经济手段（见图3-6），有效制定出相关的经济政策，那么其将会被引导向着资源节约型、环境友好型、低碳循环型、绿色可持续的方向发展，从而打造出经济快速发展、市场繁荣兴旺的区域共同体。

一 财税政策的创新取向

创新在区域经济发展中起着极为重要的作用，而财政、税收政策则是促

[①] 《马克思恩格斯选集》第4卷，人民出版社，1995，第247页。

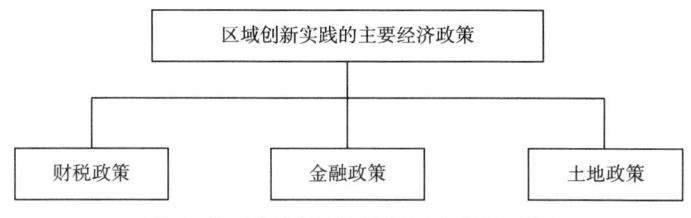

```
区域创新实践的主要经济政策
        │
   ┌────┼────┐
 财税政策 金融政策 土地政策
```

图 3-6　区域创新实践的三大经济政策

进区域创新的有效手段。随着经济全球化时代的到来,创新对于促进区域经济发展、提升区域综合竞争力具有非常重要的意义。国务院发布的《国家中长期科学和技术发展规划纲要(2006～2020年)》,以及科技部发布的《国家"十二五"科学和技术发展规划》,为区域内地方财政建立专项资金支持创新提供了依据,也有利于发挥财税杠杆的激励作用。

众所周知,财政政策是国家根据一定时期政治、经济、社会发展的任务或目标而规定的财政工作指导原则,通过财政支出、税收政策来调节总需求。而区域内地方政府利用财税预算案,通过对区域创新实践产业或企业进行分类财税补贴,将用于消费或投资的公共开支,聚焦支持区域内的创新型产业或行业,从而达到刺激经济增长或实现某些宏观经济目标的目的。当区域内创新不足时,可以适当增加地方政府补贴,激发区域内的知识、技术、工艺创新,从而使区域内企业采用新的生产方式、经营管理模式,及时采用新技术,适时开发新产品,全面提升产品质量,有效提供全新服务,进而达到利用创新刺激区域经济增长的目的。

税收对于区域经济的创新实践具有拉伸、收缩作用。区域内政府增加税收,不但抑制了社会总需求,而且遏制了区域经济的创新发展。从某种意义上说,税收与区域创新正相关。当区域内政府对创新企业或产业施行缓税、减税、免税甚至差异化权变征税或者交税后部分或全额返还时,税收对区域经济的创新具有积极的促进作用;反之,当区域内政府对创新企业或产业提高交税比例,则会抑制地方经济的发展。这就要求区域内政府要审时度势,主动采取相对灵活的财税措施,以达到助推区域创新发展的目的。具体来说,在区域政策支持方面,可以通过降低创新实践企业所得税、减免区域内企业技术转让税、提高它们的固定资产折旧率等来驱动创新。

在区域创新发展实践中,把财政政策与税收政策充分统合起来,不但能够加快区域创新发展的步伐,而且能够增强区域创新实践的后劲,从而为区域经济整体实力的提升、区域核心竞争力的打造提供不竭动力。

二 金融政策的创新取向

区域创新实践的金融政策是广义的,它不但包括差异化的银行贷款,而且包括有助于区域内创新实践企业的债券发行、融资上市、保险支持等,这些金融政策的落地,将会极大地推动区域内的创新实践。

银行贷款可以在一定程度上调节区域内的资本流量和流向,正向引导区域内的产业结构、产品结构甚至整个区域内经济结构的变化,低利率可以刺激区域内企业贷款进行创新实践,高利率可以约束区域内那些不进行创新实践的产业或企业,通过区域内的金融利率杠杆调控,可以促进企业合理筹资,提高金融资本的使用效益。区域创新实践的金融政策是指区域内的银行为促进区域创新实践而采用无息、低息差异化利率,强力支持区域内企业进行创新实践,突出支持区域内重点企业、龙头企业的创新实践,对这些企业优先放贷,对那些创新实践潜力大的企业也给予积极的支持,进而推动区域经济整体向好发展。

根据《国家中长期科学和技术发展规划纲要(2006~2020年)》《实施〈国家中长期科学和技术发展规划纲要(2006~2020年)〉的若干配套政策》《"十二五"国家自主创新能力建设规划》,要营造激励区域发展的自主创新环境,推动区域内企业持续进行创新实践,有效建设创新型区域。区域内政策性金融机构要对区域内国家重大科技专项、国家重大科技产业化项目的规模化融资和科技成果转化项目、高新技术产业化项目、引进技术消化吸收项目、高新技术产品出口项目等给予重点支持,及时提供贷款,特别是区域内的"三大政策性银行"更是如此。国家开发银行可以在国务院批准的软贷款规模内,向区域内高新技术企业发放软贷款,用于创新实践项目的参股投资;中国进出口银行可以设立区域内特别融资账户,在政策允许范围内,对区域内创新实践的高新技术企业发展所需进出口的核心技术、关键设备提供融资支持;中国农业发展银行可以对区域内企业进行创新实践的农业科技成果转化和产业化项目大力度倾斜支持。

区域内政府可以利用贴息、基金、担保等方式,引导区域内企业进行创新实践。商业银行对区域内国家或省级立项的创新实践项目,应根据国家投资政策及信贷政策规定,给予积极的信贷支持,特别是对区域内那些有效益、有还贷能力的创新实践产业或企业,要根据信贷原则重点支持、优先安排、简化办理。区域内政府还可以引导和激励区域内的社会资金建立中小企业信用担保机构,弥补创新实践活力强的中小企业担保抵押物不足的问题。此外,发行企业债券、中小板上市融资也是加快区域创新实践的重要举措。对于那些在区域内创新实践强劲、市场前景旷阔的企业,可以尝试鼓励其在区域的一定范围内发行企业债券,积极支持区域内这类企业在中小板上市融资,为它们提供各种优质服务,这样既可以解决区域内资金不足的问题,又可以发挥资本市场优势,还可以确保区域创新实践更有效地落地。

此外,还可以根据区域内产业或企业创新实践的发展规律,建立创新型企业的担保、保险体系。担保方面,区域内担保机构可以根据创新实践企业融资难、担保难的具体情状,推进多种层次、多项形式、多重优惠的担保体系,构建相应的风险控制和有效防范体系;既要扩大创新实践企业的担保覆盖面,又要简化区域内这类企业担保手续的办理,同时还要降低各类创新实践企业的担保费率;既要坚持系统化、流程化思想,又要坚持市场化、灵活化思路,从而充分发挥担保机构在推动区域创新实践中的积极作用,使其真正成为区域内企业创新实践资金重要来源的坚强后盾和有力支撑。保险方面,区域内保险机构可以根据区域内创新实践企业的实际情况,积极为其创新实践项目提供各种形式的保险,或者为开展创新实践项目的企业提供贷款保险,从而缓解创新实践企业资金不足的压力。当然,保险机构在为具体创新实践企业保险时,要充分考虑某一具体企业适合多高的保险额度,避免在创新实践保险方面出现道德风险。

三 土地政策的创新取向

土地是区域内人们赖以生存的基本资源以及区域内生产运营和各种活动的重要载体与空间,也是其他一切资源开发利用的资源基地。随着区域经济的发展、人口基数的增大,土地问题已从纯粹的资源利用问题演变为资源利用、资源开发、资产增殖问题。区域内土地利用与区域经济发展已演化为共栖体,区域土地利用与区域内经济情状已衍化为同一体。随着城市规模的急剧扩张,区域内的保有土地已成为区域经济发展的重要支撑和保障要素。正是因为如此,土地政策已成为区域创新实践的重要经济政策之一。土地已不再仅仅局限于在生产要素投入中需要使用较多才能进行生产的自然资源,而是转化为能够为区域经济发展带来巨大量变的宝贵财富。

在同一土地上,传统思维仅局限于地面作业,而在现代区域经济创新实践发展中，它对土地资源的开发利用已向空中延展、向地下延伸，土地资源已由地表资源演变为地上、地表和地下资源，开发利用价值在区域性中心城市极高。然而，那些进行创新实践的产业或企业，往往因土地价格的高企望而却步。为了促进区域创新实践的积极演进，可以对那些创新型产业或企业在土地供给、土地价格、税费政策方面给予支持，实施差别化的土地政策。在区域内有限高涨的新增土地供给中，优先保障区域创新型产业或企业的用地需求，以最优惠的价格满足这类产业或企业，以税费减免或缓征政策减轻它们的经济负担。以河北为例，为了打造环首都经济圈、沿海经济隆起带、冀中南经济区，采用差别化的土地政策，有助于在培育大型企业集团的同时促进区域创新实践的发展；天津更是创新土地计划指标下达办法，为加快滨海新区开发，采取按时间分配用地指标政策，在开发前期土地供应量大，而在开发后期土地供应量小，以达到区域内用地总规模平衡。

针对不同产业类型规模、发展阶段、节约集约情况，从用地指标、供地方式、购买时间等方面，采用产业差别化的土地政策，在保障区域内重大建设项目、基础设施项目、基本民生项目、必需公益项目以及重要环保项目的基础上，优先保障区域内那些创新产业或企业，既可以以弹性年限供给土地，也可以以租赁方式或差别化出让地价供给土地，满足其建设标准厂房，从而引导区域创新实践项目的有效落地。依据区域创新实践阶段确定土地价格，充分发挥区域内地价调节的杠杆作用。对于初始创新阶段的产业或企业，如果是原始创新，可以给予最优惠地价支持；如果是技改创新，可以给予次最优惠地价支持。对于那些创新成果能够进入中试阶段的项目，可以无偿划拨一定的土地，促使创新成果尽快转化；当那些中试成功的创新成果建立产业化基地时，可以对容积率高的新建项目，以最优惠的价格予以优先供给土地；对占地面积较大的新建项目，可以将其安排到区域相对较偏远的地方，给予划拨式地价优惠鼓励。

哈佛大学商学院 Michael E. Porter 教授曾指出，一个国家竞争优势形成的关键在于优势产业的建立和创新，而要素条件则是选择优势产业的一个重要依据。这一观点同样适用于区域创新，因为区域优势产业的选择是一个区域创新成功与否的关键所在。本书之所以将财税政策、金融政策、土地政策列为区域发展创新实践的经济政策，旨在以多种方式保证区域创新实践参与主体的创新收益，以充分补偿它们诸多外部溢出和内部研发成本。由于知识、技术是区域创新的核心元素或因子，因此河南区域创新实践可以在诸多大学城周边效仿英国或国内其他地方建立大学科技园，也可以借鉴韩国做法，由政府牵头企业或研发机构组建产、学、研联合体，还可以模仿印度区域创新方式，由区域内政府主导选择合适的产业推进区域创新。当然，河南也可以借鉴美国在商务部下设旨在加强美国企业技术创新能力的小企业管理局、技术管理局的理念，在河南省商务厅或发改委或科技局下设区域创新实践处室，或者直接设在省政府，以便更好地直接推动区域创新实践政策的落实。具体说来，为重点区域中小企业、大学科技园区等创新主体能力的培养，要出台一系列政策、措施，如专业技术人才聘用、尖端技术研发、创新产品开发、创新成果转化等，通过鼓励出口、税收优惠、产权保护等形式来提高创新企业主体的创新能力，在融资、组织、政策、产权方面鼓励、支持、帮助区域创新主体，进而切实增强区域创新能力。也可以从三个层面支持区域创新的实践主体：一是原始自主创新，从人、财、物等诸多方面，给予100%的全方位支持；二是引进消化创新，从人、财、物等特定方面，给予70%的大力度支持；三是模仿转化创新，从人、财、物等特定方面，给予40%的大力度支持。笔者相信，区域内政府通过灵活的人事制度、财力支持、物资配置，将会极大地刺激区域创新主体的动能，不仅会催生一批现代化的创新型主体，而且还会诞生一系列创新实践主体的创新型产品，从而进一步驱动区域发展的创新实践。诚然，区域内政府如果能够在区域基础设施建设、区域研发机构组建、研发技术创新融资、创新型人才培养等方面为区域创新主体提供应有保障，特别是在知识产权保护、机制制度创新方面，那么将会进一步助推区域创新实践的演进。

区域创新发展实践（见图3-7）表明，我国不同区域的发展应根据自身独有特点，演绎出区域创新的国家特色、地域风格、主体气派。中国作为一个发展中国家，区域经济发展不均衡，在经济新常态下，经济转型已成主

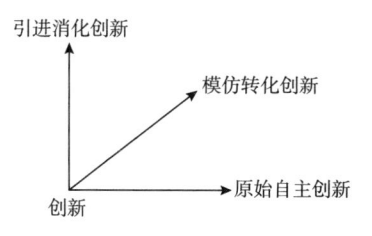

图3-7 区域创新发展实践

流趋势。所以,我国区域创新应走企业主导与政府服务、政府与市场结合、政府主导与企业参与的"多元模式",即东部以企业为主体推动区域创新,走市场主导之路;中部以政府与市场相结合推动区域创新,走"政市耦合"之路;西部以"政府主导、企业参与"推动区域创新,走"政企互动"之路。尽管如此,从长远发展视野来看,特别是随着全球一体化进程的加快,以及我国市场经济体制的完善,区域创新实践的终极走向是以企业为主体、以市场为主导,政府角色最终演化为区域创新主体的服务者。

第四章
河南创新发展的现状

河南作为中部的重点省份,在中部区域经济体系中占据重要地位,因此在创新发展方面河南也丝毫不能落下。当前在国家积极推动区域创新发展的大好环境下,河南虽然在创新发展方面取得了一些成就,但大多是以牺牲资源为代价换来的,这样的发展方式无疑会削弱长期发展的可持续性。区域的创新发展应该着眼于有质量的发展点和发展方式,因此,为了实现由量到质的转型发展,必须全面了解河南当前的创新发展现状,发现在创新发展中存在的问题,扬长避短,为今后获得更高质量的创新效率铺平道路。

第一节 创新的统计性描述

创新效率是对一个国家或地区创新发展的综合衡量,不仅能够考察管理效率、市场竞争、资源利用、环境保护等方面是否取得了极大改善和进步,而且包括对生产活动相关指标如何变动的衡量以及对由创新带来的技术进步、技术改进和技术效率现状的评价。因此本部分将会选用创新效率从环境发展、资源利用等方面来衡量和评价河南创新发展的现状,同时选取全要素生产率作为创新效率的衡量指标。全要素生产率(TFP)从本质上来说也就是产出投入的比值,这个指标蕴含了社会在生产过程中是否存在技术进步、技术效率的改善、规模经济和纯效率的改善。如果全要素生产率的测算结果在只考虑"好"产出(如工业总产值)的情况下大于1,那么基本说明创新是不断向前发展的。如果同时考虑"好"产出和"坏"产出（例如废气废水的排放），那么就不能盲目认为全要素生产率大于1是好还是坏，因为大于1的结果或许伴随着环境污染、资源浪费等现象，这就要根据具体情况和所选取的指标进行具体分析。因此这里对河南创新效率现状的测算将通过生产率具体值的变化来反映。

随着生产率理论的不断发展和完善，生产率的测算方法也在不断地被修正和改进。在生产率理论发展的不同阶段，经济学家们在对其进行测算时所使用的方法也不相同，其中使用比较普遍的有生产函数法、索洛余值法、利润函数法、超越成本函数法和Malmquist生产率指数测算法。这些测算方法虽然在生产率理论中得到广泛推广，但是每种方法所选用的生产活动的指标存在差异。所以在对生产率进行测算时可以根据实际测算的需要和研究侧重点的不同选取恰当的测度方法。

本书在对生产率的变动进行测算时根据研究的需要选择了Malmquist生产率指数测算法。具体来说，主要是根据不同行业的实际情况和相关行业的数据可靠性和可获得性，选取了河南36个行业作为研究对象，并选取这36个行业2001~2013年相关指标的原始数据作为样本数据（由于2014年的数据暂无法完整获取，为了保证统计口径的一致性选取到2013年的数据作为样本时间数据）。在此基础上分别考虑了只存在"好"产出和"好"产出"坏"产出同时存在两种情况下的河南整体生产率状况，以反映创新发展的整体情况，从而全面考察取得创新成果是否存在牺牲资源和环境的现象。本书中的"好"产出选取每个行业的工业总产值作为衡量指标，"坏"产出选取每个行业的二氧化硫排放量作为衡量指标，然后利用数据包络分析软件得出实证结果，在实证结果的基础上对已得数据进行统计性描述，并按生产率变动幅度大小对这些行业进行分类。由此可以得出在两种情况下（只考虑"好"产出和"好"产出"坏"产出同时考虑）36个行业中生产率变动的具体情况。

一 创新效率测算

在对本书所使用的研究方法进行阐释之前，首先对几个关键性的概念予以说明。

（一）决策单元

在生产活动中经常会对同类的行业、部门或者单位进行评价，其中每个部门或者单位称为一个决策单元或者叫作决策单位（Decision Making Unit, DMU）。在本书中将研究中所选取的36个样本行业中的每个行业视为一个决策单元。

（二）距离函数

在生产活动中表示实际生产状态与能达到的最优生产状态之间差距的函数称为距离函数。距离函数可以分为面向产出的距离函数和面向投入的距离函数。面向产出的距离函数是在既定的投入成本下实际产出水平与所能达到的最优产出水平之间的差距；面向投入的距离函数是在既定的产出水平下实际的投入成本与所耗费的最低投入成本之间的差距。本书研究主要采用面向投入的距离函数方法。

（三）生产率分解

本书在对生产率进行测算时需要先将其进行分解，然后通过考察各组成部分的变动来测算生产率的变动。在本书中将生产率分解为技术效率和技术进步两个部分。而技术效率又可以分解为纯技术效率和规模效率，即生产率可以分解为纯技术效率、规模效率和技术进步三个部分。

二　测算方法

笔者在对河南各个行业生产率进行测算时，假设每个行业为一个决策单元，用 (x, y) 来表示某个行业的生产活动，其中 x 表示输入，y 表示输出，则 (x^t, y^t) 和 (x^{t+1}, y^{t+1}) 分别表示该行业在时期 t 和时期 $t+1$ 的输入和输出量。如果参考 Fare 等（1994）提出的生产率的测算方法，采用面向投入的 Malmquist 生产率指数，则：

$$M_i^t = D_i^t(x^t, y^t) / D_i^t(x^{t+1}, y^{t+1}) \tag{1}$$

$$M_i^{t+1} = D_i^{t+1}(x^t, y^t) / D_i^{t+1}(x^{t+1}, y^{t+1}) \tag{2}$$

其中 $D_i^t(x^t, y^t)$ 和 $D_i^t(x^{t+1}, y^{t+1})$ 称为距离函数，分别表示第 i 个行业同时以 t 期的技术水平为参照的条件下 t 期和 $t+1$ 期的距离函数；同理 $D_i^{t+1}(x^t, y^t)$ 和 $D_i^{t+1}(x^{t+1}, y^{t+1})$ 分别表示在 $t+1$ 期的技术水平下 t 期和 $t+1$ 期行业 i 的距离函数。M_i^t 和 M_i^{t+1} 分别表示从 t 到 $t+1$ 期的 Malmquist 生产率指数的变化程度。考虑到不同时期相关因素会发生变化，从而会对生产率指数产生影响，笔者采取通过计算不同时期的 Malmquist 生产率指数的几何平均数来表示。根据这一思想，Malmquist 生产率指数从 t 期到 $t+1$ 期的变动为：

$$M_i^{t+1}(x^t,y^t,x^{t+1},y^{t+1}) = \left\{ \frac{D_i^t(x^t,y^t)}{D_i^t(x^{t+1},y^{t+1})} \times \frac{D_i^{t+1}(x^t,y^t)}{D_i^{t+1}(x^{t+1},y^{t+1})} \right\}^{\frac{1}{2}} \quad (3)$$

按照之前对生产率所做的分解，Malmquist 生产率指数又可以分解为技术效率的变化（EFFCH）和技术进步的变化（TECH），即：

$$M_i^{t+1}(x^{t+1},y^{t+1},x^t,y^t) = TECH(x^t,y^t,x^{t+1},y^{t+1}) \times EFFCH(x^t,y^t,x^{t+1},y^{t+1}) \quad (4)$$

$$TECH_i^{t+1}(x^t,y^t,x^{t+1},y^{t+1}) = \left\{ \frac{D_i^t(x^{t+1},y^{t+1})}{D_i^t(x^t,y^t)} \times \frac{D_i^{t+1}(x^t,y^t)}{D_i^{t+1}(x^t,y^t)} \right\}^{\frac{1}{2}} \quad (5)$$

$$EFFCH_i^{t+1}(x^t,y^t,x^{t+1},y^{t+1}) = \frac{D_i^t(x^t,y^t)}{D_i^{t+1}(x^{t+1},y^{t+1})} \quad (6)$$

进一步地，把技术效率也分解为纯技术效率的变化（PECH）和规模效率的变动（SECH），用公式表示为：

$$EFFCH(x^{t+1},y^{t+1},x^t,y^t) = PECH(x^t,y^t,x^{t+1},y^{t+1}) \times SECH(x^t,y^t,x^{t+1},y^{t+1}) \quad (7)$$

$$PECH_i^{t+1}(x^t,y^t,x^{t+1},y^{t+1}) = \frac{D_i^t(x^t,y^t/VRS)}{D_i^{t+1}(x^{t+1},y^{t+1}/VRS)} \quad (8)$$

$$SECH_i^{t+1}(x^t,y^t,x^{t+1},y^{t+1}) = \frac{D_i^{t+1}(x^{t+1},y^{t+1}/VRS)}{D_i^{t+1}(x^{t+1},y^{t+1}/CRS)} \times \frac{D_i^t(x^t,y^t/CRS)}{D_i^t(x^t,y^t/VRS)} \quad (9)$$

综合可知，全要素生产率可以表示为：

$$TFPCH = TECH(x^t,y^t,x^{t+1},y^{t+1}) \times PECH(x^t,y^t,x^{t+1},y^{t+1}) \times SECH(x^t,y^t,x^{t+1},y^{t+1}) \quad (10)$$

如果经过测算公式中各个指数的值均大于1，则反映出在从 t 期到 t+1 期的发展过程中，全要素生产率在增长，技术在进步，纯技术效率得到改善，规模经济得以实现；反之如果各个指数的值均小于1，则说明全要素生产率在下降，技术没有进步，纯技术效率恶化和规模不经济存在，即创新效率低下。

（一）样本选取及变量构造

由于相关数据还存在残缺，而且一些数据存在不可获得性，因此本书在进行生产率测算时所选择的数据是 2001~2013 年的 36 个行业的相关数据。数据主要是通过在历年《河南统计年鉴》、《河南工业经济统计年鉴》和《中国环境统计年鉴》中搜集获得，之后根据本书需要进行分类、整理和计算。在对数据进行处理的过程中，为了研究的需要和基于数据可靠性的考虑，本书对有些行业的数据进行了处理和剔除。

（二）样本选取

在搜集数据过程中发现统计部门对于工业部门的分行业数据的统计和发布较晚，并且工业部门两位数行业中的其他采矿业、工艺品及其他制造业和废弃资源和废旧材料回收加工业这三个行业的数据存在残缺，因此本研究剔除这三个行业，选取河南以下36个行业作为样本对象：①煤炭开采和洗选业；②石油和天然气开采业；③黑色金属矿采选业；④有色金属矿采选业；⑤非金属矿采选业；⑥农副食品加工业；⑦食品制造业；⑧饮料制造业；⑨烟草制品业；⑩纺织业；⑪纺织服装、鞋、帽制造业；⑫皮革、毛皮、羽毛（绒）及其制品业；⑬木材加工及木、竹、藤、棕、草制品业；⑭家具制造业；⑮造纸及纸制品业；⑯印刷业和记录媒介的复制行业；⑰文教体育用品制造业；⑱石油加工、炼焦及核燃料加工业；⑲化学原料及化学制品制造业；⑳医药制造业；㉑化学纤维制造业；㉒橡胶制品业；㉓塑料制品业；㉔非金属矿物制品业；㉕黑色金属冶炼及压延加工业；㉖有色金属冶炼及压延加工业；㉗金属制品业；㉘通用设备制造业；㉙专用设备制造业；㉚交通运输设备制造业；㉛电气机械及器材制造业；㉜通信设备、计算机及其他电子设备制造业；㉝仪器仪表及文化、办公用机械制造业；㉞电力、热力的生产和供应业；㉟燃气生产和供应业；㊱水的生产和供应业①。

构造相关变量。生产率指数是直接反映产出与投入之间关系的比值，因此对生产率指数进行测算时必须要明确所研究企业的投入和产出情况，以及以什么作为投入和产出的衡量指标，以便代入生产率公式中进行测算。

首先，关于投入指标的说明。在本书的研究中，笔者综合考虑了工业在进行生产活动时虽然生产了大量的产品，能够实现一定的工业总产值②，但工业生产过程中所产生的废水、废气和废弃物对环境造成了严重的污染。所以在本书的研究中，笔者将工业的产出分为两种：一种是"好"的产出，即有质量的创新，选取企业的工业总产值作为衡量指标；

---

① 在每个行业前面有一个数字代表该行业，在以下篇幅中，将用该数字代表该行业，以此来节省篇幅。
② 在本书中所使用的每年的工业总产值根据工业品出厂价格指数与1995年的不变价格进行平减。

一种是带来环境破坏的产出即"坏"产出,即有代价的创新,选取每个行业的二氧化硫作为衡量指标[①]。

其次,关于投入指标的说明。本书的投入要素选取资本投入和劳动投入两种,其中资本投入选取分行业固定资产净值年平均余额作为衡量指标,并根据历年固定资产价格指数按照1995年水平进行平减;劳动投入在理论上来说应该选取劳动时间作为衡量指标,但由于数据的不完整性,本书选取分行业规模以上工业企业的全部从业人员年平均数作为衡量指标。

最后,关于样本区间的选取。由于从2001年开始,中国对于二氧化硫排放量的行业统计方式发生了变化,数据的统计模式缺乏统一性,因此本书决定选取2001~2013年的相关数据进行行业分析。

三 河南创新现状的描述性统计

(一)产出和投入变量总体统计性描述(见表4-1)

表4-1 产出和投入变量的统计描述

变量	观察数	平均值	标准差	最小值	最大值
工业总产出(亿元)	252	1911.476	2984.9	22.11	20853.0
SO_2排放量(万吨)	252	46.790	165.2	0.03	1204.1
资本投入(亿元)	252	1154.367	2631.7	5.60	22044.0
劳动投入(万人)	252	57.484	69.1	1.25	335.3

(二)分行业的"好"产出——工业总产值

不同行业间的变量值由于大小差别较大,因此可以根据大小分为两组。图4-1是工业总产值较大的第一组,根据起始年份工业总产值的大小,包括㉞电力、热力的生产和供应业等18个行业,读者可以根据上文中样本行业前的代码确定具体的行业名称。图4-2则是包括⑮造纸及纸制品业等18个较低工业总产值的第二组。

通过图4-1和图4-2可以看出,工业部门的36个行业的工业总产值

[①] 选取SO_2指标,是因为该污染物主要在工业生产过程中排放,生活中的排放量相对较小,该污染物和工业化生产过程密切相关且具有连续统计性。并且,由于中国并未公布分行业的SO_2排放量,但工业企业在SO_2的排放上和行业的排放高度相关,并且本研究涉及的规模经济等变量的研究是t+1年对t年的相对变化程度,因此,用分行业的SO_2排放量进行近似计算并不会带来太大影响。

总体呈现上升趋势，其中㉞电力、热力的生产和供应业，㉗金属制品业，㉟燃气生产和供应业上升速度最为显著。也有5个行业的工业总产值总体呈现下降趋势，它们是：㉜通信设备、计算机及其他电子设备制造业；⑩纺织业；⑪纺织服装、鞋、帽制造业；⑫皮革、毛皮、羽毛（绒）及其制品业；

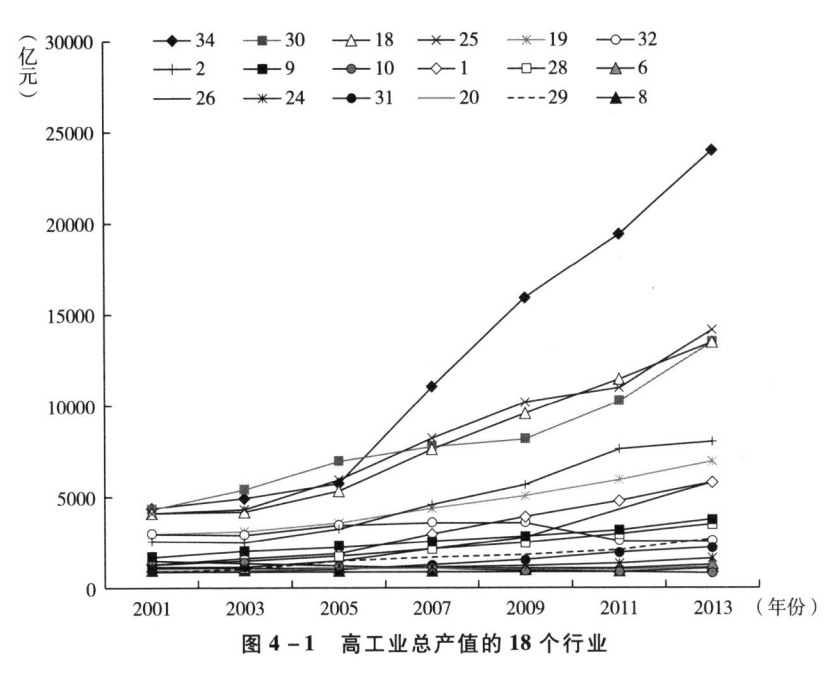

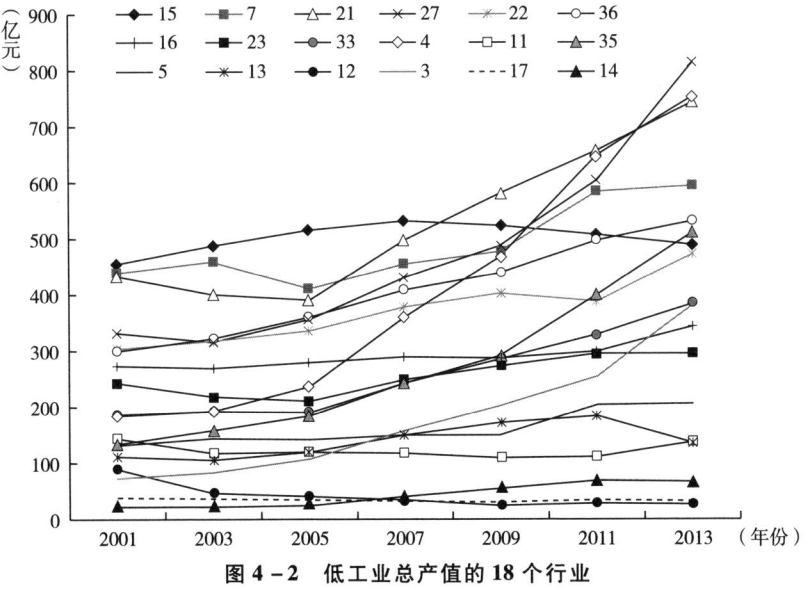

图4-1 高工业总产值的18个行业

图4-2 低工业总产值的18个行业

⑰文教体育用品制造业。

(三) 分行业的"坏"产出——SO_2排放量

根据作图的需要,将分行业的SO_2排放量分为3组。通过图4-3、图4-4和图4-5可以看出,36个行业的SO_2排放量在样本年份间的波动较大,总体呈现先急剧上升、后略微下降的态势,其中急剧上升的原

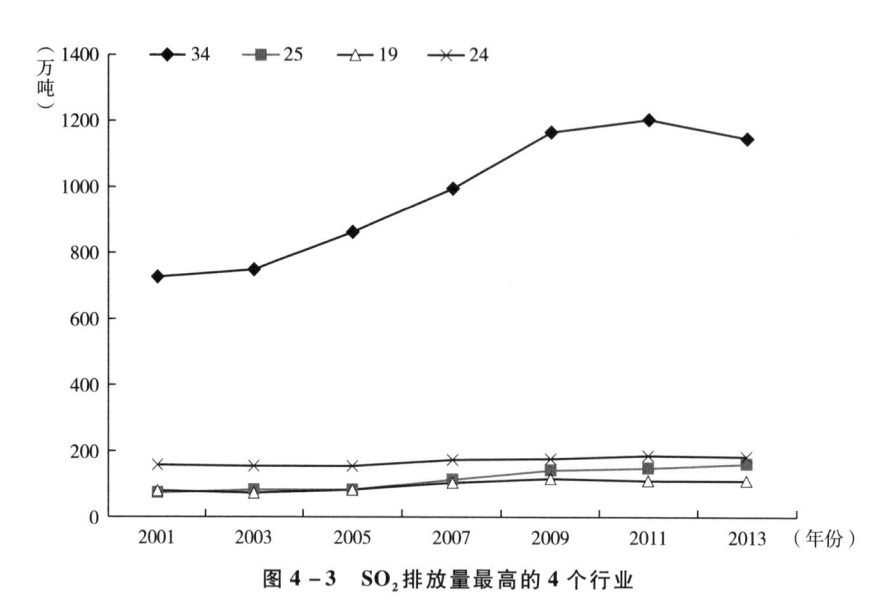

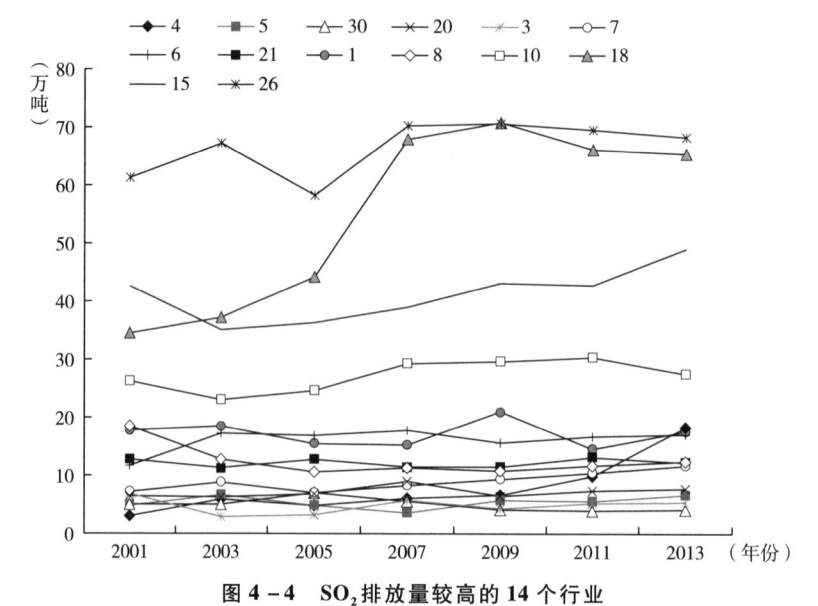

图4-3 SO_2排放量最高的4个行业

图4-4 SO_2排放量较高的14个行业

因是工业部门单纯追求经济增长,忽略对于环境的保护,后期的略微下降态势则是由于政府逐步进行了严格的环境规制。总体而言,在样本年份期间,2013 年比 2001 年 SO_2 排放量增加的行业有 20 个,按照增加幅度从大到小分别是以下行业:㉒、⑩、㉜、㉖、⑮、㉔、⑪、⑳、⑫、⑤、⑲、⑬、⑥、㉞、⑦、㉗、㉓、⑱、㉕、④。剩余的 16 个行业则是 2012 年和 2001 年相比,SO_2 排放量有所降低,根据降低幅度的大小依次为以下行业:㊱、⑰、⑯、㉛、㉝、⑧、⑨、③、⑭、㉚、㉙、②、㉑、㉘、㉟、①。

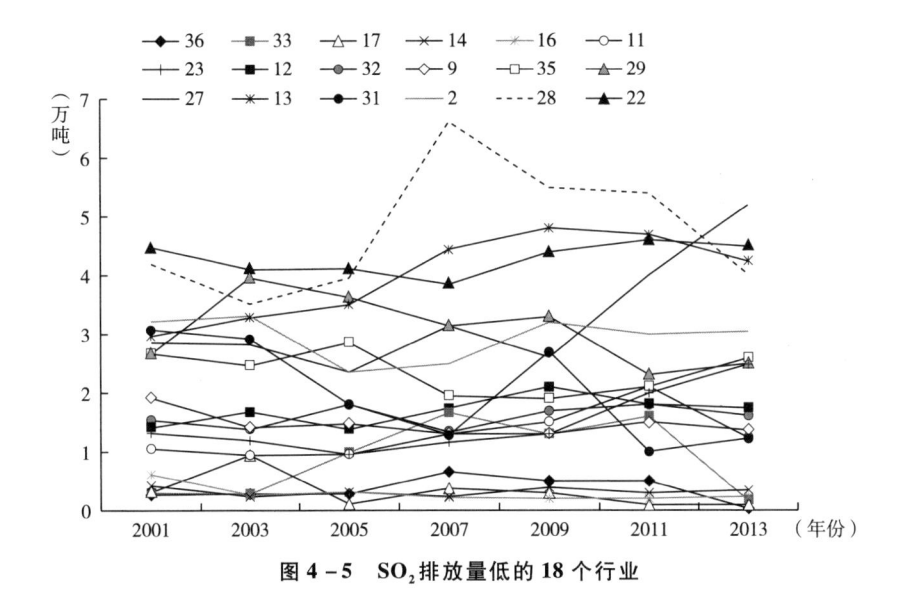

图 4-5 SO_2 排放量低的 18 个行业

(四) 分行业的资本投入

根据作图的需要,将分行业的固定资产净值年均余额分为 3 组。根据图 4-6、图 4-7 和图 4-8,可以看出样本年份期间分行业的固定资产净值呈现分化趋势:起始年份固定资产净值年均余额接近或高于 2000 亿元的行业,在样本年份期间均呈现显著的上升趋势;起始年份固定资产净值年均余额在 300 亿元~1300 亿元的行业,在样本行业里大部分呈现下降趋势;起始年份固定资产净值年均余额在 300 亿元以下的行业,几乎全部呈现持平或者下降趋势。其中,增长幅度最大的 5 个行业依次是:㉞、①、③、㉕和㊱,下降幅度最大的 5 个行业则是:⑫、⑤、⑩、⑥和⑭。

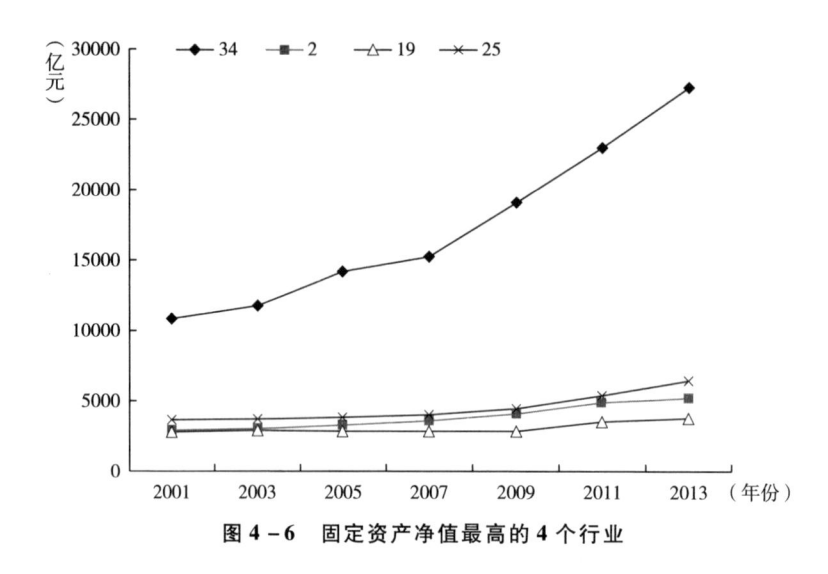

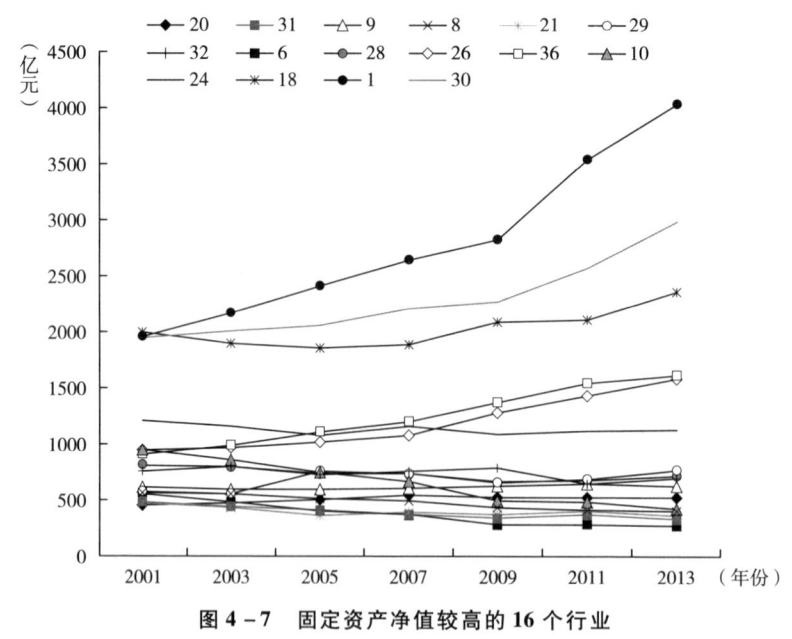

图 4-6　固定资产净值最高的 4 个行业

图 4-7　固定资产净值较高的 16 个行业

（五）分行业的劳动投入

根据作图的需要，将分行业的从业人员分为 2 组。从图 4-9 和图 4-10 可以看出，工业的 36 个分行业中，仅有行业②和㉞的从业人员数有所上升，剩余 34 个分行业的从业人员数均呈下降趋势，其中下降幅度最大的 5 个行业依次为：⑫、⑩、⑮、⑥和⑰。分行业从业人员数的总体下降说

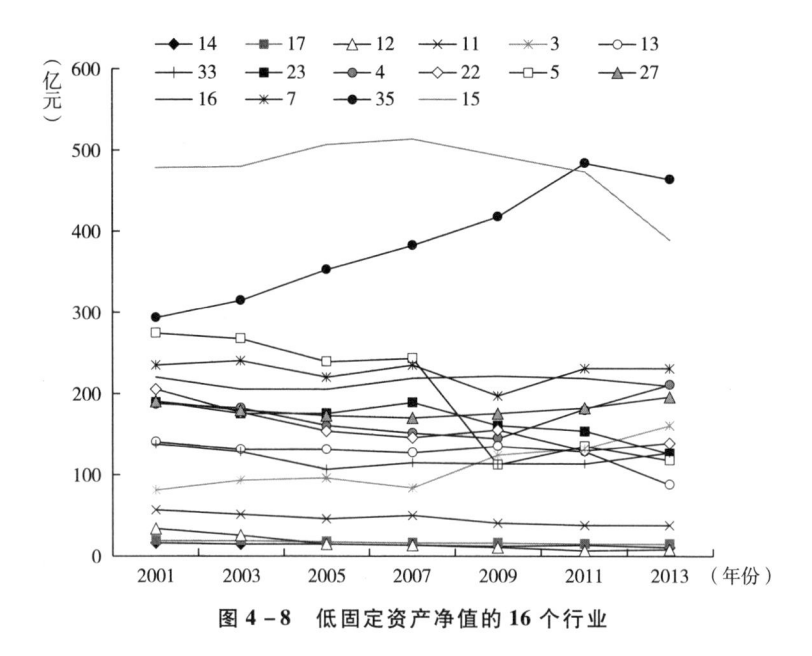

图 4-8 低固定资产净值的 16 个行业

明其从样本年份开始一直在精简人员，逐步提高劳动者的效率，减少劳动者的数量。

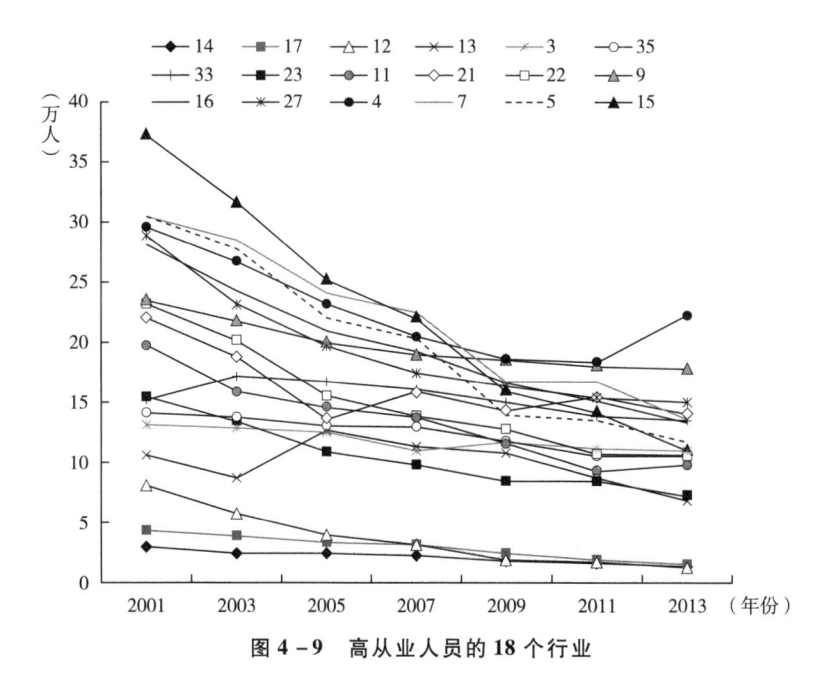

图 4-9 高从业人员的 18 个行业

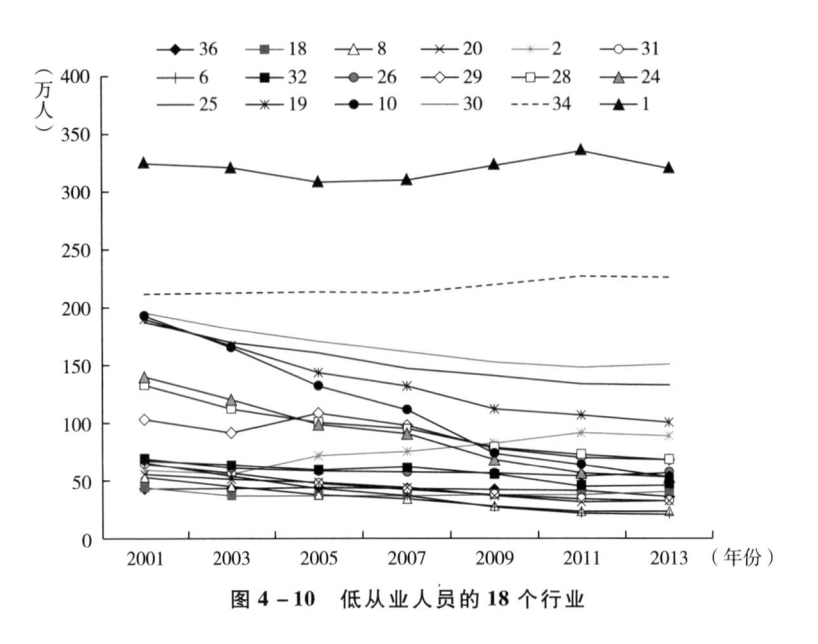

图 4-10 低从业人员的 18 个行业

第二节 河南创新现状的实证研究

通过 DEAP 2.1 软件对 2001～2013 年的 36 个样本行业数据进行计算。在计算步骤上，考虑两种情况。

第一种情况：仅仅考虑工业总产值一个产出，及资本、劳动两个投入，得出相应的 Malmquist 生产率指数，也就是全要素生产率，及其分解变量：纯技术效率的变化（PECH）、规模效率的变动（SECH）、技术效率的变化（EFFCH）和技术进步的变化（TECH）。

第二种情况：同时考虑工业总产值和 SO_2 排放量两个产出，及其资本、劳动两个投入，得到 TFPCH、PECH、SECH、EFFCH 和 TECH。

对两种情况的相应指标进行对比分析。

一 一种产出、两种投入的全要素生产率及其分解

表 4-2 为仅考虑"好"产出——总产出时的年均全要素生产率及其分解。可以看出，各行业的年均全要素生产率除了行业㉜通信设备、计算机及其他电子设备制造业小于 1 以外，其他 35 个行业的年均全要素生产率均大于 1，大于 1 表明这些行业的生产率有所上升，小于 1 表明该行业的生产率

有所下降;全要素生产率(*TFPCH*)的分解变量中,技术进步的变化(*TECH*)全部大于1,说明所有行业均有较为明显的技术进步,且所有行业的 *TECH* 均值为1.094,远大于技术效率的变化(*EFFCH*)的1.024,这说明,河南总体生产率的提高相对于技术效率的利用来说,主要是由技术进步引致的。通过把 *EFFCH* 进一步分解,得到纯技术效率的进步(*PECH*)和规模效率(*SECH*)。其中,纯技术效率的进步是指在规模不变的情况下,投入要素之间配置效率的变化,这也是由创新带来的好处,总体来说这一指标有所上升。指标 SECH 显示,36 个行业中有 25 个行业实现规模经济,3 个行业规模效率不变,8 个行业为规模不经济。实现规模经济的 25 个行业从大到小依次为:⑭、③、⑬、㉚、⑤、㉟、⑪、㉓、④、㉝、⑯、㉒、㉗、⑦、㉑、⑧、⑳、㉛、⑨、⑮、㉔、⑥、㉖、㉙、⑩;规模经济不变的 3 个行业为:②、⑱、㉜;规模不经济的 8 个行业从大到小依次为:⑲、㉘、①、⑰、㊱、⑫、㉕、㉞。

表4－2 分行业的年均 *TFP* 及分解(单一产出)

	行　业	TFPCH	TECH	EFFCH	PECH	SECH
1	煤炭开采和洗选业	1.146	1.073	1.068	1.077	0.992
2	石油和天然气开采业	1.049	1.179	0.890	0.890	1.000
3	黑色金属矿采选业	1.161	1.071	1.084	1.008	1.076
4	有色金属矿采选业	1.202	1.076	1.117	1.085	1.030
5	非金属矿采选业	1.210	1.076	1.125	1.072	1.049
6	农副食品加工业	1.129	1.071	1.054	1.052	1.002
7	食品制造业	1.065	1.069	0.996	0.984	1.012
8	饮料制造业	1.084	1.079	1.004	0.999	1.005
9	烟草制品业	1.150	1.143	1.007	1.002	1.004
10	纺织业	1.029	1.076	0.956	0.955	1.001
11	纺织服装、鞋、帽制造业	1.081	1.076	1.005	0.966	1.040
12	皮革、毛皮、羽毛(绒)及其制品业	1.144	1.076	1.063	1.078	0.986
13	木材加工及木、竹、藤、棕、草制品业	1.118	1.089	1.027	0.955	1.076
14	家具制造业	1.253	1.076	1.165	1.000	1.165
15	造纸及纸制品业	1.075	1.104	0.974	0.970	1.003
16	印刷业和记录媒介的复制行业	1.056	1.070	0.986	0.965	1.022

续表

	行 业	TFPCH	TECH	EFFCH	PECH	SECH
17	文教体育用品制造业	1.046	1.076	0.972	0.982	0.990
18	石油加工、炼焦及核燃料加工业	1.177	1.177	1.000	1.000	1.000
19	化学原料及化学制品制造业	1.109	1.108	1.001	1.003	0.997
20	医药制造业	1.013	1.070	0.947	0.943	1.005
21	化学纤维制造业	1.088	1.128	0.965	0.953	1.012
22	橡胶制品业	1.125	1.072	1.049	1.030	1.019
23	塑料制品业	1.119	1.099	1.019	0.980	1.039
24	非金属矿物制品业	1.082	1.069	1.012	1.009	1.003
25	黑色金属冶炼及压延加工业	1.139	1.121	1.016	1.075	0.946
26	有色金属冶炼及压延加工业	1.180	1.103	1.070	1.067	1.002
27	金属制品业	1.151	1.072	1.073	1.055	1.017
28	通用设备制造业	1.199	1.076	1.115	1.121	0.994
29	专用设备制造业	1.137	1.075	1.057	1.055	1.002
30	交通运输设备制造业	1.135	1.071	1.059	1.008	1.051
31	电气机械及器材制造业	1.194	1.075	1.111	1.106	1.005
32	通信设备、计算机及其他电子设备制造业	0.998	1.080	0.924	0.924	1.000
33	仪器仪表及文化、办公用机械制造业	1.108	1.076	1.030	1.002	1.028
34	电力、热力的生产和供应业	1.256	1.188	1.057	1.245	0.848
35	燃气生产和供应业	1.166	1.126	1.036	0.990	1.046
36	水的生产和供应业	1.003	1.125	0.892	0.903	0.988
	平　均	1.120	1.094	1.024	1.012	1.012

二　两种产出、两种投入的全要素生产率及其分解

在现实中，仅仅考虑总产值这个"好"产出是不够全面的，因为企业在提供"好"产出的同时，也在生产"坏"产出。随着生态环境的逐步恶化，在研究企业的投入、产出问题时，应综合考虑企业的"好"产出和"坏"产出。表4-3中，就是在考虑双产出后的全要素生产率及其分解。通过将表4-3和表4-2进行对比分析，笔者发现所有行业的年均 TFPCH 和单一产出时的该值相比上升了0.014，其中有14个行业的生产率在不同

程度上有所下降①，22个行业的生产率有所上升②。从总体上来说，河南的创新发展在污染减排方面是有一定成绩的，因为同时考察"坏"产出排放量使得年均TFP增长率有所上升。这一结果和一些国外学者认为忽略"坏"产出可能会低估实际TFP的结论一致。

通过进一步考察TFP的分解变量，笔者发现：所有分行业的TECH全部有所上升，全部行业的年均TECH上升了0.022；而分行业的EFFCH总体上呈现下降趋势，全部行业的年均TECH下降了0.008；通过把EFFCH进一步分解，发现PECH总体上下降了0.010，而SECH总体上上升了0.002。这里的SECH就是规模经济，36个行业中有20个行业呈下降趋势③，3个行业的规模经济保持不变④，剩余的13个行业的规模经济有所上升⑤。在绝对值上，从分行业的年均TECH来看，有15个行业规模不经济，按照规模不经济的程度排列，它们分别是：②、㊱、㉜、⑳、㉑、⑩、⑬、⑯、⑪、⑮、㉓、⑰、⑦、㉟、⑧；规模经济不变的是⑭、⑱这2个行业；实现规模经济的有19个行业，按照规模经济的程度从大到小依次是：㉞、㉘、㉛、④、⑫、①、㉕、⑤、㉖、㉙、㉗、⑥、㉒、㉔、㉚、③、⑲、㉝、⑨。

表4-3 中国工业部门国有企业及国有控股企业分行业的年均*TFP*及分解（双产出）

	行业	TFPCH	TECH	EFFCH	PECH	SECH
1	煤炭开采和洗选业	1.138	1.085	1.049	1.062	0.989
2	石油和天然气开采业	1.087	1.189	0.915	0.913	1.001
3	黑色金属矿采选业	1.174	1.086	1.081	1.013	1.067
4	有色金属矿采选业	1.233	1.088	1.133	1.106	1.024
5	非金属矿采选业	1.237	1.089	1.135	1.081	1.050
6	农副食品加工业	1.139	1.082	1.053	1.050	1.003
7	食品制造业	1.053	1.080	0.976	0.966	1.010

---

① 这14个行业按照降低幅度从大到小依次是：⑫、⑭、⑪、㉕、⑦、⑬、①、⑮、㉚、㉜、⑨、⑳、⑲、㉟。
② 这22个行业按照提高幅度从大到小依次是：㊱、⑰、㉑、④、㉖、⑤、㉛、㉒、㉞、⑱、⑯、㉙、③、⑧、⑥、㉘、㉔、⑩、㉝、㉓、㉗。
③ 这20个行业按照降低幅度从大到小依次为：⑭、⑫、⑯、⑪、④、⑤、㉗、⑬、①、㉒、⑦、㉘、㉟、㉖、㉙、⑮、⑳、㉛。
④ 这3个行业分别是：⑱、㉔、㉜。
⑤ 这13个行业按照提高幅度从大到小依次是：㉞、㉝、㉕、㊱、㉑、⑰、⑲、⑩、⑧、⑤、㉚、⑥、②。

续表

	行 业	TFPCH	TECH	EFFCH	PECH	SECH
8	饮料制造业	1.096	1.086	1.009	1.003	1.006
9	烟草制品业	1.146	1.146	1.000	1.000	1.000
10	纺织业	1.035	1.087	0.951	0.950	1.002
11	纺织服装、鞋、帽制造业	1.060	1.101	0.963	0.941	1.023
12	皮革、毛皮、羽毛（绒）及其制品业	1.057	1.117	0.946	1.017	0.930
13	木材加工及木、竹、藤、棕、草制品业	1.107	1.105	1.001	0.933	1.073
14	家具制造业	1.226	1.226	1.000	1.000	1.000
15	造纸及纸制品业	1.067	1.107	0.964	0.962	1.002
16	印刷业和记录媒介的复制行业	1.070	1.114	0.960	0.957	1.003
17	文教体育用品制造业	1.220	1.220	1.000	1.000	1.000
18	石油加工、炼焦及核燃料加工业	1.194	1.194	1.000	1.000	1.000
19	化学原料及化学制品制造业	1.108	1.109	0.999	0.998	1.001
20	医药制造业	1.011	1.080	0.936	0.932	1.004
21	化学纤维制造业	1.142	1.129	1.011	0.989	1.022
22	橡胶制品业	1.145	1.084	1.057	1.040	1.016
23	塑料制品业	1.120	1.118	1.001	0.976	1.026
24	非金属矿物制品业	1.089	1.079	1.009	1.006	1.003
25	黑色金属冶炼及压延加工业	1.123	1.122	1.001	1.025	0.976
26	有色金属冶炼及压延加工业	1.212	1.104	1.098	1.096	1.001
27	金属制品业	1.152	1.084	1.062	1.049	1.013
28	通用设备制造业	1.207	1.087	1.110	1.119	0.992
29	专用设备制造业	1.151	1.086	1.059	1.058	1.001
30	交通运输设备制造业	1.127	1.080	1.043	0.978	1.066
31	电气机械及器材制造业	1.221	1.086	1.124	1.119	1.004
32	通信设备、计算机及其他电子设备制造业	0.990	1.085	0.912	0.912	1.000
33	仪器仪表及文化、办公用机械制造业	1.112	1.117	0.995	0.887	1.121
34	电力、热力的生产和供应业	1.276	1.202	1.062	1.000	1.062
35	燃气生产和供应业	1.165	1.141	1.021	0.978	1.044
36	水的生产和供应业	1.220	1.215	1.004	1.000	1.004
	平 均	1.134	1.116	1.016	1.002	1.014

三 河南创新实证研究结论

笔者经过研究发现不仅分行业的年均生产率存在差异，而且不同行业在同一年份之间的生产率也各不相同。为了更加详细地了解所选取行业的生产率变动情况，本书在已有数据的基础上进一步对36个行业2001~2013年每年的生产率进行详细的比较，由于这一部分的研究方法与本书以上章节关于生产率年均值的研究方法相似，为避免重复，不再赘述。

本章利用河南36个行业2001~2013年的面板数据进行了数据包络分析，考察了仅仅有一个"好"产出——企业总产值时的TFP及规模经济等分解变量，同时也考察"好"产出和一个"坏"产出——SO_2排放时的TFP及规模经济等分解变量。实证结果表明：①两种情况下的TFP及其分解变量全部大于1，表明2001~2013年，样本行业在总体上实现了TFP增长、技术进步、效率改善和规模经济；②当考察两种产出时，TFP、$TECH$、$SECH$指标和单一产出相比都有所提高，但是$EFFCH$和$PECH$变量则有所下降，不过，从总体上来说，样本行业在2001~2013年的减排效果是明显的，因为在考察SO_2排放之后，发现TFP是提高的；③36个行业在不同年份的TFP及其$SECH$等分解变量不仅在行业间有较大差距①，而且同一行业在相同年份也有较大差距②。

这些实证结果给予我们三个启示：①在用投入产出的相应数据来分析TFP等指标时，必须考察污染排放量变化，毕竟在产出不变的情况下，污染排放量的变化会给人类的生存效用带来变化；②在推进河南经济进一步发展的进程中，应当进一步重视节能减排，建设生态文明，追求环境保护与经济增长的协调发展；③无论是政府考察还是学者研究企业和行业的经济效益，都必须进一步重视对于污染物减排的考察，全面衡量一个企业、行业的产出变化。

---

① 由于详细的TFP及分解变量结果规模较大，在此不一一列出。
② 例如，在考察双产出的情况下，行业㊱水的生产和供应业2006~2007年的TFP及其分解变量有很大的变动，原因就在于该行业2006年的SO_2排放量为0.5万吨，而其2007年的SO_2排放量仅为0.03万吨，如此巨大的变化，反映在衡量指标上就是TFP、$EFFCH$、$TECH$和$PECH$的大幅度增长，但是该行业的$SECH$出现了显著下滑，这表明该行业的TFP增长主要是由技术的进步和内部资源配置效率的改善引致的，和规模经济无关。

第三节 河南创新现状的实证结果分析

一 河南创新发展取得的成就

实证结果表明河南在创新发展的进程中是向着有利于为其自身创造良好前景和提高自身在整个经济发展中的贡献率的方向发展的。这主要是依据河南大多数行业的生产率在整体上呈现出不断上升的趋势，其分解部分——技术进步、纯技术效率和规模效率也遵循着逐渐改善的路径变动。生产率及其分解部分之所以得到提高和改善是有着深刻的现实原因的，这不仅来源于改革进程中投入要素的增加，而且依赖于经济发展和社会进步中的技术创新、人力资源的开发、要素禀赋结构的优化、资源的有效利用和治理结构的合理化。这可以从以下几个方面来分析。

（一）技术进步对生产率影响的机制分析

在企业的生产过程中，技术进步被称为活的推动力，它对企业扩大生产、提高生产效率所起的作用是其他因素和资源不可替代的。具体来说，它对生产的影响主要体现在两个方面：一是人力方面，二是物的方面。

首先，人力方面——人力资本对于生产率的作用。

经济学家舒尔茨认为，对员工进行培训教育，包括在学校接受教育、对在职员工进行的培训、对员工的身心健康所做的各种有益活动和人力信息的获得等都属于人力资本的投资，这些投资都可以极为有效地提高人的生产能力，从而提高生产率以实现促进经济增长的目的。

人力资本的增加能够带来生产率提高的主要原因在于人力资本的增加能够提高劳动者在工作时操作的熟练性，能够为企业的生产带来新思路、新思想、新方法和新模式，以实现更高效的生产要素的组合，并合理有效地安排、计划工作内容。同时，员工由于接受过教育或者获得过相关的培训，在一定知识积累的基础上能够边干边学，不断地吸取新知识，根据"学习曲线"理论可知，这将有利于降低企业的生产成本，提高企业的产出投入比，也就是提高企业的生产率。

随着科技的进步，尤其是高新技术突飞猛进的发展和广泛的应用，生产自动化的程度越来越高，应用范围越来越广，在这样的社会环境中，人力资源，尤其智力资源对生产活动越来越具有关键性作用，这种作用不仅仅体现在企业生产过程中的制造过程，更体现在设计、开发、管理等环节。这些环节极大地影响着企业的市场竞争力和企业的发展前途。正因如此，越来越多的人认识到了教育和培训有利于增加人力资本，而人力资本对提高生产率具有长期的战略意义。从深层次来理解，一切生产过程都是生产要素的组合过程，在这一生产过程中，有什么样的生产设备，就会要求与之相适应（操作熟练）的劳动者。即便是生产同样的产品，运用的生产方式也是不同的，所以，生产所耗费的劳动的性质也是不同质的，只有教育和培训才能解决好这个问题，使之达到生产要素的最优组合。

分析了人力资本对生产率的促进作用之后，不难发现河南整体生产率的提高和近年来人们的受教育意识的提高是分不开的。从接受教育的角度来说，中国统计部门所披露的相关统计数据表明从中小学教育到高等教育，受教育人数呈现出明显上升的趋势，而且从社会中的"考研热""在职教育热""进修热"等一些广受人们关注的词眼可以看出人们的受教育意识已经达到了很高的水平，受教育人群也逐渐扩大，这无疑提高了人们的整体理论水平和思想道德修养。而且学习新知识和不断积累已有知识的过程有利于创新意识的激发。而河南各个行业的员工也正是这些人群中的一部分，所以人力资本的提高和员工所接受的教育水平上升是分不开的。从在职人员接受培训的情况来看，河南企业在战略发展过程中十分注重员工业务能力和与时俱进的思想意识的培养，随着技术进步和经济体制改革的进行，企业的市场化导向越来越明显。为了各个行业融入市场中接受市场的检验，也为了在市场竞争中保持强有力的地位，政府和企业应积极配合，鼓励和支持其员工接受新思想和新技术。这不仅表现在企业积极为其员工配备先进的设备，而且表现在通过办理培训班为其员工提供学习新技术和操作新设备、新机器的机会。这些都充分说明企业的人力资本在不断提高。

其次，物质资本的改善与生产率的提高。

人力资本的改善和物质资本的改善是相辅相成的：一方面，人力资本的提高能够使得新机器、新材料、新工艺的发明成为可能；另一方面，物质资本的提高有利于为生产提供新的生产设备、先进的生产方式，这将有利于人力资本的实现。物质资本的改善主要体现在三方面：新材料，主要是指生产产品时所投入的原材料的材质、规格、质量、价格、大小等品质的改变，以满足特定的生产工艺的要求，采用新材料的目的是获得更低的投入成本；新工艺，即新的生产方法，通过采用新的生产方法可以将生产要素进行优化组合，以实现资源节约；新产品，这主要包括产品质量提高、产品功能更加齐全和产品外观更加满足消费者偏好。

因为新材料的采用可以实现资源节约，资源得到节省也就直接节约了投入要素的数量，所以新材料的采用对生产率的影响是直接的。企业运用新的生产工艺能够在生产过程中实现更快、更精准、更高效的生产过程和更高的自动化水平，不仅节约了劳动人员，而且节约了劳动时间，因此对生产率的作用也是极其显著的。由于新潮的外观和齐全可靠的功能，新产品在很大程度上能够吸引更多的消费者，这将帮助企业开辟新的市场，获取更多的市场份额，获得更多的利润，从而提高企业的生产率。

最后，技术进步与人力资本、物质资本的改善。

从上述分析可知，人力资本和物质资本的改善在生产率提高的过程中起着决定性作用。而这两者的改善又取决于技术进步，因为所谓技术进步就是人类在知识领域内的进展，而知识的进展还是要归结于技术进步和科学发现的推进，正是由于技术进步给予人们更宽阔的视野和更恰当的视角，科学知识的发现才成为可能。这正如丹尼森所认为的那样，全要素生产率提高的最基本原因是知识进展。

二 技术效率对生产率的作用机制

全要素生产率的改善不仅取决于生产过程中所使用的技术水平的提高，即技术进步，而且取决于企业对其已有技术的使用和技术力量的发挥状况（技术效率），这二者对生产率提高的贡献都是不可忽视的。如果从长期来分析，技术进步作为企业发展的恒久推动力，则其是生产率变动的主要来源。如果以企业的短期影响因素为分析的重点，则作为反映生产潜力发挥程度的技术效率的变动最能影响企业生产率的变动。技术效率的高低更多地受管理方法、经济体制、市场结构、所有制等相关因素的影响，企业现行的相关制度对企业目前拥有的技术适应性越强，则越有利于企业完全释放现行生产技术的潜能，从而提高生产率。河南各个行业生产率的提高和自身技术效率水平的提高是密切相关的，所以有必要对技术效率的影响因素进行分析。

首先，改革对技术效率的作用。截至2013年底，河南有4042户国有企业，其是整个河南经济发展的中流砥柱，是创新发展的中坚力量。同时我国经济体制改革已经到了向纵深发展的阶段，河南积极响应党中央"国有企业要通过创新不断实现自我完善"的号召，积极推进国企改革，通过多种创新方式开展供给侧结构性改革，针对国有企业中的信息失灵、委托代理问题、寻租和官员腐败、员工工作态度消极怠慢等一系列问题，逐渐将权力下放给企业自身，不断加强企业自主权和经营权，逐渐将其塑造为自主经营、自负盈亏、自我发展、自我约束的法人实体和市场竞争主体，这将激励经营者去积极努力地寻求科学有效的管理，以使得企业能够科学发展和获得良好的经济效益。而寻求的过程就是对现有技术水平进行科学运用和组织协调的过程，即技术效率提高的过程。

其次，规模效率的作用。随着企业规模的扩大，企业的内部结构越来越复杂，企业层级逐渐增多。如果不能很好地处理内部复杂交错的关系，则将会导致信息传达的速度减慢，企业内部的组织管理和协调工作失效。而大多数企业，尤其是国有企业，一直以来被视为层级化色彩相对浓重的企业类型，但是在实证研究中依然发现河南大部分企业的规模效率得到了改善。这主要归因于政府及企业自身在进行改革的过程中建立了相对之前来说较为有效的激励机制，使得企业内部能够在一定程度上实现资源共享，并进行积极有效的劳动分工，从而进一步突出了企业的资金优势，这能够为企业的创新活动提供强有力的支撑。而且企业的市场化改革有利于企业经营者和员工发挥个人积极性，促使企业内部管理成本和交易成本的降低，实现企业规模效率的改善。

最后，市场结构的影响。哈佛学派的 SCP 分析范式认为市场结构决定企业行为，企业行为决定绩效，市场结构是市场绩效的最终决定因素；垄断的市场结构不利于竞争的实现，存在社会福利的净损失，从而导致资源配置失效。企业因此应该建立竞争的市场结构，在竞争过程中具有危机意识和利润最大化的动机，在生产过程中积极发挥自身已有技术的水平，使得现有技术能够得到有效的发挥和运用，从而提高技术效率。

河南在推进企业改革的同时，企业市场主体的角色将会逐渐建立。政府在企业发展方面给出了很多积极的发展政策和具体措施，企业已经越来越多地参与到了市场竞争过程中，这使得企业的生存环境发生了极大的改变，在激烈的市场竞争中，企业不再是完全受政府约束的对象，而是要面临着严峻的考验和残酷的成败之争。这种无形但巨大的竞争压力迫使企业的经营者和员工努力运用已有的技术条件，减少非效率和技术浪费，这在无形中提高了企业的技术效率。

三 河南创新发展面临的问题

但在河南整体创新效率提升的同时，也必须注意到伴随着创新发展而出现的一些问题，如仍然有一些行业存在效率低下、规模不经济、以环境换发展的现象。这不仅不利于河南高质量创新发展目标的实现，而且将会引发一系列的社会问题，并最终对河南整体经济的发展产生阻碍作用。具体来说这些问题表现在以下几个方面。

首先，老旧工业改造升级困难重重。河南是农业大省，工业发展在全国并不靠前，存在一大批老旧工业，设备相对落后，管理理念和管理体制仍然被束缚于传统的模式中，技术更新换代频率缓慢，基础摊子较大，改造涉及的利益关系复杂，这些正是在前面章节中分析的效率下降企业的主要类型，也是今后创新发展需要攻坚克难的关键和主要任务。

其次，产学研结合度不够。河南的创新资源及政策支持大多集中在省内高校及科研院所，对于中小企业的科研支持力度相对薄弱。而由于高校及科研院所与企业之间的合作平台并不是十分畅通，创新成果转化为产业成果的渠道较少，因此加强高校、科研院所与企业的合作，建立互通互用的良好平台和媒介，是推进创新成果转化的有效方式。

再次，高新技术产业发展相对落后。与全国技术领先的北京及东部沿海等城市相比，河南的高新技术产业发展缺乏人才和资金的支持。高新技术产业需要高技术水平的人才来建设，而人才引进要求的薪资远远高于河南的工资水平，大多数企业虽有心引进，却因不能提供相应的薪酬而导致人才流失，这就形成了"人才缺乏—技术相对落后—创新不足"的恶性循环。

最后，环境污染、资源浪费的现象仍然存在。近年来河南在谋发展的基础上虽然对环境问题逐渐加强了管制，但仍有一些企业违背民众意愿，违反政府规定，想尽各种办法逃避政府监督，不顾工业废水废气对社会发展带来的危害，而继续着污染环境、浪费资源的生产活动，这为河南的创新发展带来了负面影响。

总体来说，河南的创新发展还面临着诸多问题亟待解决，在取得成就的同时如何更好地从实际出发处理好发展与环境的关系、如何协调好政府与市场的关系是值得深思的关键问题，也是今后河南实现高水平创新发展的瓶颈和制约因素。

总之，河南通过在经济体制改革的大浪潮中，不断突破旧有观念和生产方式、努力寻求创新的发展理念和战略在一定程度上给河南省企业的发展提供了更多的机会和更宽阔的发展道路。当前河南的创新已经取得了一些成就，整体上是向前发展的，前进的步伐是矫健的，企业的活力确实得到了激发，创新水平上了新台阶但还未达到理想的状态。因此在未来的创新发展道路中，河南应该进一步厘清"遗留"问题的负面影响以及一些羁绊创新发展的存在因素。

第五章
以创新推动河南农业现代化

随着我国经济发展进入新常态,河南农业也进入了"以工促农、以城带乡""以点促线、以线带面"发展的新阶段。在国家推进经济发展方式转变的大背景下,河南农业发展的宏观形势也面临着深刻变化。河南只有创新农业发展模式,才能加快农业发展方式的转变,才能实现农业现代化与工业化、信息化、城镇化的同步发展,才能走出具有中国气派、河南特色、市县风格的农业现代化道路。这就需要抓住国家经济发展进入新常态的历史性机遇,加快转变河南农业发展方式,推进河南农业标准化、信息化和城乡一体化建设,促进河南农业发展转型升级,终极达到以创新推动河南农业现代化的目的。

第一节 加快转变农业发展方式

转变农业发展方式是河南转变经济发展方式的重要内容,作为全国第一农业大省、第一粮食生产大省,农业在河南经济发展中的地位不可动摇。然而,在全球一体化进程加速的宏观背景下,河南农业只有加快转变发展方式,才能适应我国乃至全球需求结构的重大变化,才能增强其抵御国际农产品市场波动风险影响的能力。加快农业发展方式转变,是河南农业领域的一场深刻变革。这场变革是推进河南农民收入分配合理化、促进社会和谐稳定的客观要求,也是实现全面建成小康社会、满足河南人民过上更好生活新期待的主观愿望。这就要求河南农业要切实加强发展规划引导,突出战略实施重点，处理好眼前和长远、局部和整体、速度和效益的关系，调动农业生产各方面的积极性，切实推动河南农业发展方式的转变。为了使读者对转变农业发展方式理解得更为清楚，笔者按照"是什么""为什么""怎么办"的思路来进行阐释。

一 转变农业发展方式的深刻内涵

所谓转变农业发展方式[①]，就是转变农业发展的方法、手段和模式，在提高农业土地生产率、资源利用率、劳动生产率的同时，实现经济效益、社会效益、生态效益的有机统一（见图5-1）。实现由主要依靠增加劳动力、土地等生产要素投入，向主要依靠科技进步、资本投入、管理创新和劳动者素质提高转变；由单纯追求产品数量、经济效益的粗放型发展，向注重产品质量、社会效益、生态效益的集约型发展转变；由仅考虑农业生产者和当代人利益，向兼顾生产者与消费者、当代人与后代人利益转变。

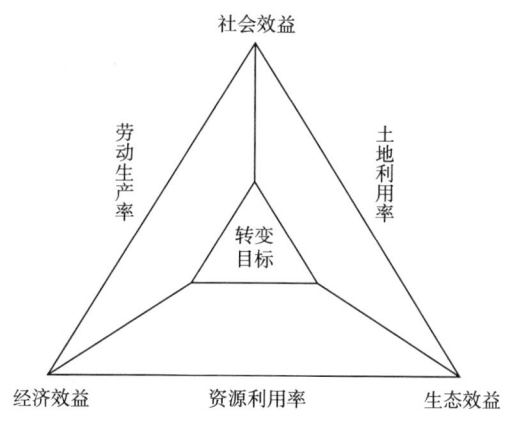

图5-1 农业发展方式转变的三大目标

实现第一个转变，需要在资本驱动下推进农业科技进步和农业生产条件的改善，在农业劳动者素质提高的基础上，用现代物质技术充分装备农业，用管理创新提高农业生产防灾减灾能力，不断促进农业生产结构优化升级，充分实现农业由单一初级食品保障供给功能向多元中高级产品供给功能转变，有效演进出集原料供给、休闲观光、生态环保、文化传承于一体的多功能特色农业，终极达到实现农业现代化的目的。实现第二个转

---

① 胡德锌：《论加快转变农业发展方式》，《重庆行政》2010年第4期。

变，需要进一步加大农业科技创新，不断衍生开发农业功能，全面提高农产品的质量和档次，推进农业生产方式由分散化向规模化转变，由无科技、低科技含量向高科技含量转变，由无品牌、少品牌、没名牌向有品牌、多品牌、有名牌农业转变，在追求经济效益的同时，达到生态得到保护、社会效益得到彰显的目的。实现第三个转变，需要推进农业经营方式由分散经营向规模经营转变，需要克服小生产、小市场、小流通与大市场、大流通、大消费的矛盾，需要拓展农民专业合作社与农业产业化经营，大力发展生态农业、循环农业、节约农业、可持续农业，既要满足当代人生产生活需要，又要为后代人打下良好生产基础，实现农业经济效益、社会效益、生态效益的有机统一。

总之，转变农业发展方式，就是要拓宽农业发展的广度，延展农业发展的长度，发掘农业发展的深度，不断以创新转变河南农业发展方式（见图5-2）。而河南农业发展只有在生产、消费、市场方面持续创新，才能真正把"三个向度"转化为现实，才能切实转变农业发展方式，才能全面推进农业现代化。

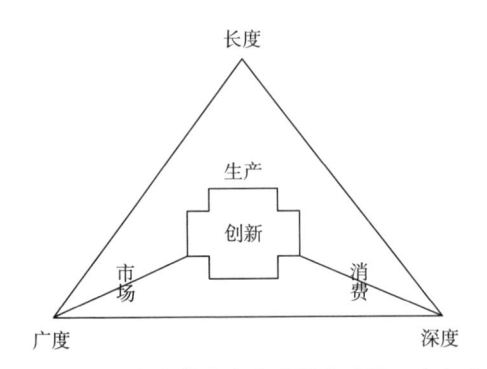

图5-2 以创新转变农业发展方式的三个向度

二 转变农业发展方式的主要动因

转变农业发展方式是我国转变经济发展方式的重要内容，也是河南实现农业现代化[①]的必由之路。在中国进入以工促农、以城带乡发展的新阶段，只有加快农业发展方式转变，创新农业发展模式，才能促进河南农业又好又

---

① 韩长赋：《加快转变农业发展方式，推进农业现代化》，《山东农机化高端论坛》2015年第1期。

快发展。

（一）经济发展新常态是转变农业发展方式的直接要求

创新是经济发展新常态下发展理念的第一要求，也是转变农业发展方式的直接要求。从图5-3可以看出，创新和协调是转变农业发展方式的基石，绿色和开放是转变农业发展方式的两翼，共享是转变农业发展方式的目标。没有创新驱动，就没有农业发展方式的成功转变；没有农业现代化与工业化、信息化、城镇化的协调共进，就不能体现经济发展新常态的精神实质；没有农业发展过程中绿色的呈现，就没有农业发展方式转变的意义；没有农业发展过程开放的特征，就没有农业发展方式转变的加快；没有农业发展终极共享的目标，就没有农业发展方式转变的价值。

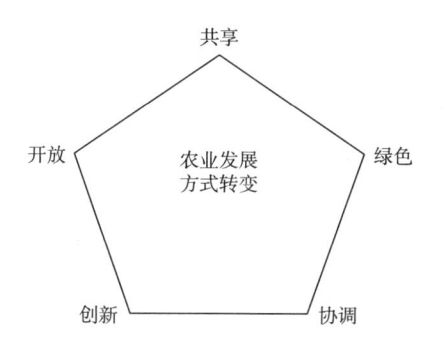

图5-3 围绕五大发展理念转变农业发展方式

在经济发展新常态下，随着我国工业化、信息化、城镇化、农业现代化进程的加速推进，河南作为农业大省必须在创新、协调、绿色、开放、共享的发展理念指导下，在中部崛起的宏大战略过程中推动河南农业发展方式转变，因为只有河南农业发展方式的成功转变，才能驱动中国农业发展方式的整体嬗变。这就要求河南农业要以创新、开放的手段提高土地生产率，以绿色、协调的方式提高资源利用率，以共享、多赢的模式提高劳动生产率（见图5-4），在提高经济效益的同时确保生态效益、社会效益的同步演进。

（二）农业发展现状是转变农业发展方式的现实要求

河南虽然粮食总产量稳居中国第一，并创下"十二连增"的佳绩，但是其农业的基础依然相当脆弱，仍然是全省经济发展的软肋、现代化的短板。一方面，虽然河南农业的基本矛盾是基础性和弱质性的叠加体，但弱质性是这一矛盾的主要方面，在拥有10722万人口（2015年末数字）的河南更加突出。河南尽管过去十二年粮食连续增产，但是资源、环境的约束日益

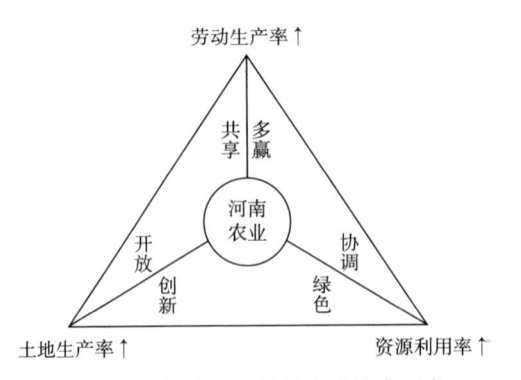

图 5-4　河南农业发展方式转变要求

增大，特别是重大自然灾害随时都可能发生，直接威胁着粮食生产和其他农产品生产。这就要求河南农业发展必须从全局视野出发，从战略上充分考虑，未雨绸缪，而不是临渴掘井。另一方面，河南农业现代化水平还很低，农业科技含量和现代化装备水平与世界先进国家甚至国内发达地区相比，仍然存在较大差距。虽然河南农业部分实现了农机化收割，但是从农民整体素质到农机装备水平，从水利设施情状到农业科技使用，从互联网运用到信息技术应用，河南农业仍与我国发达地区、世界先进水平相距甚远。河南农业人口多，可耕地资源紧张，虽然河南农业稳产田保持稳定，但是中低产田仍占一定比重，抵抗自然灾害的能力依旧较弱。粮食增产的一个重要因素是靠大量施用化肥、定期喷洒农药，这致使农耕地的土质板结、土壤污染、有机质降低、地下水位下降，特别是水体污染相当严重，甚至一些地方出现土地沙化、荒漠化现象。长此以往，河南农业发展难以为继。

从目前河南整体发展的静态情状审视，河南农业现代化进程是多种因素与多种矛盾并存，即传统因素与现代因素并存、欠发达现象与发达现象同在、贫困人口与富裕人口相融、文盲半文盲人口与高智力人口共生、农业薄弱区与聚集发达区同存，形成了河南特有的城乡差距、区域差距、代际差距；从目前河南整体发展的动态角度观察，它正经历着前所未有的发展转型，即传统因素、欠发达现象、贫困人口、文盲半文盲人口不断减少，现代因素、发达现象、富裕人口、高智力人口不断增多。这说明河南加快转变农业发展方式，既有优势也有劣势，既有有利条件也有不利条件，既有发达现象也有不发达现象。然而，河南工业化、信息化、城镇化、农业现代化的整体推进，将会使得劣势越来越小、优势越来越大，不利条件越来越少、有利条件越来越多，不发达现象不断缩小、发达现象迅速扩大，从而有利于在河南农业发展实践中有效实现诸多要素的此消彼长。这些复杂现状的演化，无疑成为河南农业发展方式转变的现实要求。

（三）国家经济社会发展全局是转变农业发展方式的迫切要求

中国正处在现代化建设的重要时期，工业化、信息化、城镇化建设正在加快推进，城乡地区之间、农业与非农产业之间的互动联系，较以往任何时候都更为紧密，全球一体化的快速演进，国内经济形势的变化对河南农业发展的影响越来越大，对农业作为资源性产业的基础性支撑作用的要求越来越高。在这一宏大背景下，进一步加快农业发展方式转变，就显得相当迫切。这就需要把河南农业的发展与全国农业的发展结合起来，与世界经济整体走势联系起来，统筹考虑，综合研判，只有这样，才能在激烈的国际市场竞争中赢得比较优势。这是因为我国小麦、玉米、大豆等大宗农产品价格普遍高于国际市场价格，国外低价农产品的进口压力始终存在，特别是一些发达国家正在大力推动农业尖端科技研发的投入应用，跨国公司也正在全球加快资本渗透和产业布局，尤其是在种业等关键领域抢占农业发展制高点，给中国农业发展与产业安全带来诸多新的风险和挑战。在这种发展情境下，河南只有加快转变农业发展方式，充分利用"两种资源、两个市场"，有效改善农业生产要素结构，切实提高资源配置效率，全面提升农业科技研发自主创新能力，积极推动农业产业结构优化升级，才能持续增强河南农业发展的核心竞争力，才能使河南农业在激烈的国际市场竞争中赢得主动。

（四）全面建成小康社会是转变农业发展方式的主观要求

党的十八大明确描绘了"经济持续健康发展；人民民主不断扩大；文化软实力显著增加；人民生活水平全面提高；资源节约型、环境友好型社会建设取得重大进展"的全面建成小康社会目标，而中国全面建成小康社会最根本的是要保证全国各省都能如期实现目标，而河南要达到全面建成小康社会目标，最根本的是要保证全省各地都能如期实现既定目标。从纵向外部来看，河南区位特殊，它的整体发展与我国发达地区还存在一定差距；从横向内部来看，它的东、南、西、北、中、东南、东北、西南、西北的发展也不均衡。基于此，河南农业实现现代化，对我国全面建成小康社会具有重要的战略意义，不仅能为其他省全面建成小康社会提供发展思路，而且能为其他省全面建成小康社会提供重要的经验借鉴。从第三章"河南区域发展态势"可以看出，河南具备天时、地利、人和的有利条件，仍处于并将长期处于大有希望、大有作为、大有贡献的重要战略机遇期，只要能够切实转变农业发展方式，河南必将与全国同步实现全面建成小康社会的宏伟目标。因此，转变经济发展方式，不仅是全面建成小康社会的主观要求，而且是工业化、信息化、城镇化、农业现代化同步协调发展的必然要求，还是构建农业发展格局、同频共振格局、生态安全格局的应然要求，更是顺应时代潮流、体现人民愿望、符合世情国情省情的实然要求。自国际金融危机爆发以来，发达国家不但没有放松农业，反而把转变农业发展方式、提高农业发展质量作为应对危机的一个重要战略，这对未来全球农业发展格局必将产生深远的影响。因此，河南农业发展必须与时俱进，把握新常态，适应新常态，运用新常态，引领新常态，从而推动河南农业发展高歌猛进。

（五）农业发展阶段性变化是转变农业发展方式的客观要求

河南农业经历了资源利用率不高、土地利用率不足、劳动生产率较低的发展过程，在这一较长时期内，单位国内生产总值能耗明显较高，土地未能充分开发利用，单位时间内生产产品的数量也不多。经过改革开放三十多年的快速发展，特别是近十多年的高速发展，河南农业发展取得了实质性进步，成为了"全国粮仓""全国厨房"。在准确把握河南农业发展阶段性特征基础上，从构建社会主义和谐社会、加快推进农业现代化的全局出发，根据统筹城乡经济社会发展方略，落实了"工业反哺农业、城市支持农村、多予少取放活"的方针，实现了从农业支持工业到工业反哺农业的划时代转变。在经济发展进入新常态情况下，河南农业发展出现了多年难得的大好形势，加快农业发展方式转变也面临难得的机遇。河南粮食连续十二年增产，为进一步加快转变农业发展方式提供了宝贵经验，也奠定了坚实的物质基础；农业科技取得实质性进步，更为加快河南农业发展方式转变提供了强大动力支撑；农业组织化程度稳步提升，则为加快河南农业发展方式的转变提供了重要制度保障。

三 转变农业发展方式的基本路径

加快农业发展方式转变是一个全新的历史性课题。在新时期、新阶段、新常态下，可以从多条路径出发加快农业发展方式转变。

（一）转变农业发展的思维方式，是推动农业发展方式转变的必由之路

柏拉图认为，"思维是灵魂的自我谈话"，而对于农业发展方式转变来说，则是传统思维与现代思维的对话。只有实现了由传统思维到现代思维的巨变，才能加快农业发展方式的转变。具体说来，就是要用产品思维推进农业发展的规模化、现代化，用消费思维推进农业发展的市场化、现代化，用创新思维推进农业发展的规模化、市场化（见图5-5）。通过规模化演进农业发展的内容，通过市场化提升农业发展的质量，通过现代化转变农业发展的方式，从而达到用"三重思维"实现农业发展方式转变的目的。

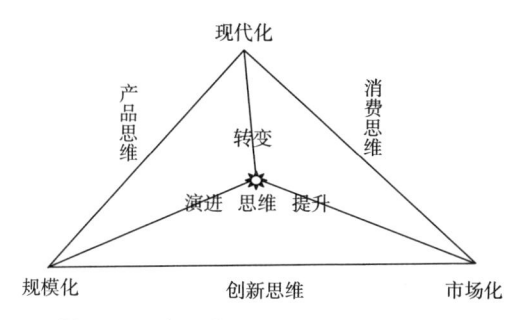

图5-5 农业发展方式转变的三重思维

其实，农业发展无论是规模化，还是市场化，抑或是现代化，都能在农业发展方式转变后体现出三大好处。规模化方面，通过农业的规模化种植，可以带来农产品的规模化量产效应；通过农业的规模化排灌，可以将分散的排灌系统整合起来，减少排灌费用的整体投入；通过农业的规模化生产，可以消除零散生产的田界，提高土地利用率。市场化方面，产销衔接可以使农产品迎合市场需求，不会出现过度滞销；产销对接可以使市场供求整体处于平衡状态，不会出现市场过度紧缺；特色产销可以满足消费者个性化、新颖化的需求，使市场供给更为多元。现代化方面，农业现代化可以提高资源利用率，使单位国内生产总值能耗明显降低；可以提高土地利用率，使有限土地得到更充分的利用；可以提高劳动生产率，使单位时间内生产的产品数量更多。为了达到规模化种植目的，需要持续深化农地经营体制改革，鼓励农民自愿转让农地承包权，有序建立农地流转市场，积极促进农地规模化经营，进一步加快农业发展体制机制创新，培育新型规模化经营主体。对于地域发展不均衡的河南来说，可以在一个或每个地市选择一个地广人稀的县试点。只有在实践中敢于尝试，才可能探索出一条成功的农业发展方式转变之路。在这个过程中，省内各级政府都要全力支持，确保农民在这场变革中利益不受损，而且还能得到更多实惠。在试点成功后，要积极总结经验，然后再在相似区域推广，点式落地，线式延展，面式推广。只有先打开一扇窗，才能叩开一扇未知的门。

（二）以创新为动力助推农业发展，是加快农业发展方式转变的重要途径

创新是社会发展的重要杠杆，也是农业发展的不竭动力。只有创新才能加快农业发展方式的转变。而以创新推动河南农业现代化，就是要以创新推进"两化三区"建设（见图5-6）。所谓"两化三区"就是指农业优质高效生产规模化、区域粮食高产科技普及化，积极发展现代农业产业园区、农产品专业市场交易区、农产品精深加工区，有效实现农产品从园区生产到市场交换、从加工分配到餐桌消费的持续增值转变，全面实现河南农业由卖初级原料产品向卖高端精加工产品，再向卖精致农产品和品牌产品转变，真正实现"以农兴工、以工促农、农工互动、协调发展"的良性互动局面，从而实现河南农业由资源优势转化为经济优势、资本优势的"几何效应""倍增效应""幂方效应"，终极实现河南农业由量变到质变、由发展到跨越、由升级到转型的目标，这也是加快河南农业发展方式转变的希望所在。这就对河南农业发展提出了更高要求，即现代农业产业园区的管理要达到流程化、规范化、制度化的精益目标，农产品专业市场交易区的管理要凸显服务意识、群众意识、创新意识的运营思路，农产品精深加工区要体现区域融合、企业耦合、地方配合的综观视域，始终坚持走"一切为了市场，一切依靠市场；从市场中来，到市场中去"的市场路线，切实保证产品供给与市场需求的对接。所以，现代农业产业园区、农产品专业市场交易区、农产品精深加工区的"三区"发展应当大胆探索，勇

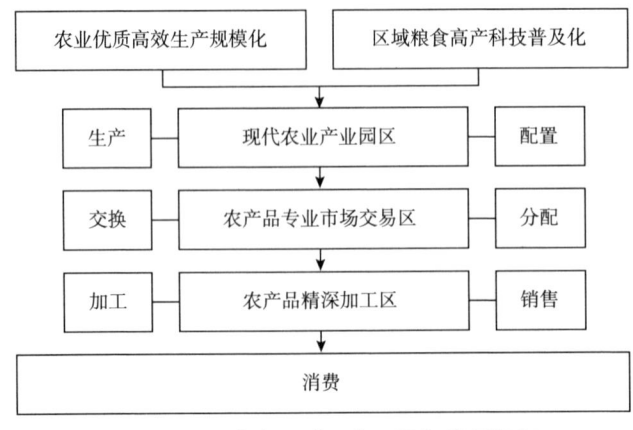

图5-6 河南农业"两化三区"发展规划

于开拓，提高"三区"决策的科学性，增强"三区"建设的协调性，努力在"三区"创新实践中闯开新路，达到统筹城乡发展、区域发展、经济社会发展、人与自然和谐发展的目的。

转变河南农业发展方式，农业科技进步是一项重要支撑，所以要加快推进农业科技创新，切实提高农业科技贡献率，把科技创新转化为推动农业发展方式转变的强大动力，就要从主要依靠物质投入转向依靠科技进步、农业劳动者素质的提高，构建以政府为主导、社会资本广泛参与的多元农业科研投入机制，加快农业科技创新平台建设，促进农业科技推广服务组织创新，搭建农业科技供需对接平台，推动农业高新科技成果转化，积极运用现代科技装备和高新技术改造传统农业，加快建设现代农业产业技术体系，逐步形成"农业技术人员＋农业专家团队＋农业科技示范户"的科技成果示范推广、转化机制。同时，加大对农民农业实用技术的培训力度，有效培育出一批有文化、懂技术、善经营、会管理的新型农民，终极达到依靠新型农民来推进农业现代化的目的。

（三）选取转变农业发展方式的试点县域，完善农业支持保护体系

在工业反哺农业、城市带动农村的战略支撑下，根据多予、少取、放活的发展方针，有效建立与地域经济实力相称、有利于强化农业基础的支持保护制度。依据县域面积最大、农业人口相对较少（30万左右）、GDP在省全滞后的条件，建议河南选择一个县进行农业发展方式转变的试点。

为了更清晰地表达试点思想，凸显转变农业发展方式助推农业现代化带来的益处，以365天/年计算，我们导入函数：

$$F(X,Y) = a[365 \times F(X) + F(Y)]$$
$$F(P) = F(R) - F(X,Y)$$

其中 $F(X,Y)$ 表示某地因转变农业发展方式支付给农业人口的年度补贴总额。

$F(X)$ 表示某地因转变农业发展方式支付给农业人口的日生活补贴额。

$F(Y)$ 表示某地因转变农业发展方式年末奖励给农业人口的生活补贴额。

$F(R)$ 表示某地因转变农业发展方式带来的总收入。

$F(P)$ 表示某地因转变农业发展方式带来的总利润。

a 表示某地农业人口总数。

这里的 $F(Y)$ 可以以三种形式奖励：一种是由地方政府直接建安居工程，相关费用从年末奖励中扣除，这直接推进了某地城镇化进程，待住房费用扣完后，再继续直接补贴农民；另一种是为农民办理奖励银行卡，年末直接补贴给农民，还可以为农民办理相应额度的年度信用卡，解决部分农民短期急需资金时的燃眉之急，同时也可以刺激地方金融市场的发展；还有一种是在第一种形式基础上，一部分直接建立养老院区，配套建设中小学，让农业人口中的老人集中居住，再将年末一部分奖励金额用于补交老人住房的年度租金，从而构建养老、医疗、育幼相结合的社区养老模式。由于 $F(X)$、$F(Y)$ 是变量，因此地方政府可以根据当地消费情况，与农业人口主体达成协议，适时调整相应补贴额度。为了更好地赢得农民支持，加快推进某地农业发展方式的转变速度，可采用试点地区的农民补贴由地方政府兜底的形式。

由于卢氏县符合河南县域面积最大、农业人口相对较少、GDP 在全省滞后的条件，因此本书以卢氏县为例进行分析。该县农业人口 34 万左右，按照补助生活费 10 元/人/天的标准，全年农业人口基本生活补贴在 12.5 亿元左右；年终再发 5000 元/人，预计在 17 亿元左右。这样全年给予农业人口补贴累计支出估计在 30 亿元左右。而卢氏县域东西宽约 72 公里，南北长约 92 公里，总面积 3665.2 平方公里，按照全县可以开发利用面积 3000 平方公里计算，年产值预计 200 万元/平方公里，全年有效开发利用可以实现 60 亿元产值，扣除给农业人口全年支出 30 亿元，还可以实现 30 亿元的产值。由于这种计算只是粗略计算，因此在具体实践过程中，如果出现 $F(P)<0$ 的误差情况，那么一方面可以通过各类补贴的形式支持卢氏县农业发展方式转变，另一方面也可以集全省之力来支持卢氏县，推动资金、技术、人才等资源要素向卢氏县农业发展方式转变方面配置，确保加快卢氏县农业发展方式转变；如果出现 $F(P)>0$ 的喜人情况，特别是 $F(P)$ 超多时，那么应该认真总结经验，以复制河南转变农业发展方式成功的"卢氏模式"，适时在河南乃至全国相近县域推广，从而加快"三农问题"供给侧结构性改革的步伐。同时，积极探索创新农业金融、农业保险制度，通过体制创新、机制创新、产品创新、服务创新，有效满足卢氏县农业发展方式转变所需的金融、保险需求。这就要求卢氏县把加快转变农业发展方式作为当前和今后一个时期县域工作的主线。一是有效快捷地激活农村土地产权体系，创新县域规模经营方式，完善地方政府社会服务体系。鉴于卢氏县是一个相对贫穷的县域，全面推进县域转变农业发展方式的成本相对较低，因此，在推进一定期限内让渡土地流转承包权的同时，可以采用招标的办法，引进资本实力雄厚或智力实力较高的群体运营。二是一以贯之地抓好粮食生产，保证粮农补贴等扶持政策落地，确保在既定粮食播种面积基础上精耕细作。在转变农业发展方式过程中，积极推进高效"种、养、加"模式，通过创新驱动实现农业发展的提质增效。三是毫不松懈地推动县域农业结构调整，按照"两化三区"思路，发展规模化经营，充分优化农业产业结构，全面提高县域内的土地利用率、资源利用率、劳动生产率，实现农业发展由粗放型向集约型、由碎片化经营向规模化经营、由"广种薄收"型向"精耕厚收"型转变，有效推动农业发展与第二、第三产业发展的有机融合。四是坚定不移地加强农产品质量监管，在推进信息化监控的同时，大力推动农业标准化生产，严格监管农业生产的全过程，让那些不愿离开家乡发展的农民参与监管，让他们在参与规模化生产的劳动中增加收入，在参与农业生产全过程中获得成就感。五是灵活高效地构建集原料供给、资源开发、粮食保障、林牧副渔、市场服务于一体的广义县域农业发展体系，全面拓展与休闲观光、文化传承、生态保护相关的特色循环农业、乡村采摘旅游业、乡村特色餐饮业，拓宽农业产业发展方式转变的运营思路，全面提高县域农业发展的抗风险能力和可持续发展能力。可以根据县域粮食主产区和优势特色农业产区情况，重点支持建设一批设施先进、功能完善、特色突出、交易规范的农副产品批发市场，有效搭建农产品物流信息平台，积极延伸多元化市场流通主体，充分实现县域内外的农产品大市场、大流通、大发展，逐步完善大宗农产品仓储设施和现代物流体系，促进产销衔接、农超对接。试点成功后，可以为河南乃至全国其他地广人稀区域提供宝贵的经验借鉴。

综上所述，转变农业发展方式是河南加快推进农业现代化的根本途径，在发展多种形式农业适度规模经营的基础上，积极构建现代农业经营体系、生产体系和产业体系，努力推进资源利用方式、农业生产方式、经营管理方式转变，全面推动农业发展由以数量增长为主转移到以数量、质量、效益并重上来，由主要依靠物质要素投入转移到依靠科技创新、经营主体转换、劳动者素质提高上来，由单纯依赖资源消耗的粗放型经营转移到减少资源能耗的可持续发展上来，努力走出一条产出高效、产量递增、产品安全、资源节约、资产优良、资本雄厚、环境友好、生态健康、效益倍增的河南农业现代化发展之路，为全面建成小康社会加油助力。

第二节　推进农业标准化和信息化

如果说创新是推进河南农业现代化的直接动力,那么标准化、信息化则是促进河南农业现代化的间接动力。如果要充分发挥这两个间接动力的作用,那么就需要以市场为导向推动农业生产、加工、物流的标准化,在调整优化农业结构中推进农业标准化,在推进农业标准化过程中推动农业现代化;以需求为导向构建适应人们消费结构变化的信息化,在迎合消费者需求过程中推进农业信息化,在推进农业信息化过程中推动农业现代化。

一　农业标准化是推动河南农业现代化的重要指标

农业现代化是保证我国粮食安全的关键所在,也是河南农民实现共同富裕、过上幸福生活的重要保障,更是到2020年全面建成小康社会的根本途径。而农业现代化离不开农业标准化,因为农业标准化是推动农业现代化的关键环节。从某种意义上说,没有农业的标准化,就没有农业的现代化。其实,关于农业标准化问题,国内外都有一定程度的研究。Illukpitiya 和 Gopalakrishna 从农业生产决策的经济、社会因素维度出发分析农业标准化,重点强调农业生产水土保持方面的问题;Toma 和 Mathijs 认为,政策、财政压力、道德准则、价值观等社会因素对农业生产标准化决策起着重要作用。国内一些学者认为,农业标准化生产在一定程度上增加了农业生产成本,但是如果能够实现农业规模化经营,提高标准化农产品价格,降低市场交易费用,那么农业生产效益也会显著提高;此外,政府支持力度、销售难易程度、生产品种选择也是影响农业标准化生产的重要因素;另外,对农业标准化的认知度直接影响农业标准化的生产意愿,而利益保障则是农民参与农业标准化的根本诱因。虽然这些理论研究与实证分析为本节进一步深入研究河南的农业标准化提供了一定的理论基础和实践支撑,但是我们仍有必要对农业标准化生产的理论研究与实践探索进行充实和完善。下面笔者从生产、加工、物流三个方面阐释农业标准化,以期为推进河南农业现代化提供参考。

(一) 农业生产标准化

农业生产标准化是推动农业现代化的重要内容。在推进农业生产标准化过程中,要精准把握农业生产标准化着力点,采取切实有效的措施推进农业标准化,为实施农业生产标准化奠定坚实基础,为演进农业生产标准化提供积极保障。

在农业生产标准化着力点方面。为了达到农业生产标准化的目标，河南需要在以下八个方面甚至更多方面采用统一的标准，即土地整理标准化、良种选育标准化、肥料农机选择标准化、耕耘播种标准化、施肥排灌标准化、除草施药标准化、收割晾晒标准化、包装选用标准化。这一系列标准化会促进农业增产，提升农产品质量，但是也会增加生产成本，这在一定程度上已经成为农业生产者是否推进标准化生产的决定性因素。只有当"农业增产数量＋产品质量提升＞生产增加成本"时，农业生产者才愿意采用农业标准化；而当"农业增产数量＋产品质量提升≤生产增加成本"时，农业生产者不可能愿意采用农业标准化。这反映出农业生产者的风险意识与成本意识，也是他们在选择标准化农业生产时通常会考虑的重要因素。因此，在制定农业标准化支持政策时，河南有关部门应充分考虑农业生产者的这两种意识，而在标准化生产中农产品流通、销售等环节的不确定性，在一定程度上增加了农业生产者采用农业标准化的风险与成本，也应一并加以考虑。同时，农业生产者在采用农业标准化生产时聚焦于预期收益最大化，而预期的产量、价格则是衡量农业标准化生产能否达到预期收益的两个重要指标，它们的变动会直接影响农业标准化生产的预期收益。

在推进农业标准化措施方面。河南在推广实施农业标准化时，需要综合考虑农业生产者的切身利益及其所处的外部环境，并采取有利于农业标准化推进的措施：一是为农业生产者改善农业标准化生产条件，加强其与农业科研院所、种子公司的深度合作，促使其积极培育名、特、优、奇的农作物新品种，切实提高河南农产品标准化单产，降低农业标准化种植成本以及生产运营成本；二是坚持市场推动与政府扶持相结合，积极拓展农业标准化产品销路，逐步扩大国内外市场销售空间，鼓励其与农产品深加工基地衔接、农超对接，全面减少标准化农产品的流通环节，实现标准化农产品优质、优价，增加农业生产者采用农业标准化生产的净收益；三是引导农户参与农业标准化生产的合作组织，加大农业标准化推广以及对农业标准化生产者的培训力度和对农业科技下乡服务的支持力度，加强农业标准化人才队伍建设，培养一批高素质的农业标准化专业人才队伍，吸引和支持农业科技人才长期为农业标准化生产者提供农业标准化生产的技术咨询，以及农业标准化新技术推广的培训。由于农业标准化推广对提高河南农业综合生产能力至关重要，从一定程度上说，农业标准化推广程度直接影响河南农业现代化进度，因此，为了推进河南农业现代化，必须要先迈出农业生产标准化这一步。鉴于诸多风险的潜存以及成本增加的可能，河南可以借鉴国际成功经验，为采用农业标准化的生产者发放一定的生产风险补贴或为其购买农业保险以降低风险成本。

在河南农业现代化过程中，农户参与农业标准化生产，实质上就是推进了河南农业现代化的进程。农户作为目前农业生产的主体，其标准化生产的意愿情况，直接影响河南农业现代化的进程和方向，间接影响河南农业现代化的速度和效果。因此，创新农业标准化模式，将农业标准化置于实现河南农业现代化的总体发展进程中，是为现代农业发展注入标准化内涵的深刻体现。在中国农业转型升级的宏观背景下，加快推进河南农业标准化生产，不仅具有重要的理论价值，而且具有重大的实践意义。其实，农业标准化是以农业科技和实践经验为基础，运用统一、优选、简化、协调原理，以农业科研和先进技术为依托，通过制定、实施农业相关标准，把农业生产的产前、产中、产后诸多环节纳入标准规范管理轨道，实现农业生产从农田环境、种子播撒到生产过程的全程控制，从生产技术、科学管理两个层面全面提升河南农业产业发展的整体素质和水平，推动河南农业由传统向现代、由没有标准向有标准、由标准不统一向统一标准方向转变，从而提升河南农业综合竞争力，促进河南农业又好又快地发展。

（二）农产品加工标准化

伴随农业生产标准化的积极演进，农产品加工标准化呼之欲出。没有农产品加工标准化，就不可能达到"节本降耗、提质增效"的农业现代化目的。为了实现农产品加工标准化目标，本书认为应从企业层面、加工层面、包装层面展开，才能衍生出真正的农业生产运营标准化。

企业层面。农产品加工企业是推进农产品加工标准化的主体，在保证农产品质量与安全标准化方面发挥至关重要的作用。由于这类企业具有标准化加工意识，因此能够根据企业发展需要，培养、引进农产品加工标准化所需的人才，能够自觉加强农产品加工标准的执行力度，从而推进企业自身标准化体系建设，使农产品加工的行业标准、国家标准、国际标准能够在企业不同车间生产线呈现。随着全球一体化进程的加速，ISO9001国际标准在中国大陆广泛推行，质量管理理念也在中国获得普遍认同，如果农产品加工企业严格按照ISO9001标准建立质量管理体系，不仅能够保障加工品的质量，持续提高企业管理水平，而且能够打破河南农产品出口国外市场的瓶颈。所以，农产品加工企业要严格遵循标准化管理路径，将农产品质量管理体系所建立的程序文件、管理手册、操作规程、岗位责任书、作业指导书、工艺流程卡等中的要求，落实到农产品加工企业的管理、技术和工作标准之中，同时要认真贯彻 GAP（良好农业规范）、GMP（良好操作规范）、SSOP（卫生标准操作程序）及 HACCP（危害分析和关键控制点）等标准，使标准化工作借力于质量管理体系的建立、运行而得到大幅度提升。同时，农产品加工企业应建立与标准化相关的管理制度，如果农产品加工企业建立了质量管理体系或 HACCP 体系，在构建企业标准体系过程中，可将企业的生产经营管理制度、岗位责任制度、生产工艺技术、卫生管理规范、质量管理体系程序文件、生产作业操作规范以及需要执行的各项地方标准、行业标准、国家标准，按照国家、行业、地方标准原则，加以整合、补充和完善，最终建立起围绕农产品加工质量安全，包括各种原辅材料使用管理、能源健康安全、生产工艺技术控制、产品检验检测、环境卫生、包装、储存、运输等完善的标准化体系，从而将国家、行业、地方有关农产品的标准化规定真正落到实处。这就为农产品加工企业提出了更高要求，要求其严格按照 GB/T15496、GB/T15497、GB/T15498、GB/T19273 的国家标准，建立科学合理的企业标准化管理体系。对那些规模不大的农产品加工企业，可以在企业标准化体系结构框架图中，适当地裁减或合并部分标准子体系，从而使标准化更容易落地。河南是一个农产品生产加工大省，但目前其农产品加工业的整体发展水平与发达国家相比仍有很大的差距。由于农产品加工标准化没有统一实施，因此农产品加工品总体质量安全形势不容过于乐观，但是这些企业在推进河南农业现代化过程中发挥着重要作用。所以有关部门应积极引导这些企业走农产品加工标准化道路，为市场持续提供标准、安全、放心的食品，从而保障消费者的健康消费，这对于提升河南农产品加工企业的行业竞争力、优化河南农业产业结构、规范行业加工秩序具有重大而深远的意义。

　　加工层面。加工层面的标准化主要体现在加工流程标准化和与市场需求对接的加工标准化。只有在加工流程中控制标准化，才能与国家、行业、地方规定的标准要求相吻合；只有与需求对接的标准化加工，才能与消费市场有效衔接。加工流程标准化是保证农产品加工层面标准化的关键。农产品加工是以农业生产的动植物等产品为对象，对其形状、结构、组分进行改善和改变的过程，而农产品加工标准化则是按照"统一、简化、协调、优选"的标准化原则，对农产品加工全过程实施统一的标准，促进农产品加工企业按照标准化要求加工，以确保农产品加工的质量与安全，特别是国家已有的食品安全国家标准《食品生产通用卫生规范》（GB 14881-2013）、食品安全国家标准《食品中农药最大残留限量》（GB 2763-2014）、食品安全国家标准《食品中污染物限量》（GB 2762-2012）、食品安全国家标准《食品添加剂使用标准》（GB 2760-2014）以及各类产品的卫生标准等一批强制性卫生安全标准，只有在农产品加工过程中不折不扣地执行，才能将农产品加工标准化真正落地。从加工层面来说，河南推进农产品加工标准化，对于调整农产品加工产业结构、提升农产品加工质量标准和安全水准、保护消费者消费健康，都具有重要的推动作用。而与市场需求对接的标准化加工是保障农产品加工层面标准化的价值所在。从市场需求出发，按照标准化原则对农产品进行加工，无疑影响着加工品的成本、质量和制造的效率。在传统农产品加工过程中，对于原料、添加剂使用、工艺技术、检验检测、生产管理基本上依靠长期积累的经验，存在不少无标准或忽略标准的情况，直接造成这些农产品加工企业无法在生产运营管理和加工技术上实行标准化，更不能及时掌握行业标准化动态，从而使生产工艺技术难以得到保证，进而影响农产品和加工品的品质稳定性，更无法建立有效的农产品质量安全管理体系。这就要求在农产品加工过程中，在统合市场需求的情况下，以地方、行业或国家的农产品标准化要求为中心，以农产品生产加工过程为主线，从原辅材料采购到加工卫生环境、厂房设施设备、工艺技术流程、检验检测手段直至最后的包装、标识、运输、储存等全过程落实市场化和标准化。因此，农产品加工一定要与市场衔接、与需求对接，把市场、需求代入农产品加工之中，按照"消费需求+原料采购+精准加工+市场销售"模式，打造需求导向型的农产品加工模式。

包装层面。包装是农业加工品的形象，直接影响产品的市场销售价格。包装与售价呈正相关，一般说来，普通质量包装的产品售价较低，中等质量包装的产品售价较高，精致质量包装的产品售价偏高。从国外农产品包装情况来看，特别是欧洲、日本、美国等发达地区或国家，其农产品上市时都有着非常严格的包装标准，通过先进的标准化包装，可以使相同农产品的附加值提升50%甚至100%，经济效益非常可观。所以，农产品加工企业应把其产品包装标准化纳入农业标准化项目中，进行综合性包装标准化全面推广，从而使农产品标准化包装再上新台阶，在使农产品加工者增收的同时全面推进农业现代化。这就要求现有农产品加工者切实改变重加工、轻包装的思想,切实增强农产品包装标准化意识。在提高农业加工品品质及其标准化的同时,促进农产品加工者增产增收,终极实现农产品加工经济效益、社会效益、生态效益的最大化,从而向农业生产规模经营要效率、向标准化加工要效益、向标准化包装提升附加价值要利润。

(三) 农产品物流标准化

随着全球化进程的加快,物流在世界经济发展中占有越来越重要的地位,其发达情状已成为衡量一个国家或地区经济发展水平的重要指标。农产品及其加工品已成为现代物流运输无法回避的重要部分,而农产品物流标准化能加快农产品及其加工品的运输速度,这对加快推进农业现代化具有重要意义。

农产品物流标准化就是为了规范农产品及其加工品在运输、储存、装卸、搬运、包装、流通、加工、配送和信息处理过程中的物流秩序,依照通用的标准化物流准则,形成全国乃至全球物流接轨的标准化体系,并对农产品及其加工品的物流过程进行全方位标准化监督,从而在保证物流质量的同时加快农产品流通速度,在减少物流环节中降低物流成本,提高经济效益。为了达到农产品物流标准化目标,推动河南农业现代化进程,需要做好以下这些标准化工作:在运输方面,要确保运输工具标准化,运输路线最佳化;在储存方面,要对储存地的门窗、地面、室温、灯光等施以标准化;在装卸过程中,要使用标准化的装卸工具,甚至装卸距离都要求标准化;在搬运过程中,要注意采用标准化的搬运方式,以减少不必要的损失;在包装过程中的标准化已在前文阐释,不再赘述;在流通过程中,要遵循物流标准化规程;在加工方面,要遵循物流加工的规范与标准;在配送方面,要根据相应的消费需求提供标准化配送;在信息处理方面,要将信息处理标准化,以利于物流过程中的信息共享。

二 农业信息化是推动河南农业现代化的重要内容

农业信息化是以信息为媒介在生产者与消费者之间架构起供求沟通的桥梁,是在先进社会生产力条件下从虚拟意义上推动农业现代化。为了促进农业信息化落地,需要以信息化为手段加快农业高新科技应用,以信息化为支撑加快建立农业高效"物联网+",进一步加快推动农业现代化进程。

(一) 以信息化为手段,加快农业高新科技应用

农业高新科技是加快河南农业现代化进程的核心要素。农业高新科技的

充分扩散，能够推动河南农业现代化的实质性进程，也是用高科技全面提升河南农业现代化层次的直接体现。为迎接世界信息科技革命发展的大趋势，必须以信息化助推河南农业现代化，不失时机地发展农业高新技术产业，全面推进农业产业结构优化升级，尽快完成农业信息进程，在农业信息资源开发利用方面，切实缩短与发达国家或地区农业现代化的差距，实现农业现代化与信息化的良性互动。

现代科技发展日新月异，农业科技同样如此。信息化有助于各种农业高新技术传递，而农业高新技术的有效推广应用，又促进了农业信息化的发展。为了将信息化手段转化为农业现代化发展的动力，需要采取以下两种措施。一是要持续坚持以信息化带动农业现代化，以农业现代化促进农业信息化，切实提高计算机及互联网在农业发展方面的普及应用，全面加强农业信息资源的开发和利用。在现代农业发展中积极运用数字化技术、网络化技术，加快农业信息化发展步伐，积极促进涉农的金融、财税、保险、贸易信息化，积极发展农业电子商务。二是切实加强农业信息化基础设施建设，大力推进农业信息化，助推高产优质高效农业发展，用现代农业发展的高新技术改造提升传统农业，这就要求既要用信息化加快发展高产优质高效农业，又绝对不能忽视发展、提升传统农业，关键是要做好二者结合的大文章，将信息化的作用发挥至极致，同时积极发展农业现代物流信息业，切实推进现代农业的物流配送，积极发展虚拟经济，全面实现农产品直接由农田到加工基地、由加工基地到超市、由超市到餐桌的划时代转变。毋庸置疑，传统农业的改造升级，一定要充分运用现代农业技术和农业信息技术，才能切实提高农业发展的起点，激发传统农业的后发优势。另外，高产优质高效农业的发展能够为利用信息化改造升级传统农业提供强有力的信息与技术支持，同时在促进传统农业发展提升中也确实能用信息、网络、技术改造其落后的经营方式。

(二) 以信息化为支撑，建立农业高效"物联网+"

时至今日，大数据、云计算、物联网、3D打印、智能机器、移动互联网……一波一波的旷世新技术扑面而来。无论什么样的巨人企业，都会瞬间倒下；无论什么样的新生企业，都可能会顷刻崛起。农业现代化将如何面对这个巨变甚至一切皆可能颠覆的时代，是在焦虑徘徊中犹豫不决而错失良机，还是在洞察毫末中从容应对而"智"胜未来，答案是显而易见的！而创新则是这个答案潜藏的法宝，因为没有什么比农业高新技术创新的作用更大。一个成功的独特创新，可以助推农业发展再上新台阶；一系列的成功创新，可以把农业发展引向现代化。

除了严格按照农业生产标准化要求执行之外，还能通过计算机、互联网技术实时掌控何时育苗、何时播种、何时施肥、何时灌排、何时收获，这就是互联网、物联网技术与农业标准化有机"结合"的优势。在推进河南农业现代化过程中，要以农业生产基地为对象，围绕计算机、"物联网+"在农业生产中的应用，发掘农业生产科技的展示功能，体现现代休闲观光农业的科学内涵，让其他生产者可看、可学、可用、可推广，切实提高农业标准化生产的产量和质量安全，全面降低农业标准化生产成本，充分提高农业劳动生产率，有效提高标准化设施投入的经济效益，从而把河南建设成为一个真正实现农业"物联网+"应用的标准示范基地，同时逐步探索出"物联网+"技术在农业生产园区中的应用标准及模式途径。

在以信息化为支撑建立农业高效"物联网+"的过程中，要切实坚持"以市场为中心"的市场路线，以金融为纽带，发展农业金融；以数据为支撑，建立农业大数据；以信息为手段，建立农业"物联网+"，旨在实现信息闭循环，终极达到再造农业产业、推动农业现代化的目的。具体来说，就是利用"物联网+"在农业和农民之间打造农产品供应链，在农用土地和产业经营主体之间推进农业精准规模生产，在资本与技术耦合中推动农业产业再造，在管理与效率之间保证科学规范高效，在农业生产供给和市场消费需求之间确保便捷的个性特色，这样就把农民与农业、土地与产业、资本与技术、管理与效率、供给与需求统合起来（见图5-7）。在互联信息支撑下，借助"物联网+"可以演绎多种实现农业现代化的形式：一是农民继

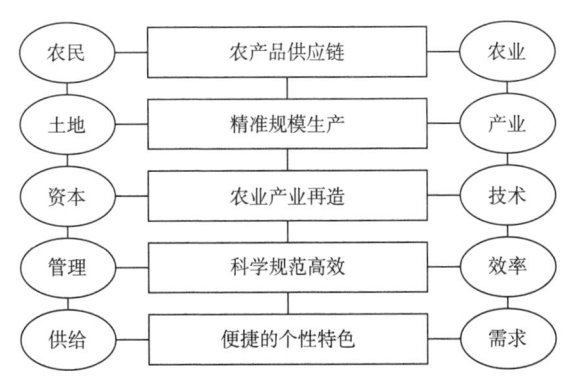

图5-7 "物联网+"助推农业现代化情况

续耕种土地、推演农业，在外来资本注入情况下，采用先进农业高科技，在有限土地上生产更多产品，在高效运营管理下，增加更多市场供给，满足消费者特色化、个性化、多元化需求；二是农民通过流转土地，由农业少量生产衍生为产业规模生产，新的经营主体借助资本推动，在农业科学技术支持下，在先进运营管理辅助下，增加更多更为优质的农产品供给，并以极高的效率及时满足市场差异化特色需求；三是农民与新型经营主体联姻嫁接，在充足的资本保障、先进的农业科技、科学高效的管理的助推下，生产更多更为迥异的农产品，满足更为多样的市场需求。总之，在信息化时代，借助"物联网＋"还可以继续演绎其他形式，不管形式如何，内容怎样变化，都有助于加快农业现代化进程，终极达到用"物联网＋"推动河南农业实现现代化的目的。

综上所述，在经济发展新常态下，要承认和重视标准化、信息化价值。如果说创新是全面推进农业现代化的直接驱动元素，那么标准化和信息化则是全面推进农业现代化的重要支撑元素。一般来说，现代创新思维要优于传统守成思维，在新时期、新阶段农业发展进程中，由于标准化在农业生产者、农产品加工者和物流运输者之间架起了一座桥梁，信息化把农业生产环节、加工环节、流通环节统合起来，因此标准化给农业发展带来的是量的增长、质的提升，信息化为农业发展带来的是供求衔接、产销嫁接。因此，农业的标准化、信息化，对加快河南农业现代化具有不可估量的实践价值和深远意义。

第三节　推进城乡一体化建设

城乡一体化与农业现代化是全面建成小康社会的强大动力支撑，是当代中国发展的两个重要目标。二者相互依存、相互影响、相互促进：只有积极推进城乡一体化，才能全面实现农业现代化；只有加快农业现代化发展步伐，才能有效推进城乡一体化。

一　推进城乡一体化是加快农业现代化的客观要求

实践证明，城乡一体化的积极推进，对加快河南农业现代化进程具有综合促进作用，因为它不仅打破了农业生产力发展的瓶颈，而且破除了农业生产关系调整的障碍，从而使农业生产力与生产关系之间的矛盾得到有效缓解。在城乡一体化的积极推进中，它将生产力中最活跃的、不断发展的要素充分整合起来、释放出来，演进出新型的农业生产关系，并使之与新的农业生产力发展相适应。

（一）城乡一体化打破了生产力发展的瓶颈，加快了农业现代化的进程

在推进城乡一体化进程中，要按照发展工业化的思维发展现代农业，按照发展工业化的路径演进农业现代化，利用先进农业生产技术对传统农业进行充分改造。马克思在《资本论》中指出："各种经济时代的区别，不在于生产什么，而在于怎样生产，用什么劳动资料生产。劳动资料不仅是人类劳动力发展的测量器，而且是劳动借以进行的社会关系的指示器。"[①] 通过使用先进生产工具和农业高科技，把劳动者、劳动资料、劳动对象更好地结合起来，加快河南农业现代化发展；通过运用社会再生产原理，促进河南农业发展的自身积累，切实增强农业现代化发展的后劲。

时至今日，农业资源环境的约束日趋紧张，已成为农业生产力发展的天然屏障。随着城乡一体化速度的加快，不仅守住18亿亩耕地的难度日益增大，而且农业用水紧缺问题愈益凸显，再加上化肥、农药、农膜、化学添加剂等过量使用，造成地表甚至地下水源污染，致使农地生产能力持续下降，从而使促进农业生产力发展的重要元素——劳动对象不能得到充分发挥。农业基础设施建设滞后，劳动生产率低下，特别是大部分耕地是中低产田，各类灌渠工程完好率不高，农业基础设施陈旧老化，一些河坝、湖泊、支渠排灌消失或不畅，蓄水保水能力非常差，农业生产防灾减灾能力不高，"靠天吃饭"的情状尚未有实质性改变，这些直接阻碍了农业生产力发展要素——劳动资料的应用。近年来，农业生产资料价格不断上涨，土地租金持续攀升，而生产运营的工具投入、种子投入、排灌投入日益高企，昔日忽略不计的劳动力成本现在也较快提升。目前从事农业工作的主要是45岁以上的妇女、中老年人，青壮年奇缺，特别是大量新生代农民工没有从事过农业，其中一部分在农村没有承包地，也没有宅基地，同时绝大多数不愿再回农村。在不久的将来，"谁来播种""谁来耕耘""谁来收割"等问题将会出现。而随着城乡一体化的全面推进，这些问题就会迎刃而解。在城乡一体化建设中，各类资本会加大投入，基础设施会发生实质性改变，资源环境会有很大改善，排灌渠工程会得到较好修缮，抵抗自然风险能力也会进一步增

---

① 《资本论》第1卷，人民出版社，1975，第204页。

强,科技对农业发展贡献率也会切实提升,农业机械化水平也会全面提高,农产品质量安全会进一步得到有效保障,各类大棚经济会持续涌现。这既丰富了城市人民的物质生活资料来源,又会发展一些休闲农业、观光农业、采摘农业等特色农业,在推动农业生产力全面发展的同时,进一步加快农业现代化的历史进程。

(二)城乡一体化破解了生产关系调整的障碍,加快了农业现代化的发展

随着城乡一体化的全面推进,一种新型的生产关系将会建立起来。新的农业生产关系之所以能够促进新的农业生产力发展,就在于它为农业生产力诸要素的结合提供了较好的组合形式,从而把农业生产中潜在的、可能的生产力转化为现实生产力,能够比较充分地调动农业生产力中的积极因素,使其更好地发挥作用。毛泽东同志曾指出:"生产力、实践、经济基础,一般地表现为主要的决定的作用,谁不承认这一点,谁就不是唯物论者。然而,生产关系、理论、上层建筑这些方面,在一定条件之下,又转过来表现其为主要的决定的作用,这也是必须承认的。当着不变更生产关系,生产力就不能发展的时候,生产关系的变更就起了主要的决定的作用。"[①] 这说明在城乡一体化推进过程中,要想使农业生产力得到较快发展,就必须变革农业生产关系,从而建立一种与城乡一体化相适应的新型生产关系。这种新型生产关系改变了此前乡村生产资料的所有制关系,也改变了人们在社会生产中的地位及其相互关系,毋庸置疑,产品分配关系也随之改变。

从某种意义上说,城乡一体化的发展思路,不仅非常适合中国国情,而且也颇为适合农业大省——河南的省情。因为它既不改变农村的基本经济制度——家庭联产承包责任制,又能把千家万户农民的积极性调动起来,还把农村剩余劳动力转化出来,带动他们走向共同富裕。在城乡一体化推进过程中,他们所形成的农业规模效益无疑比之前个体家庭经营要大得多,农业发展也快得多,这对进一步加快农业现代化进程具有实质性意义。随着城乡一体化的推进,地区封锁被终结,城乡分割被破除,各自为政现象消失,乡村自给自足或半自给自足状态被打破,农业生产过程中物质能量的转换、生产要素的配置将会更为科学。在城乡纵向整合、横向联合基础上,逐步建立统一完善的农业生产运营体系和市场运转体系,从而使农业生产力中的实体性要素和非实体性要素更为紧密地结合起来,特别是大量资金、信息、设备、

---

① 《毛泽东选集》第1卷,人民出版社,1991,第325~326页。

高新科技、先进管理等生产要素更为普遍地投入到农业再生产中，将会促进城乡诸多要素的合理有序交换，切实推动农业由传统单一结构向现代多元结构转变，从而提升农产品的科技含量，改善农产品的质量，降低生产运营成本，增强农产品国际市场竞争力。同时，城乡一体化的推进，也加快了交通、通信、文化、教育、体育、饮食、旅游、信息、金融、保险等诸多产业的发展。这些充分说明城乡一体化的推进，不仅是一场缩小城乡差别、全面振兴农业的显性变革，而且也是一场调整社会生产关系、促进社会全面进步的深刻革命。这一城乡联动共进、农业全面发展的影响，远远超出了城乡一体化推进的本身，它将在更为广阔的领域、更为广大的空间，重新配置农业发展的生产要素，推动河南农业生产运营模式在家庭联产承包责任制基础上发生新型的、全方位的、实质性的变革。因此，城乡一体化的推进与农业现代化的发展，看似互不关联，实则密不可分：没有城乡一体化的积极演进，就不可能有农业现代化的加快发展；同样，没有农业现代化的快速发展，城乡一体化的推进也就会遇到重重障碍。

二 推进城乡一体化是实现农业现代化的主观要求

由于农业现代化是新中国成立不久就描绘的"四个现代化"（工业、农业、国防、科技）的重要组成部分，因此推进农业现代化不是历史发展进程的偶然，而是中国社会发展的必然；不是农业自身演进的外在原由，而是我国农业发展的内在理路。而推进城乡一体化则是加快农业现代化的必由之路。

城乡一体化就是要改变传统计划经济体制下形成的"三大差别"（工农差别、城乡差别和脑力劳动与体力劳动的差别）之一城乡差别的发展战略，旨在建立城乡开放互通、互促互补、地位平等、共同进步的经济社会发展新格局，使城乡在资源、资本、技术、人才、思想、文化、教育、艺术等诸多要素方面对接与耦合，逐步达到城乡之间在经济、社会、文化、政策、生态、空间上的统一协调发展。城乡一体化是转移农村劳动力的重要渠道，也是实现农业现代化的强大动力，更是构建以城带乡、以工促农新型关系的关键所在。城乡一体化促进了区域产业结构的调整，为农业现代化提供持续动力；城乡一体化加快了户籍制度改革，促进了户籍制度的完善，为实现农村"人"的城市化提供了制度保障；城乡一体化推动了城乡思想意识、文化教育、医疗卫生、公共设施、社会保障、生态环保等诸多方面的发展，为农民变市民提供了融合支撑；城乡一体化能够切实提高农民收入，再加上财政通过在文化、教育、卫生等方面给予乡村更多的固定资产投资政策倾斜，而不断实现城乡公共服务均等化、人们生活水平一体化。毛泽东同志曾指出，"一定的文化（当作观念形态的文化）是一定社会的政治和经济的反映，又给予伟大影响和作用于一定社会的政治和经济"[①]。所以，城乡一体化在促进城乡文化、教育一体化过程中，也在一定程度上从侧面推动了农业现代化。

思路决定出路，方向引领未来。党的十八大以来，在推进工业化、信息化、城镇化、农业现代化同步发展过程中，在推动信息化与工业化深度融合、工业化与城镇化良性互动、城镇化与农业现代化相互协调的伟大实践探索中，发现推进城乡发展一体化是工业化、信息化、农业现代化发展到一定阶段的必然要求，是国家全面实现现代化的一个重要标志。城乡发展一体化的积极推进又是实现工业反哺农业、城市支持农村、传统对接现代的实然体现，是中国迈进中等发达国家的一个必经历程，特别是城乡一体化所蕴含的公共资源均衡配置、城乡要素平等交换等诸多元素，必将给农业现代化注入新的动力。所以，推进城乡一体化是河南实现农业现代化的主观要求，也是河南实现农业现代化的应然要求。河南推进城乡一体化，实质上是推进城乡资源平等交换、协同发展，终极目的是实现河南城乡在生产、分配、交换、消费等各环节上的平等。只有推进城乡一体化，才能使河南农业现代化有实质性的突破；也只有加快农业现代化，才能推动河南城乡一体化的进程。河南城乡一体化的推进，不仅拓展了城市发展延伸的急需空间，而且也打开了农业现代化的潜存阀门。从某种意义上说，农业现代化与城乡一体化是破解区域经济发展困境的两把金钥匙。

三 以城乡一体化为动力加快推动农业现代化的建议

农业现代化把推进城乡一体化当作自己的"物质武器"，而城乡一体化则把农业现代化当作自己的"精神武器"。虽然城乡一体化与农业现代化是互相促进的，但是如何在新常态下以城乡一体化为动力加快农业现代化则是全新课题。为了使这个动力有抓手，本书从促进农业生产力发展的劳动资料、劳动对象和劳动者三个实体要素以及科学技术、规范管理等非实体性要

---

① 《毛泽东选集》第 2 卷，人民出版社，1991，第 663~664 页。

素出发，将创新融贯其中（见图5-8），提出以城乡一体化为动力加快推动农业现代化的相应建议。

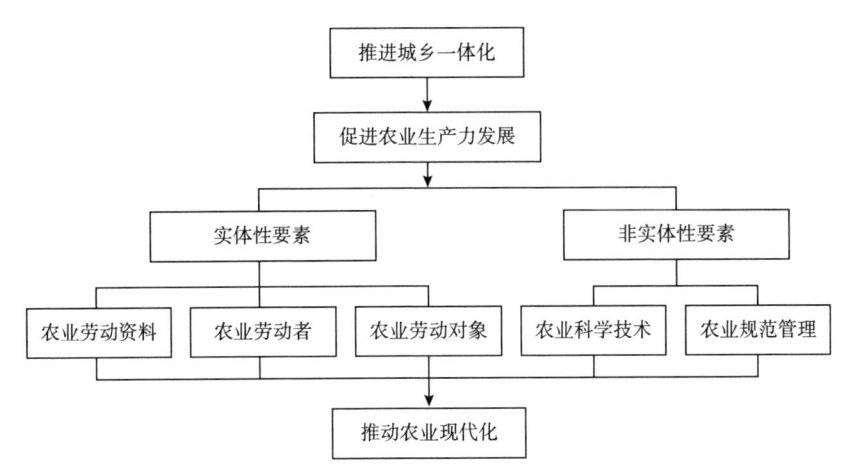

图5-8 以城乡一体化为动力推动河南农业现代化的逻辑路演

（一）在促进农业生产力发展的劳动资料方面

农业生产的劳动资料是农业生产者用以改造和作用于农业劳动对象的各种物质的、能量的体系，是人们在生产劳动过程中改变农业劳动对象的一切物质资料和条件，主要包括农业生产工具以及运行生产工具的能源动力系统、运输储存系统、自动控制系统、信息传递系统、包装设备等诸多方面。通过城乡一体化建设，可以加强农业生产物质技术装备的基础，优化农业生产机械装备的结构，推进粮食作物生产全程机械化，大力发展"生态农业""环保农业""特色农业""优质农业""休闲农业""观光农业"，有效研发先进实用的农业生产机械，充分发挥农业机械化在加快农业现代化中的作用。因此，应该加大引进先进农业生产机械投入支持力度，积极支持良种的引育、生产繁殖，争取早日突破甘蔗、棉花、油菜等农业机械化的收割瓶颈。在推进城乡一体化过程中，充分利用农业劳动资料，打造创新中心、新市场中心、新网络中心，将城乡一体化的引领、辐射、集散功能衍生扩展开来。通过应用先进农业生产工具，充分提高农业劳动生产率。毛泽东同志曾指出："提高劳动生产率，一靠物质技术，二靠文化教育，三靠政治思想工作。后两者都是精神作用。"[1] 这里明确将物质因素放在第一位，充分说明

---

[1] 《毛泽东文集》第8卷，人民出版社，1999，第124页。

利用先进生产工具进行农业生产在城乡一体化进程中对推进农业现代化的价值和意义。他还认为"农业的根本出路在于机械化"①,这凸显了农业现代化发展离不开先进生产工具的支撑。他还进一步强调,"今年、明年、后年、大后年这四年内,主要依靠改良农具、半机械化农具,每省每地每县都要设一个农具研究所,集中一批科学技术人员和农村有经验的铁匠木匠,搜集全省、全地、全县各种比较进步的农具,加以比较,加以试验,加以改进,试制新式农具。试制成功,在田里实验,确实有效,然后才能成批制造,加以推广"②。后来,农用拖拉机、农业收割机等一批先进生产工具的投入应用,对农业现代化的发展起到了积极的促进作用。在新世纪、新时期、新阶段全面推进城乡一体化建设中,要注重将现代信息技术与先进生产工具结合起来,将生产工具的效能最大限度地发挥出来,进一步加快推动农业现代化。

（二）在促进农业生产力发展的劳动对象方面

农业生产的劳动对象是农业生产劳动过程中所能加工的一切对象,包括原始森林、地下矿藏等没有经过农业生产劳动加工的自然物,也包括土地、沟渠等经过农业生产劳动加工的诸多物质。由于农业生产的劳动对象不是固定不变的,而是随着农业科技进步不断延展的,因此在城乡一体化过程中,可以使现有的农业生产劳动对象发挥更大作用,使其潜存价值最大限度地释放出来。毋庸置疑,可耕地是农业生产赖以进行的载体,没有可耕地的农业生产是无法演进的,这就需要整合农业生产资金渠道,全面落实《全国高标准农田建设总体规划》《农业综合开发高标准农田建设规划》《全国土地整治规划》等专项支持规划,集中力量建成一批"土地平整肥沃、水利设施配套、田间道路畅通、林网建设适宜、技术先进适用"的高标准农业生产基地;这就需要在推进城乡一体化过程中,全面促进农业生产用地流转,有效完善农业生产用地流转制度,鼓励支持农民以转让、转包、出租、互换、股份合作等多种形式流转生产用地,降低土地流转交易成本,修建、扩建、改建或新建原有排灌等基础设施,为现代农业生产方式的转变创造更好条件,为现代农业适度规模化经营提供保障,为现代农业各种经营主体的生产运营打下基础。

---

① 《毛泽东文集》第8卷,人民出版社,1999,第49页。
② 《毛泽东文集》第8卷,人民出版社,1999,第49页。

(三) 在促进农业生产力发展的劳动者方面

农业生产劳动者是具有一定农业生产能力、农业生产经验和农业劳动技能的人，是把农业劳动对象与农业劳动资料有机整合起来的最重要元素。在城乡一体化推进过程中，要积极培养新型农业生产运营主体和农业生产者，加快农村剩余劳动力转移。由于专业种植大户、现代家庭农场、农业龙头企业、农业专业合作社在农业科技应用、生产运营能力、市场动态掌控等方面具有优势，因此这些生产运营主体将是城乡一体化推进中加快农业现代化的主力军，地方各级部门也应加大对这些新型生产经营主体的财税、金融、保险支持，促使其在农业现代化过程中发挥更强有力的推动作用。虽然农民似乎是现代农业发展最微观的力量，但是他们仍是城乡一体化过程中农业生产的主体，他们整体综合素质如何，直接决定农业现代化的程度，这就需要对这些农民进行专业化培训，通过发放农业专业书籍、专家讲座录音录像等技术资料，或采取农业生产技术研讨等形式，全面提高农业生产者的生产技术水平，打造真正"具有较高科学文化素质、具备生产经营管理能力、掌握现代农业生产技能、以农业生产经营或服务为主要职业、以农业劳动作为主要收入来源且主要居住在乡村"的新型农业劳动者。这些新型生产经营主体和农业劳动者，将会把劳动资料和劳动对象更为有机地结合起来，从而将农业生产力中潜存的能量尽可能地释放出来，在城乡一体化过程中加速推进农业现代化的步伐。

(四) 在促进农业生产力发展的科学技术方面

恩格斯指出，"我们不仅发现一个运动后面跟随着另一个运动，而且我们也发现，只要我们造成某个运动在自然界中发生时所必需的那些条件，我们就能引起这个运动"[①]。所以要在推进城乡一体化过程中促进农业生产力发展，需要建立农业生产科技投入增长的长效机制，用农业科技进步助推农业现代化的实现。这就需要支持农业科研个人、专家、团队进行基础性、前沿性、公益性的重大农业科技研究，鼓励涉农企业开展农业科技创新，支持农业科技研发成果有效转化，促进农业生产技术积极推广，不断提高农业科技成果转化能力，切实将有助于农业生产的科学技术应用到现代农业发展中，以助推河南现代化的早日实现。尽管内因是事物发展变化的根据，但是外因仍是事物发展变化的条件，在农业生产基本条件具备的情况下，农业科

---

① 《马克思恩格斯选集》第 3 卷，人民出版社，1995，第 550 页。

技的应用在促进农业生产力发展方面是可能的，特别是在农业机械技术应用、特色农产品栽培技术应用、病虫害防疫技术应用方面，将有助于高产、优质、高效、生态、安全农业的发展，全面提升我国农业产出农产品的国际市场竞争力。特别是在优良品种繁育方面，要采用先进育种技术，使种子本身具有现代化的优质基因，从而提高农业劳动生产率，提升国际市场占有率。为了加强河南农业的科技应用，各级政府应从财政、税收、金融、保险、补贴等方面加大对农业科学技术应用的支持，切实助力河南农业现代化的发展。同时，要抓好农产品质量安全检测技术，确保流入市场的农产品质量都能安全达标，因为新时期的人们在注重农产品营养的同时，更加注重农产品的质量安全。

（五）在促进农业生产力发展的规范管理方面

随着"地球村"时代的到来，我们只有立足中国、放眼全球观察河南农业现代化才更有价值和意义。河南农业现代化，不仅具有世界各国农业走向现代化的原初共性，而且具有中国农业现代化的独特个性。这个共性决定了实现河南农业现代化离不开农业生产力的发展，而这个个性决定了要加快推进河南农业现代化就必须考虑河南现代农业发展的特殊性、多样性、复杂性。这就需要在推进城乡一体化过程中要同时推动促进农业生产力发展的科学管理，因为传统农业发展的普遍性、单一性、简单性运用的管理在农业现代化中已无法适用；这就需要在实现农业现代化过程中积极应用一切可以应用的科学管理，从育种到育苗，从播种到耕耘，从施肥到喷药，从灌溉到排水，从收割到包装，通过在每一个环节都运用科学管理办法，采取科学管理措施，优化农产品生产的区域布局和品种结构，加强现代农业科技支撑体系、生产经营体系、生态环保体系建设，逐步完善多层次、复合性、现代型的农业产业体系，合理布局一批省级农产品产地市场、县域性产地市场，引导农产品加工业向优势产区集中，满足各层级消费者对农产品的多样化需求，发挥现代农业的多功能作用。虽然农业生产科学管理的价值创造是隐性的，但是在全面实施科学管理后，它创造的价值就会变成显性的，是农业生产质量的提高、农产品价位的提升。随着我国工业化、信息化、城镇化的积极演进，同步推进农业现代化，注重农业生产管理创新，逐步缩小城乡差距，促进城乡共同繁荣，走出一条具有中国特色、中国风格、中国气派的河南农业现代化道路，是时代赋予河南作为农业大省实现农业现代化的历史重任。

无论世事如何变迁，时代如何变化，在以城乡一体化推进为动力促进农业现代化的过程中，我们必须遵循自然规律、经济规律和农业发展规律，合理有效地投入现代农业生产所需的生产力要素，努力提高现代农业的劳动生产效率，力争能在较短的时间内，用较少的农业生产资源，获得更为丰富的农产品，满足人们日益增长的农业物质生活需要。这里一定要注意，是生产力诸要素的系统集成提升、同步推进，而不仅仅是某一要素的提升。如果过分或片面强调提高上述某一生产力要素的贡献率，那么是难以达到以城乡一体化为动力推进河南农业现代化建设目标的。在经济发展新常态下，河南农业将以速度变化、结构优化、动能转化为特征有力促进城乡一体化，把握农业现代化发展方向，遵循市场经济运行规律，顺时发力，顺势而为，扬长补短，抢占标准化、信息化、一体化、规模化、网络化的制高点，打通全面建成小康社会的前进通道；城乡一体化将以创新、协调、绿色、开放、共享为特征加快推进河南农业现代化，把握河南农业的特色发展，遵循城乡汇融演进规律，因事而谋，应势而动，取长补短，推动城乡政治、经济、思想、文化、教育全面融合，打开全面完成脱贫任务的攻坚闸门。这就需要河南全面推动区域农业发展转型，打造河南农业升级版，当好全国农业发展转型升级的排头兵和引领者，为建设美好河南、幸福河南、和谐河南提供动力，为实现中原崛起、国家中心城市建设贡献力量。

总之，推进城乡一体化建设对加快农业现代化建设具有非常重要的意义。河南农业要充分把握城乡一体化建设的有利契机，结合新的发展形势，破解农业发展难题，厚植农业发展优势，不断开创河南农业发展新境界。推进城乡一体化，加快农业现代化，全面建成小康社会，是经济发展新常态下的重要动力和全新目标。我们要不断深化对城乡一体化建设、农业现代化发展和全面建成小康社会的规律性认识，最大限度调动各方面农业生产主体的积极性、主动性和创造性，确保河南城乡一体化建设顺利推进，河南农业现代化早日实现，河南到2020年全面建成小康社会。

第六章
以创新构建河南新型工业化[*]

创新是现代经济发展的决定性因素,也是新型工业化建设中的关键因素。落后地区要赶超发达地区,要加快新型工业化步伐,必须大力实施创新驱动发展战略。创新同样是河南省各项事业发展的不竭动力,决定河南省新型工业化的发展历程。本章通过分析河南省创新与新型工业化的现状,并利用数据实证分析创新与新型工业化的关系,最后提出以创新构建河南新型工业化路径的相关建议。以创新构建河南新型工业化,需要积极响应国家号召,加强顶层设计,结合省情实施工业强基工程,强化"四基"建设,明确发展重点,大力支持战略性新兴产业发展,构建新型智能制造体系,从而促进河南新型工业化进程,促使河南由工业大省向工业强省转变。

第一节 河南创新与新型工业化现状分析

党的十六大报告中明确指出,所谓新型工业化,就是坚持以信息化带动工业化,以工业化促进信息化,科技含量高、经济效益好、资源消耗低、环境污染少、人力资源优势得到充分发挥的工业化。党的十六大提出的"走新型工业化道路"中的这个"新",是相对于传统工业化来讲的。

第一,新的要求和新的目标。新型工业化道路所追求的工业化,不是只讲工业增加值,而是要做到"科技含量高、经济效益好、资源消耗低、环

---

[*] 本章数据都是根据《河南统计年鉴》数据整理而成。

境污染少、人力资源优势得到充分发挥",并实现这几方面的兼顾和统一。

第二,新的物质技术基础。我国工业化的任务远未完成,但工业化必须建立在更先进的技术基础上。以信息化带动工业化,以工业化促进信息化,要把信息产业摆在优先发展的地位,将高新技术渗透到各个产业中去。

第三,新的处理各种关系的思路。要从我国生产力和科技发展水平不平衡、城乡简单劳动力大量富余、虚拟资本市场发育不完善且风险较大的国情出发,正确处理发展高新技术产业和传统产业、资金技术密集型产业和劳动密集型产业、虚拟经济和实体经济的关系。

第四,新的工业化战略。新要求和新技术基础,要求实施科教兴国和可持续发展战略。这就必须发挥科学技术是第一生产力的作用,依靠教育培育人才,使经济发展具有可持续性。

一 河南新型工业化现状分析

新型工业化道路是从中国国情和世界经济发展情况出发,既遵循工业化客观规律,又体现时代特点的工业化道路。第一,工业原材料等资源争夺战愈演愈烈,给企业生产中的经营决策提出难题。第二,市场消费需求向科技含量高、产品针对性强、节能环保方向发展。第三,伴随我国继续扩大内需、产业结构调整相关措施,国家逐步采取加快淘汰落后产能及对技术创新、新能源推广利用的鼓励、激励措施,积极加快工业结构调整,推进粗放式增长向集约型、特色化方向转变,更加关注工业经济发展对环境、资源的过度消耗,提倡绿色工业、低碳经济,实现人与自然和谐发展的改革目标。第四,河南经济的高增长主要是由高投入拉动的,GDP 随全社会固定资产投资的增长而增长,这种粗放型经济增长方式的弊端,随着经济结构中各种矛盾的加深,逐渐显现。

因此,河南省"十二五"规划中强调,人均资源少、经济增长长期粗放的河南,必须走新型工业化之路。然而,自 2005 年河南省跨入新型工业大省行列以来,工业对全省经济的发展起着至关重要的作用。但目前全省的工业发展还存在着增长方式粗放、资源依赖性强、科技投入不足、创新能力不强、高技术产业比重低等突出问题。

从企业层面来说,企业组织结构小型分散居多。河南工业发展仍然存在"小散乱"现象,缺乏具有核心竞争力的龙头企业。产业集群和特色产业园区发展不足,产业规模小,产业竞争优势和聚集效应不突出,工业产业集中度较低,资金和技术投入分散,资产负债率高,在生产、市场、研究与开发等方面难以形成规模经济优势。表 6-1 为河南省规模以上工业增加值的分组指数。从注册类型来说，除了联营企业呈不断降低趋势，其他类型企业都呈明显增长趋势，而私营企业增长最为迅猛；从控股类型来看，港澳台投资企业工业增加值比例最高，国有企业呈逐年降低趋势；从所有制类型来看，非公有制企业呈增长趋势，但两种所有制企业整体都呈逐年降低趋势；从轻重工业类型来看，重工业企业增长平稳，轻工业企业增长逐年降低；从企业规模来看，小型企业增长最为迅猛。

表 6-1 河南省规模以上工业增加值的分组指数

年份	2000	2005	2008	2009	2010	2012	2013	2014
指数	111.6	123.3	119.8	114.6	119.0	114.6	111.8	111.2
1. 按注册类型分								
内资企业	111.6	124.0	119.8	114.5	119.8	113.4	111.3	111.0
国有	114.6	109.5	110.2	110.0	115.5	105.5	106.6	103.1
集体	106.7	128.8	107.6	109.6	115.9	109.6	109.9	107.5
股份合作	111.1	130.3	120.3	105.5	122.2	107.5	109.7	105.3
联营	93.6	120.7	128.5	130.4	101.9	95.3	103.3	83.9
有限责任公司	108.3	119.9	119.6	114.1	120.5	114.2	114.0	112.9
股份有限公司	112.8	115.8	109.5	111.0	116.7	109.9	105.3	103.8
私营	122.2	148.5	128.9	117.5	121.6	116.3	111.7	111.9
其他	102.0	164.1	139.7	132.6	129.0	117.3	120.5	113.2
港澳台商投资	113.9	110.8	118.3	111.6	117.4	173.6	127.3	117.4
外商投资	106.4	115.2	119.3	110.7	118.0	104.1	108.5	109.0
2. 按控股类型分								
国有控股	—	—	111.6	106.4	113.6	104.3	105.3	100.4
集体控股	—	—	110.1	107.6	117.9	109.0	110.3	104.5
私人控股	—	—	125.8	119.5	121.5	117.0	113.2	114.1
港澳台控股	—	—	118.5	112.7	117.4	182.1	130.0	117.7
外商控股	—	—	120.4	110.8	110.7	103.5	106.6	105.0
3. 按所有制分								
公有制	—	114.0	111.3	106.6	115.3	105.2	106.1	101.2
非公有制	—	137.0	124.9	118.3	121.8	118.4	113.9	114.2

续表

年 份	2000	2005	2008	2009	2010	2012	2013	2014
指 数	111.6	123.3	119.8	114.6	119.0	114.6	111.8	111.2
4. 按轻重工业分								
轻工业	106.2	128.8	124.8	113.7	120.0	116.2	111.5	110.4
重工业	114.2	121.0	117.6	115.0	118.8	113.9	111.9	111.7
5. 按企业规模分								
大型企业	116.0	114.3	113.2	109.8	116.3	111.8	110.3	107.5
中型企业	103.0	112.5	119.5	116.7	118.7	112.2	111.6	110.4
小型企业	110.4	138.0	124.4	115.6	122.4	118.4	113.6	116.4

表6-2为2014年河南省分行业规模以上私营企业主要指标。从轻重工业来看，重工业在单位数、平均从业人数、增加值指数和资产总计指标上明显高于轻工业，因而主营业务收入和利润总额也显著高于轻工业；从企业规模来看，小型企业单位数最多，大型企业仅为168个，中型企业和小型企业的资产总计相差不大；从行业上来说，非金属矿物制品业企业数最多，从业人数也最多，该行业的资产总计、主营业务收入和利润总额也最大，另外，农副食品加工业和化学原料及化学制品制造业资产规模也较大。

表6-2　2014年河南省分行业规模以上私营企业主要指标

行 业	单位数（个）	平均从业人员（万人）	增加值指数	资产总计（亿元）	主营业务收入（亿元）	利润总额（亿元）
按轻重工业分						
轻工业	4242	100.74	109.8	5310.30	9044.13	843.20
重工业	6423	127.33	113.1	8899.70	15412.00	1356.54
按企业规模分						
大型企业	168	33.63	112.2	2145.01	3482.41	262.68
中型企业	2063	96.26	112.2	5251.09	9472.43	852.92
小型企业	8036	97.76	113.2	6602.39	11302.81	1065.33
按行业分						
煤炭开采和洗选业	121	2.97	113.9	198.49	351.29	34.21
石油和天然气开采业						
黑色金属矿采选业	84	0.87	109.9	93.87	108.43	8.76

续表

行　业	单位数（个）	平均从业人员（万人）	增加值指数	资产总计（亿元）	主营业务收入（亿元）	利润总额（亿元）
有色金属矿采选业	147	3.05	110.6	262.70	500.44	51.82
非金属矿采选业	209	2.57	101.0	205.04	316.89	36.11
开采辅助活动	1	0.03	131.2	2.29	4.44	0.71
其他采矿业						
农副食品加工业	1213	21.01	107.0	1322.76	2444.59	205.54
食品制造业	400	9.26	117.1	391.30	705.82	69.71
酒、饮料和精制茶制造业	238	4.45	115.9	302.76	487.13	49.88
烟草制品业						
纺织业	487	16.03	107.2	737.01	1177.14	104.33
纺织服装服饰业	248	7.85	114.6	277.84	409.59	35.80
皮革、毛皮、羽毛及其制品和制鞋业	246	6.84	99.4	338.00	516.36	55.89
木材加工及木、竹、藤、棕、草制品业	351	7.06	107.7	295.13	519.07	50.37
家具制造业	203	4.18	117.1	225.53	350.54	39.92
造纸及纸制品业	167	4.41	100.9	246.44	419.43	37.01
印刷和记录媒介的复制业	136	2.82	121.2	139.24	198.06	18.27
文教、工美、体育和娱乐用品制造业	187	4.18	115.6	161.52	314.65	29.93
石油加工、炼焦及核燃料加工业	40	1.62	107.7	210.33	451.51	38.93
化学原料及化学制品制造业	589	11.88	117.9	1096.17	1459.93	129.22
医药制造业	174	5.49	118.7	415.08	516.43	49.64
化学纤维制造业	16	0.33	128.9	19.52	29.25	2.83
橡胶和塑料制品业	350	6.28	115.5	404.83	731.51	75.05
非金属矿物制品业	1915	34.98	111.0	2236.46	3918.49	386.15
黑色金属冶炼及压延加工业	365	7.58	104.8	818.34	1549.00	107.41
有色金属冶炼及压延加工业	228	5.64	126.5	722.04	1285.75	78.24
金属制品业	459	8.62	115.8	524.08	900.18	75.72
通用设备制造业	555	10.71	110.1	565.09	1098.60	98.26
专用设备制造业	538	11.41	117.3	593.59	1089.12	96.42
汽车制造业	274	6.90	117.7	367.90	678.86	63.20
铁路、船舶、航空航天和其他运输设备制造业	133	4.43	111.1	247.34	486.22	49.91

续表

行　业	单位数（个）	平均从业人员（万人）	增加值指数	资产总计（亿元）	主营业务收入（亿元）	利润总额（亿元）
电气机械及器材制造业	330	7.94	117.2	514.88	1036.06	85.34
计算机、通信和其他电子设备制造业	105	3.72	139.9	130.78	183.72	16.39
仪器仪表制造业	84	2.06	122.9	78.94	141.16	12.46
其他制造业	20	0.25	66.4	11.25	21.08	1.82
废弃资源综合利用业	23	0.23	91.2	23.92	32.63	3.11
金属制品、机械和设备修理业	1	0.01	126.7	0.86	0.65	0.03
电力、热力的生产和供应业	13	0.21	126.3	20.67	9.45	0.34
燃气生产和供应业	5	0.05	113.0	4.70	5.40	0.38
水的生产和供应业	10	0.14	111.3	3.32	7.28	0.59
总　计	10665	228.06	111.9	14209.99	24456.13	2199.74

河南工业一直以能源、原材料等重工业为主，制造业发展明显滞后。资源浪费现象严重，企业中间消耗过大，产出能力较低，经济效益提高缓慢，改造和提升传统产业的任务艰巨，经济结构不够合理，尤其是高新技术产业所占比重较低、产业层次不高。河南工业以劳动密集型为主，主要产业技术装备水平低，科技投入不足，自主创新能力不强。以企业为主体的自主创新体系尚未完全建立，相当一部分重点企业还没有建立研发中心，原始创新、集成创新和消化吸收再创新的能力较弱。表6-3为河南省规模以上能源原材料工业增加值结构。从整体来看，2008~2014年能源原材料工业占规模以上工业增加值比重逐年降低（2012年除外）。在这些能源原材料工业中，非金属矿物制品业所占的比重最大，而且呈逐年增长趋势（2011年和2013年除外）。此外，有色金属冶炼和压延加工业，煤炭开采和洗选业，电力、热力生产和供应业，黑色金属冶炼和压延加工业所占比例也较高。

表6-3　河南省规模以上能源原材料工业增加值结构

行　业	2008年	2009年	2010年	2011年	2012年	2013年	2014年
能源原材料工业占规模以上工业增加值比重（%）	55.1	52.5	51.5	50.2	50.3	47.0	44.2
煤炭开采和洗选业	9.2	9.5	9.9	9.6	8.0	6.4	5.3

续表

行 业	2008年	2009年	2010年	2011年	2012年	2013年	2014年
石油和天然气开采业	2.3	1.4	1.1	1.4	1.0	0.8	0.7
黑色金属矿采选业	0.5	0.4	0.6	0.5	0.5	0.4	0.4
有色金属矿采选业	3.2	2.9	3.4	3.2	3.3	2.9	2.4
非金属矿采选业	1.1	0.9	0.9	0.9	0.9	0.9	0.8
石油加工、炼焦和核燃料加工业	2.4	2.3	2.8	2.2	1.9	1.6	1.3
化学原料和化学制品制造业	5.1	4.7	5.1	5.0	5.1	4.9	4.9
橡胶和塑料制品业	2.1	2.2	2.4	2.1	2.3	2.5	2.6
非金属矿物制品业	10.6	12.2	12.7	12.4	12.9	12.9	13.1
黑色金属冶炼和压延加工业	7.0	5.6	5.1	4.4	5.5	5.5	5.1
有色金属冶炼和压延加工业	6.4	5.4	5.4	5.5	4.5	4.0	3.5
废弃资源综合利用业	0.1	0.1	0.1	0.2	0.2	0.2	0.2
电力、热力生产和供应业	6.1	5.8	3.0	3.9	3.9	3.6	3.4
燃气生产和供应业	0.2	0.2	0.3	0.3	0.3	0.3	0.3
水的生产和供应业	0.1	0.1	0.1	0.1	0.1	0.1	0.1

表6-4为2014年河南省规模以上高成长性制造业、传统支柱产业和六大高载能行业情况。传统支柱产业增加值占比较高，高成长性制造业单位数最高，增加值占比也较高。但是，高技术产业单位数最低，增加值占比也较低，但增加值指数最高。可以看出，尽管高技术产业呈快速增长态势，但发展仍然存在很大不足。

表6-4 2014年河南省规模以上高成长性制造业、传统支柱产业和六大高载能行业情况

行 业	单位数（个）	增加值占比（%）	增加值指数（上年=100）
高成长性制造业	10024	45.0	113.8
电子信息产业	262	3.7	129.7
装备制造业	3652	15.1	115.7
汽车及零部件产业	592	3.5	116.0
食品产业	3219	15.7	108.9
现代家居产业	1291	3.8	109.2
服装服饰	1008	3.3	115.8
传统支柱产业	8993	47.6	109.2

续表

行　业	单位数（个）	增加值占比（%）	增加值指数（上年=100）
冶金工业	1103	8.6	111.1
建材工业	3229	12.6	112.0
化学工业	1446	6.9	112.4
轻纺工业	2610	9.8	109.6
能源工业	605	9.7	102.6
六大高载能行业	6189	35.3	109.7
煤炭开采和洗选业	311	5.3	107.2
化学原料及化学制品制造业	1195	4.9	116.5
非金属矿物制品业	3342	13.1	111.7
黑色金属冶炼及压延加工业	618	5.1	108.6
有色金属冶炼及压延加工业	485	3.5	114.8
电力、热力的生产和供应业	238	3.4	95.6
高技术产业	898	7.6	122.6
医药制造业	400	2.5	115.2
航空、航天器及设备制造业	1	0.0	131.9
电子及通信设备制造业	241	3.8	128.9
计算机及办公设备制造业	31	0.2	133.3
医疗仪器设备及仪器仪表制造业	206	0.9	113.2
信息化学品制造业	19	0.1	98.4

表6-5为河南省各市（县）规模以上私营工业企业主要经济效益指标。从总资产贡献率来看，郑州市、开封市、平顶山市、安阳市、焦作市、濮阳市、许昌市、漯河市、周口市和驻马店市比例较高，均在20%以上，其中濮阳市最高，高达31%。除鹿邑县和邓州市两个县（市）低于20%以外，其他县均高于20%。从资产负债率看，济源市和长垣县分别为市（县）最高。从全员劳动生产率来看，济源市和汝州市分别为市（县）最高。

从河南新型工业化的现状可以看出，要构建结构优化、技术先进、清洁安全、附加值高、吸纳就业能力强的现代产业体系，优化结构是第一要务，是当前和今后相当一段时期内的主攻方向。

表6-5　河南省各市（县）规模以上私营工业企业主要经济效益指标

市（县）	总资产贡献率（%）	成本费用利润率（%）	资产负债率（%）	产品销售率（%）	全员劳动生产率（元/人年）
省辖市					
郑州市	27.2	14.5	32.5	98.5	335782
开封市	23.2	12.0	14.5	99.5	134276
洛阳市	15.2	6.6	36.5	98.5	292817
平顶山市	25.0	14.5	22.8	97.3	383642
安阳市	23.5	10.0	43.0	98.4	282776
鹤壁市	17.4	9.6	22.3	96.9	322674
新乡市	15.1	6.8	44.1	98.0	210260
焦作市	25.3	10.6	22.7	99.9	354898
濮阳市	31.0	12.1	12.4	98.5	389205
许昌市	22.9	10.1	18.1	97.8	307042
漯河市	22.5	12.0	21.7	98.4	201832
三门峡市	19.7	9.6	37.0	98.3	308690
南阳市	14.0	7.2	38.0	97.9	207240
商丘市	18.3	8.1	35.7	98.2	183659
信阳市	16.9	7.5	30.4	98.6	151080
周口市	24.9	14.5	21.4	101.3	221733
驻马店市	21.7	10.1	13.0	98.2	175793
济源市	19.8	6.2	48.6	97.7	474359
省直管县					
巩义市	31.0	8.9	32.7	97.9	429187
兰考县	23.4	17.5	13.3	98.6	111662
汝州市	25.8	8.3	49.6	95.4	655128
滑　县	20.0	11.8	18.8	98.4	265441
长垣县	27.5	9.9	52.3	100.0	252632
邓州市	11.5	5.0	51.1	97.6	305660
永城市	20.0	4.6	28.7	97.3	403922
固始县	23.8	8.0	4.9	100.0	140000
鹿邑县	13.2	20.7	47.2	93.7	286667
新蔡县	23.4	10.4	20.1	99.3	131200
全　省	21.5	10.0	28.5	98.5	252906

二 河南科技创新的现状分析

河南省科技创新能力自改革开放以来,已经得到了很大提高,但与我国发达地区相比,还存在一定的差距。而随着经济全球化的发展,河南省将在更大范围内与科技能力较强的地区直接竞争。因此,加快河南省科技创新能力建设,提高科技创新水平,是河南省加快经济发展、推动产业结构升级、实现经济发展方式转变、提高区域竞争力的根本出路。

表6-6为河南省研究与试验发展(R&D)主要指标。可以看出,2000~2014年河南省研发单位数、人员和经费支出都呈显著增长趋势。

表6-6 河南省研究与试验发展(R&D)主要指标

年 份	单位数 (个)	人员 (个)	人员折合 全时当量 (人年)	经费内 部支出 (万元)	经费外 部支出 (万元)	项目数 (项)	机构数 (个)
2000	1017	—	34629	248024	15050	7904	1331
2001	985	—	36138	283091	24064	8100	1122
2002	982	—	41492	293151	31148	8470	1151
2003	989	—	40742	341910	24664	9293	1173
2004	1090	—	38250	423560	24573	12105	1423
2005	1107	—	50888	556090	39913	16069	1498
2006	1109	—	58716	798414	47729	18904	1432
2007	1169	—	64888	1011302	59761	24395	1531
2008	1286	—	72830	1240890	55061	27349	1727
2009	1636	—	92571	1747599	96107	22347	1821
2010	1555	144408	101668	2113773	89253	24050	1798
2011	1585	167386	118266	2644922	109950	28422	1817
2012	1720	185116	128323	3107803	124399	30319	1870
2013	2051	216269	152541	3553486	109470	33015	2064
2014	2473	232105	161441	4000099	91021	36449	2203

表6-7为河南省专利申请受理量和授权量。首先,从申请量来看,专利申请量增加迅猛,2005年发明专利最少,近几年外观设计数目最少,而实用新型一直占较大比例,就申请的主体来说,工矿企业最多,其次为个人。其次,从授权量来看,发明、外观设计和实用新型的比例结构与申

请量差别不大,但实用新型明显占较大比重,就申请主体来看,仍然是工矿企业最多,个人次之。

表6-7 河南省专利申请受理量和授权量

项 目	2005年	2010年	2011年	2012年	2013年	2014年
发明	1703	6408	8833	10910	15580	19646
实用新型	4594	13856	19120	23594	29420	30716
外观设计	2684	4885	6123	8938	10920	12072
在三种专利申请受理量中						
个人	5955	9528	11155	14468	18500	18689
大专院校	311	1387	2228	2470	4254	6336
科研单位	166	578	824	1122	983	1062
工矿企业	2534	13449	19402	24670	30887	34695
机关团体	15	207	467	712	1296	1652
申请量合计	8981	25149	34076	43442	55920	62434
发明	356	1498	2462	3168	3173	3493
实用新型	2304	11048	13032	18739	21153	23539
外观设计	1088	3993	3765	4926	5156	6334
在三种专利授权量中						
个人	2535	6395	6185	7742	8529	8405
大专院校	65	630	860	1708	2108	3412
科研单位	60	410	469	534	398	454
工矿企业	1076	9043	11531	16469	18057	20509
机关团体	12	61	214	380	390	586
发明专利拥有量	—	4501	6129	8683	11249	13535
授权量合计	3748	16539	19259	26833	29482	33366

表6-8为2014年河南省各市规模以上工业企业研究与试验发展(R&D)活动情况。整体来看,郑州市、洛阳市、平顶山市、新乡市、许昌市和南阳市在研发投入方面比例较大,而从研发产出方面来看,郑州市和洛阳市最为突出。

表6-8 2014年河南省各市规模以上工业企业研究与试验发展（R&D）活动情况

市（县）	R&D人员合计（人）	R&D经费内部支出（万元）	R&D经费外部支出合计（万元）	项目数（项）	项目经费支出合计（万元）	新产品产值（万元）	新产品销售收入（万元）	企业办科技机构（个）	专利申请数（项）	有效发明专利数（项）
省辖市										
郑州市	39905	808561	17407	2505	703936	2903292	2790098	370	5800	2720
开封市	6508	156201	618	438	145848	1024825	1073340	77	379	117
洛阳市	17914	337042	6679	1175	305110	2927049	3150934	86	2298	1557
平顶山市	11020	240627	10272	582	224864	1824695	1666496	73	701	351
安阳市	10499	157680	6060	383	143609	1768840	1761988	54	358	241
鹤壁市	1361	28527	1122	112	25391	471677	415746	29	132	44
新乡市	14342	284363	6131	844	257468	3233340	3139395	162	1262	577
焦作市	14444	228678	5854	581	205565	2679350	2557273	145	788	485
濮阳市	7244	100664	3460	405	82318	566759	444122	81	787	380
许昌市	13680	325359	7744	541	281977	3592048	2913418	98	1513	583
漯河市	3404	59978	359	188	53152	829169	788237	57	230	105
三门峡市	5298	74607	1309	330	66317	225025	213673	50	333	100
南阳市	16021	239350	5334	877	206221	2646683	2419400	122	984	691
商丘市	6849	86078	2464	239	71674	272838	256295	74	248	118
信阳市	2701	50116	1551	144	39629	320257	313117	44	116	45
周口市	4682	54405	3940	94	47076	551325	460835	54	208	180
驻马店市	3408	57085	2666	190	47802	822336	784246	87	167	109
济源市	2657	82991	343	161	76947	1445697	1430003	24	201	94
省直管县										
巩义市	2547	64520	293	128	63050	372048	364521	27	142	136
兰考县	993	20288	94	49	19086	53535	51698	4	37	1
汝州市	954	13525	986	63	12086	76350	73973	17	186	79
滑县	375	2287	—	5	1891	78476	78476	7	36	44
长垣县	1931	51863	—	127	45643	608159	585860	13	191	29
邓州市	340	5301	250	19	4203	8403	8323	1	26	16

续表

市（县）	R&D人员合计（人）	R&D经费内部支出（万元）	R&D经费外部支出合计（万元）	项目数（项）	项目经费支出合计（万元）	新产品产值（万元）	新产品销售收入（万元）	企业办科技机构（个）	专利申请数（项）	有效发明专利数（项）
永城市	3499	32280	1335	103	28053	6244	5688	16	116	46
固始县	251	2023	—	15	1734	17302	17302	2	3	1
鹿邑县	543	6464	19	4	5520	—	—	3	29	1
新蔡县	201	2778	—	13	1711	27071	27006	9	4	3
全省	181937	3372310	83313	9789	2984905	5423483	51689500	1687	16505	8497

表6-9为河南省软科学基本情况。近年来，河南省软科学实力明显有所增长，但在成果和国际合作方面仍然表现不足。

表6-9 河南省软科学基本情况

项　目	2013年	2014年
完成软科学课题（项）	858	1050
正在进行的软科学课题（项）	1000	1200
投入软科学研究经费（万元）	340	340
投入软科学研究人力（人/年）	7000	7000
发表科学论文（篇）	1000	1000
国外发表	20	20
获奖成果（项）	10	10
开展国际合作项目（项）	10	10
参加人数（人）	100	100
出席国际会议或出国考察（项）	10	10
参加人数（人）	100	100

第二节　河南创新和新型工业化的实证分析

通过查阅《河南统计年鉴》，本书搜集2008~2014年原始数据，并利用不同年份数据进行整合,最终得到 2000~2014 年时间序列数据。《河南统计年鉴》是一部全面反映河南省经济和社会发展情况的资料性年刊,收录了全省和各市(县)以及重要历史年份的经济和社会各方面大量的统计数据,并收录了全国及各省区市主要统计数据。全书内容分为 30 个部分,即行政区划和自然资源、国民经济核算、人口、从业人员和职工工资、固定资产投资、对外贸易和旅游、能源、财政、物价、人民生活、城市概况、农业、工业、建筑业、交通运输、仓储、邮政业、信息传输、软件和信息技术服务业、批发和零售业、住宿和餐饮业、金融业、房地产业、租赁和商务服务业、科技、水利、环境和公共设施管理业、居民服务、修理和其他服务业、教育、卫生和社会工作、文化、体育和娱乐业、公共管理、社会保障和社会组织、各县(市、区)主要统计指标、全国及各省区市主要统计指标。这些数据为检验科技创新与新型工业化的关系提供了良好的样本。

一 变量设计

根据党的十六大提出的新型工业化道路的内涵,本章选取工业化进程、能源消耗指标、信息化指标和经济效益指标四个维度。工业化进程利用人均 GDP(元/人)来计算;能源消耗指标利用单位 GDP 能耗(吨标准煤/万元)来表示;信息化指标利用人均邮电业务量(元/人)来表示;经济效益指标利用工业增加值指数(%)来表示。

对于科技创新,本章选取申请专利总量、研发经费支出、研发项目数三个指标来计算。此外,还选取了生产总值、就业水平、物价水平、人力资源水平、社会固定资产和外资参与水平作为控制变量。具体计算方法如表 6-10 所示。

表 6-10 变量及其计算方法

变量类型	变量名称	变量符号	计算方法
因变量	工业化进程指标	$NTI\_process$	人均 GDP(元/人)
	能源消耗指标	NTI_energy	单位 GDP 能耗(吨标准煤/万元)
	信息化指标	NTI_infor	人均邮电业务量(元/人)
	经济效益指标	$NTI\_economy$	工业增加值指数(%)

续表

变量类型	变量名称	变量符号	计算方法
自变量	申请专利总量	INN_patent	发明、实用新型和外观设计专利申请总量
	研发经费支出	INN_rad	研发经费内部支出与外部支出之和
	研发项目数	INN_project	研发项目总数
控制变量	生产总值	GDP	省内规模以上企业生产总值（亿元）
	就业水平	Human	平均从业人员（万人）
	物价水平	Consume	居民消费者指数
	人力资源水平	People	省内人口总数
	社会固定资产	Asset	全社会固定资产投资总额
	外资参与水平	Foreign	实际利用外资额（万美元）

二 模型设定与计量方法

基于本书所检验科技创新与新型工业化的关系，并控制了其他可能产生影响的变量，本章构建基础模型如公式（1）所示，公式（2）至公式（5）分别是针对工业化进程、能源消耗指标、信息化指标和经济效益指标四个维度的新型工业化指标构建的模型。

$$NTI = \beta_0 + \beta_1 INN + \sum_{k=2}^{7} \beta_k CV_k + \varepsilon \tag{1}$$

$$NTI_{process} = \beta_0 + \beta_1 INN_{patent} + \beta_2 INN_{rad} + \beta_3 INN_{project} + \sum_{k=4}^{9} \beta_k CV_k + \varepsilon \tag{2}$$

$$NTI_{energy} = \beta_0 + \beta_1 INN_{patent} + \beta_2 INN_{rad} + \beta_3 INN_{project} + \sum_{k=4}^{9} \beta_k CV_k + \varepsilon \tag{3}$$

$$NTI_{infor} = \beta_0 + \beta_1 INN_{patent} + \beta_2 INN_{rad} + \beta_3 INN_{project} + \sum_{k=4}^{9} \beta_k CV_k + \varepsilon \tag{4}$$

$$NTI_{economy} = \beta_0 + \beta_1 INN_{patent} + \beta_2 INN_{rad} + \beta_3 INN_{project} + \sum_{k=4}^{9} \beta_k CV_k + \varepsilon \tag{5}$$

三 回归结果与讨论

用 STATA Version 13.1 对数据进行处理和分析，各变量的相关系数如表 6-11 所示。可以看出新型工业化指标与科技创新具有明显的相关关系。

各变量之间的描述性统计情况如表 6-12 所示。

表6-11 各变量相关系数矩阵

变量	1	2	3	4	5	6	7	8	9	10	11	12	13
$NTI\_process$	1.00	0.97	0.74	-0.08	1.00	1.00	0.97	1.00	0.94	0.48	1.00	1.00	0.99
NTI_energy	0.94	1.00	0.69	-0.01	0.97	0.97	0.94	0.97	0.91	0.52	0.97	0.97	0.96
NTI_infor	0.61	0.73	1.00	0.19	0.74	0.74	0.78	0.74	0.68	0.36	0.74	0.74	0.73
$NTI\_economy$	-0.23	0.06	0.14	1.00	-0.08	-0.08	0.00	-0.08	-0.26	0.50	-0.08	-0.08	-0.08
INN_rad	0.99	0.88	0.53	-0.34	1.00	1.00	0.97	1.00	0.94	0.48	1.00	1.00	0.99
INN_patent	0.97	0.83	0.51	-0.36	0.99	1.00	0.97	1.00	0.94	0.48	1.00	1.00	0.99
$INN\_project$	0.96	0.96	0.75	-0.07	0.92	0.91	1.00	0.91	0.91	0.58	0.97	0.97	0.96
GDP	1.00	0.94	0.61	-0.23	0.99	0.97	0.96	1.00	0.94	0.48	1.00	1.00	0.99
$Human$	0.98	0.85	0.49	-0.39	1.00	0.99	0.90	0.98	1.00	0.36	0.94	0.94	0.95
$Consume$	0.30	0.45	0.32	0.56	0.20	0.20	0.44	0.30	0.16	1.00	0.48	0.48	0.46
$People$	0.98	0.92	0.48	-0.19	0.97	0.94	0.91	0.98	0.96	0.31	1.00	1.00	0.99
$Asset$	0.99	0.88	0.59	-0.34	0.99	0.99	0.93	0.99	0.99	0.20	0.95	1.00	0.99
$Foreign$	0.98	0.85	0.48	-0.36	0.99	0.99	0.91	0.98	1.00	0.21	0.96	0.99	1.00

表6-12 样本变量的描述性统计

变量	Obs	Mean	Std. Dev.	Min	Max
$NTI\_process$	15	18045	10918	5449.7	37072
NTI_energy	15	16622	5688.4	7919	23647
NTI_infor	15	6E+06	4E+06	1E+06	1.3E+07
$NTI\_economy$	15	117.37	5.0851	109.8	124.2
INN_rad	15	2E+06	1E+06	263074	4E+06
INN_patent	15	21271	19313	3818	62434
$INN\_project$	15	20479	9723.5	7904	36449
GDP	15	16950	10314	5053	34938
$Human$	15	434.53	121.71	317.32	678.9
$Consume$	15	102.57	2.3912	99.2	107
$People$	15	10008	417.1	9488	10662
$Asset$	15	10869	9526.4	1475.7	30782
$Foreign$	15	497221	518129	35861	1E+06

表6-13为工业化进程与科技创新回归结果。可以看出，以能源消耗指标为新型工业化指标的话，研发经费和项目对工业化进程并没有表现出显著

的正向促进作用,而专利对工业化进程有显著的提升作用。

表6-13 工业化进程与科技创新回归结果

变　量	(1) NTI_process	(2) NTI_process	(3) NTI_process	(4) NTI_process
GDP	1.066***	1.068***	1.033***	1.076***
	(0.01)	(0.01)	(0.02)	(0.03)
Human	-0.197	-0.565	-0.601	-0.233
	(0.79)	(0.86)	(0.94)	(0.88)
Consume	-1.163	6.458	5.605	-0.019
	(5.73)	(4.79)	(5.64)	(6.59)
People	0.146	-0.204*	0.054	0.013
	(0.13)	(0.11)	(0.16)	(0.23)
Asset	0.005	-0.039**	-0.014	-0.011
	(0.01)	(0.01)	(0.01)	(0.02)
Foreign	0.001***	0.000**	0.001***	0.001**
	(0.00)	(0.00)	(0.00)	(0.00)
INN_rad	-0.000**	—	—	-0.000*
	(0.00)			(0.00)
INN_patent	—	0.010*	—	0.005*
		(0.00)		(0.01)
INN_project	—	—	0.010	-0.002
			(0.01)	(0.01)
_cons	-1.0e+03	1549.204	-712.015	62.744
	(1142.57)	(1168.89)	(1437.47)	(1987.14)
N	15	15	15	15
R^2	1.000	1.000	1.000	1.000
F	5.1e+05	4.1e+05	3.4e+05	3.2e+05

注:括号内的数值为标准差,* $p<0.1$,** $p<0.05$,*** $p<0.01$。

表6-14为能源消耗指标与科技创新回归结果。可以看出以能源消耗为新型工业化指标的话,研发经费和专利对工业化进程表现出显著的负向相关关系,这说明科技创新能够显著地降低能源消耗,但研发项目并没有表现出显著的积极作用。

表 6-14 能源消耗指标与科技创新回归结果

变量	(1) NTI_energy	(2) NTI_energy	(3) NTI_energy	(4) NTI_energy
GDP	1.824***	1.651***	1.778***	1.134
	(0.31)	(0.33)	(0.46)	(1.00)
Human	-32.917	-35.742	-33.218	-31.867
	(29.37)	(27.46)	(28.52)	(31.27)
Consume	-130.033***	-74.831***	-126.210***	-181.214***
	(213.68)	(153.24)	(171.23)	(232.95)
People	-3.403	-2.913	-3.380	3.603
	(5.02)	(3.39)	(4.79)	(8.24)
Asset	-0.646	-0.404	-0.665*	0.149
	(0.40)	(0.44)	(0.29)	(0.87)
Foreign	-0.003*	-0.001*	-0.003*	0.006*
	(0.01)	(0.01)	(0.01)	(0.01)
INN_rad	-0.000*	—	—	-0.004*
	(0.01)			(0.01)
INN_patent	—	-0.107**	—	-0.263**
		(0.14)		(0.23)
INN_project	—	—	0.016	0.173
			(0.18)	(0.30)
_cons	5.7e+04	4.8e+04	5.6e+04	-2.9e+03
	(42638.47)	(37429.55)	(43658.35)	(70265.83)
N	15	15	15	15
R^2	0.990	0.991	0.990	0.992
F	98.747	106.710	98.780	68.843

注：括号内的数值为标准差，* $p<0.1$，** $p<0.05$，*** $p<0.01$。

表 6-15 为信息化指标与科技创新回归结果。可以看出，以信息化为新型工业化指标的话，研发经费和项目对工业化进程表现出显著的正向相关关系，这说明科技创新能够显著地提升工业信息化水平，但专利对信息化并没有表现出显著的积极作用。

表6-15 信息化指标与科技创新回归结果

变量	(1) NTI_infor	(2) NTI_infor	(3) NTI_infor	(4) NTI_infor
GDP	1602.930***	1496.119***	1758.591***	1090.338
	(217.84)	(225.70)	(331.59)	(706.65)
Human	-6.4e+04**	-6.3e+04**	-6.2e+04**	-6.3e+04**
	(20748.72)	(18812.51)	(20480.81)	(22161.70)
Consume	-4.6e+04	-6.2e+04	-8.9e+04	-8.0e+04
	(1.5e+05)	(1.0e+05)	(1.2e+05)	(1.7e+05)
People	-2.1e+04***	-1.9e+04***	-2.0e+04***	-1.6e+04***
	(3548.83)	(2321.66)	(3437.66)	(5842.28)
Asset	414.535	813.078**	523.455**	954.494
	(279.92)	(304.22)	(205.08)	(618.23)
Foreign	-11.082*	-6.927	-9.508**	-5.506
	(4.81)	(4.03)	(3.85)	(7.72)
INN_rad	2.745***	—	—	0.863***
	(4.72)			(7.37)
INN_patent	—	-116.299*	—	-182.808*
		(97.50)		(166.38)
INN_project	—	—	40.745**	132.111**
			(127.17)	(212.39)
_cons	2.2e+08***	2.0e+08***	2.2e+08***	1.8e+08**
	(3.0e+07)	(2.6e+07)	(3.1e+07)	(5.0e+07)
N	15	15	15	15
R^2	0.987	0.989	0.987	0.990
F	76.122	87.515	73.642	52.740

注：括号内的数值为标准差，* $p<0.1$，** $p<0.05$，*** $p<0.01$。

表6-16为经济效益指标与科技创新回归结果。可以看出，以经济效益为新型工业化指标的话，专利和研发项目对工业化进程表现出显著的正向相关关系，这说明科技创新能够显著地提升工业企业的绩效水平，但研发投入对经济效益并没有表现出显著的积极作用。

表6-16 经济效益指标与科技创新回归结果

变量	(1) NTI_ economy	(2) NTI_ economy	(3) NTI_ economy	(4) NTI_ economy
GDP	0.002***	0.001***	-0.001***	-0.001***
	(0.00)	(0.00)	(0.00)	(0.00)
Human	-0.104	-0.141	-0.134	-0.107
	(0.12)	(0.13)	(0.12)	(0.13)
Consume	-0.465*	0.301*	0.004*	-0.511*
	(0.84)	(0.70)	(0.69)	(0.98)
People	0.035	0.009	0.031	0.050
	(0.02)	(0.02)	(0.02)	(0.03)
Asset	0.002**	-0.001**	0.000**	0.003**
	(0.00)	(0.00)	(0.00)	(0.00)
Foreign	0.000***	-0.000***	0.000***	0.000***
	(0.00)	(0.00)	(0.00)	(0.00)
INN_ rad	-0.000**	—	—	-0.000**
	(0.00)			(0.00)
INN_ patent	—	0.000*	—	0.000*
		(0.00)		(0.00)
INN_ project	—	—	0.001*	0.001*
			(0.00)	(0.00)
_ cons	-143.747	39.667	-141.219	-275.706
	(167.24)	(171.36)	(176.69)	(296.59)
N	15	15	15	15
R^2	0.807	0.756	0.795	0.822
F	4.181	3.106	3.868	2.557

注:括号内的数值为标准差,* $p<0.1$,** $p<0.05$,*** $p<0.01$。

第三节 以创新构建河南新型工业化的路径

针对河南新型工业化发展过程中存在的问题,本章建议从以下几个方面依靠创新构建河南新型工业化路径。

一 提高工业创新能力

强化企业创新主体地位，完善以企业为主体、市场为导向、政产学研用相结合的制造业创新体系。围绕产业链部署创新链，围绕创新链配置资源链，打造先进制造能力。

（一）加强关键核心技术研发

瞄准制造业转型升级战略需求和未来产业发展制高点，实施高端装备创新工程，定期研究和发布制造业重点领域技术路线图，以企业主体和产业发展组织实施技术创新。建立政产学研用协同创新的新机制新模式，发挥行业骨干企业的主导作用和高等院校、科研院所的基础作用，在新一代信息技术、数控机床和机器人、输变电装备、轨道交通、生物医药、冷链食品等重点领域组建10个左右产业创新联盟，滚动实施一批重大科技专项，集中突破一批关键共性技术。运用财政后补助、间接投入等方式，支持龙头企业和行业领军企业围绕制造业重大共性需求和关键技术开展研发创新，形成一批可复制、可推广的行业性整体解决方案，带动具有核心技术和较强创新能力的中小微企业成长。

（二）推进科技成果产业化

完善科技成果转化运行机制，研究制定促进科技成果转化和产业化的指导意见，建立完善科技成果信息发布和共享平台，健全技术转移和产业化服务体系。每年组织企业筛选百项共性关键技术公开招标，与科研院所和高等院校深度对接，建立技术人员到企业兼职制度。完善科技成果转化协同推进机制，鼓励企业和社会资本参与，在科研院所和高等院校建立一批从事技术集成、成果熟化和工程化等的中试孵化基地。以培育市场支持终端用户为主要环节，以重大建设项目和应用示范工程为主要依托，加强新技术新产品推广应用。强化知识产权运用，完善专利申请、扶持和保护政策，推动市场主体开展知识产权协同运用，引导知识产权优势企业实施专利导航，通过专利评估、收购、转让交易，促进专利技术的转移转化。

（三）完善制造业创新体系

实施大型企业研发机构全覆盖行动，支持工业骨干企业创建省级以上企业技术中心、重点（工程）实验室、工程（技术）研究中心、工业设计中心等创新平台，全面落实国家鼓励企业科技创新相关政策。依托省内重点科研院所、龙头骨干企业，改建或新组一批以共性关键技术研究为主要任务的省级制造业创新中心，积极创建国家制造业创新中心。建设重点领域制造业工程数据中心，为企业提供创新知识和工程数据的开放共享服务。支持高等院校围绕制造业发展重大需求和关键共性技术，建设国家级、省级协同创新中心。培育市场化新型研发组织、研发中介和研发服务外包新业态，建设一批制造业创新公共服务平台，开展检验检测、技术评价、技术交易、质量认证、人才培训等专业化服务。培育制造业众创空间，鼓励"众筹众包众创众扶"的融资模式和生产方式，为处于初创期和成长期的制造企业提供低成本、便利化、全要素的创业服务环境。

二　推进"互联网+工业化"行动

围绕制造业数字化、网络化、智能化，编制信息化中长期发展规划，明确智能制造发展目标、重点任务和重大布局，建立完善智能制造和两化融合管理标准体系，加强智能制造工业控制系统网络安全保障能力，发展基于互联网的协同制造新模式。

（一）推动行业智能化应用

实施两化深度融合专项行动，全面推广"数控一代"，促进数控技术和智能装备在工业领域的广泛应用。加快集散控制、制造执行等技术在原材料企业的集成应用，加快精益生产、敏捷制造、虚拟制造等在装备制造企业的普及推广，加大运用数字化、自动化技术改造提升消费品企业信息化水平。促进民用爆炸物品、危险化学品、食品、印染、稀土、农药等重点行业智能检测监管体系建设，推动机械、航空、船舶、汽车、轻工、纺织、食品、电子等行业成套设备及生产系统智能化改造，推动人工转机械、机械转自动、单台转成套、数字转智能。制定产业集聚区信息化建设规范，开展区域两化融合发展水平评估。

（二）推进企业智能化升级

深化自主可控信息技术在制造企业中的集成应用，在重点领域培育建设一批智能工厂、数字化车间，加快人机智能交互、柔性敏捷生产、工业机器人、智能物流管理、增材制造等技术和装备在生产过程中的应用，加快产品全生命周期管理、客户关系管理、供应链管理系统的推广应用。推动企业研发设计由计算机辅助设计向计算机辅助工程、虚拟仿真、数字模型发展，实现研发设计的持续改进、及时响应和全流程创新。推动企业全面开展两化融合管理体系贯标，开展企业信息化水平评测。完善"网+云+端"（工业宽带、工业云、工业智能终端）的工业信息基础设施，实现工业信息基础设施网络与服务"进企业、入车间、联设备、拓市场"。

（三）促进互联网与制造业融合创新

深入实施"互联网＋制造业"行动计划，推动下一代互联网与移动互联网、云计算、大数据融合联动发展。开展工业云及工业大数据创新应用试点，支持制造业云平台建设，打造制造业资源"池"，提供开放共享的数据挖掘分析、个性化定制和精准营销等大数据应用服务。鼓励制造业骨干企业通过互联网与产业链各环节紧密协同，促进生产、质量控制和运营管理系统全面互联，推行众包设计研发和网络化制造等新模式。鼓励互联网企业与制造企业无缝对接，培育智能监测、远程诊断管理、全产业链追溯等工业互联网新应用。建设河南省智能制造解决方案云平台，集中展示和推广各行业优势智能制造解决方案。

三　实施新一轮技术改造

出台大力推动新一轮技术改造指导意见，研究制定技术改造投资指南，发布年度重点项目导向计划，建立支持企业技术改造长效机制，同步推进化解过剩产能和改造提升，推动传统产业实现转型升级。

（一）推动企业广泛采用新技术、新工艺、新设备、新材料

围绕两化融合、品种质量、节能减排、安全生产等关键环节，引导企业对现有设施、工艺条件及生产服务等加大技术改造力度，采用新技术、新工艺、新设备、新材料促进企业产品创新和品牌建设。逐步扩大省级技术改造引导资金规模，以股权投资、贷款贴息、事后奖补等方式，支持企业对符合产业政策、市场前景好、经济效益优的项目增加投资，推动适销对路产品扩大生产规模。鼓励企业按照国内外先进标准改造提升现有产品，加快产品升级换代。支持企业对产业链中的关键领域、薄弱环节和共性问题等进行整体技术改造，推广共性适用技术，带动产业集聚发展。

（二）对传统支柱产业进行脱胎换骨式的改造升级

围绕冶金、建材、化工、轻纺等传统支柱产业，引导企业采用先进适用技术，优化产品结构，全面提升设计、制造、工艺、管理和节能水平，促进传统支柱产业向价值链高端发展。冶金工业围绕精深加工、延链增值，推动企业全流程工艺改造，大力发展适销对路的高级别高强度钢材，支持铝精深加工和产品创新项目，推动骨干企业向综合服务商转型。建材工业推动整合

重组，强化综合利用，加快骨干水泥企业区域性整合，推动耐火材料企业炉窑改造，积极发展新型建筑陶瓷、防火保温和装饰装修材料，提升非金属矿物深加工水平。化学工业以多品种、精细化、高端化为方向，延伸产业链，加快发展现代煤化工和新材料，增加高端石化产品和精细化工产品，推动城区化工企业搬迁改造。轻纺工业积极推动骨干企业工艺技术升级，有序发展高水平印染和中高端面料，加快造纸、棉纺织、皮革清洁化生产，推动绿色化、品牌化发展。

（三）稳步化解过剩产能

围绕增强产业竞争力，切实发挥市场机制作用，加强政策协调和机制创新，按照"消化一批、转移一批、整合一批、淘汰一批"的原则，分业分类施策，有效化解产能过剩矛盾。在电解铝、水泥、钢铁、平板玻璃等产能严重过剩行业，出台控制行业准入的产业、能耗、环保、安全、用地等约束性地方标准，严格执行新上项目区域内产能减量或等量置换政策，严格控制总量规模，清理整顿违规项目，加快淘汰落后产能。加强对产能严重过剩行业的动态监测分析，建立预警机制，推动产能过剩行业转型升级。

四 强化工业基础能力

围绕增强工业基础领域创新能力，提升核心基础零部件（元器件）、先进基础工艺、关键基础材料和产业技术基础（以下统称"四基"）能力，实现关键材料、核心部件、整机和系统协调发展。

（一）统筹推进"四基"发展

实施工业强基工程，加快推动关键基础材料、核心基础零部件（元器件）和先进基础工艺的工程化产业化，完善产业技术基础支撑服务体系，提升产业基础制造和协作配套能力。制定工业"四基"发展指导目录，实施一批基础条件好、带动作用强的工业"四基"示范项目，发布工业强基发展报告。大力发展智能终端配套器件、特高压电力电子器件、动力电池、精密铸锻、高性能碳纤维、光学器件、轴承、液压件、密封件、仪器仪表、自动化控制系统等关键原材料和基础零部件。强化基础领域标准、计量体系建设，加快实施对标达标和技术改造，提升基础产品的质量、可靠性和寿命。实施军民融合深度发展专项行动，建立军民创新规划、项目、成果转化对接机制，引导先进军工技术向民用领域渗透，鼓励先进成熟民用技术和产品在国防科技工业领域的应用。支持解放军信息工程大学建设军民融合协同创新研究院，支持北斗导航、高分辨率对地观测等重大科技成果转化。

（二）提升"四基"创新能力

支持优势企业开展政产学研用联合攻关，积极引进国内外知名研究机构，协同组建"四基"研究中心，着力解决影响核心基础零部件（元器件）的产品性能和稳定性问题，开展先进成型、加工等关键制造工艺联合攻关。加大基础专用材料研发力度，提高专用材料自给保障能力和制造技术水平。建立工业基础数据库，加强企业试验检测数据和计量数据的采集、管理、应用和积累。完善重点产业技术基础体系，研究制定产业技术基础公共服务平台创建办法，创建和认证一批产业技术基础公共服务平台。

（三）加强"四基"推广应用

注重需求侧激励，明确河南省工业强基示范应用方向，引导整机企业和"四基"企业、高校、科研院所产需衔接，建立产业联盟，形成协同创新、产用结合、以市场促基础产业发展的新模式，提升重大装备自主可控水平。建立使用重大技术装备首台（套）、新材料首批次、新软件首版次等鼓励政策，落实和完善首台（套）保险补偿等机制，支持核心基础零部件（元器件）、先进基础工艺、关键基础材料推广应用。

五 优化生产力布局

实施"百千万"亿级优势产业集群培育工程，培育一批具有核心竞争力的产业集群和企业群体，优化产业空间布局，促进区域协调发展。

（一）加快产业集聚区提质创新发展

坚持把产业集聚区作为制造业转型升级、创新发展的科学载体，推进产业集聚区总体规划、土地利用总体规划、城市总体规划、生态环境规划、区域公共服务基础设施规划"五规"合一。深入推进企业集中布局、产业集群发展、资源集约利用、功能集合构建、人口有序转移"四集一转"，推动产业集聚区上规模、上水平、上层次。坚持做大增量与做优存量相结合，聚焦主导产业，延链补链强链，推动产业链向中高端延伸，提高吸引力、竞争力、带动力。健全公共服务平台体系，打造技术创新、现代物流、口岸监管服务、人力资源服务、信息数据中心等公共服务平台，提升集群发展支撑能力。强化体制机制创新，着力解决产业配套、金融支持、土地保障、人才支撑、智慧绿色发展等突出问题，提升企业生存竞争能力。坚持产城互动，以产兴城、依城促产，实现产业集聚区发展与城市建设有机对接、互促互进。

创建一批国家新型工业化示范基地，建设一批在全国有重要影响力的制造业基地。

（二）培育壮大优势产业集群

实施"百千万"亿级优势产业集群培育工程行动计划，坚持"竞争力最强、成长性最好、关联度最高"的产业选择标准，以省辖市为主体培育千亿级主导产业集群，引导各县（市、区）围绕主导产业发展百亿级特色产业集群。完善产业链图谱和技术路线图，推动相邻产业集聚区协同发展，强化链式整合和横向联合，推广"整机＋配套""原材料＋制成品"等优势特色产业链模式，大力引进培育整机和龙头企业，完善加工组装、零部件制造和产业配套服务功能，提高集群本地化配套率。积极推动新一代信息技术与主导产业结合，培育新产业、新业态、新模式。引导大企业与中小企业通过专业分工、服务外包、订单生产等多种方式，构建以龙头企业为中心的区域生产网络，促进大中小企业协调发展。

（三）促进区域协调发展

遵循区域经济发展规律，鼓励各地错位竞争、特色发展，科学布局生产力，统筹区域协调发展，打造区域经济发展新的增长极。明确区域新格局及发展特征、方向，以郑州、洛阳为领头雁，加快形成创新引领、服务业主导、高端制造业支撑的产业结构，通过创新驱动实现率先发展；充分利用郑州航空港经济综合实验区平台，引导新乡、许昌、开封与郑州的融合发展，加快高效便捷的现代化综合交通运输体系建设；引导平顶山、焦作、三门峡、济源、安阳、鹤壁、濮阳7个资源型城市的转型发展，加快培育接续替代产业，尽快实现产业结构调整和转型升级；发挥驻马店、周口、信阳、商丘、南阳和漯河的劳动力等要素成本优势，扩大产业规模和城镇人口规模，实现跨越发展。健全区域协调互动机制，鼓励各地区开展区域经济协作和技术、人才合作，实现优势互补、互利共赢。

六　全面推行绿色工业化

组织实施传统制造业能效提升、清洁生产、节水治污、循环利用等专项技术改造，开展重大节能环保、资源综合利用、再制造、低碳技术产业化示范，实施工业清洁生产水平提升计划，开展绿色评价。

（一）强化节能降耗和清洁生产

实施能效"领跑者"计划，以钢铁、有色、化工、建材、能源等高耗能行业为重点，开展能效水平达标对标活动，以树立标杆、政策激励、提高标准等方式推动高耗能行业提升能效水平。大力实施工业锅炉（窑炉）改造、余热余压利用、能量系统优化、电机系统节能等节能技术改造，持续提升电机、锅炉、内燃机及电器等终端用能产品能效水平，加快淘汰落后机电产品和技术。实施工业清洁生产提升计划，推动工业领域煤炭清洁高效利用、燃煤锅炉节能环保水平综合提升。推进产业集聚区集中供热和污水集中处理，建设热电联产机组或大型集中供热、污水分级处理设施。在钢铁、建材、石化、有色等重点行业企业，加快清洁生产技术改造，实施强制性清洁生产审核。持续开展重点企业节能低碳行动，大幅降低企业能耗、物耗和水耗水平。开展节能交易试点，形成节能长效机制。

（二）发展绿色循环经济

全面推行循环生产方式，促进企业、园区、行业间链接共生、原料互供、资源共享。加快推进国家低碳试点城市、低碳工业园区试点和国家"城市矿产"示范基地建设，推动产业集聚区循环化改造。大力推进工业废物和生活垃圾资源化利用，促进尾矿、废石、粉煤灰、废旧电子电器、废金属、废塑料等资源综合利用。完善再制造旧件回收体系，实施高端再制造、智能再制造、在役再制造，推动再制造规模化、产业化发展。开展绿色数据中心试点，推动重点企业能源管理中心建设，实施能源动态监测、控制和优化管理。建设绿色工厂、绿色园区，发展绿色技术、绿色设计、绿色产品，引导绿色生产和绿色消费。

（三）加强制造业节能环保监管

提升高耗能、高排放行业准入门槛，严格实施项目能评和环评制度，认真落实高耗能行业新增产能，实行能耗等量或减量置换约束性条件。严格新建项目排污总量前置审批，实现区域污染物新增量指标与实际减排力度挂钩联动。对超标准、违规使用落后用能设备企业执行惩罚性电价和差别电价，强化对电力、钢铁、化工、建材、造纸、纺织、食品加工等行业污染物稳定达标排放的治理和监管，依法加大违法排污企业处罚力度。强化绿色监管，推行企业社会责任报告制度，开展 ISO14000 环境管理体系、环境标志产品和其他绿色认证。

七 构建新型智能制造体系势在必行

经过改革开放以来三十多年的努力，河南制造业已经取得了辉煌成就，形成了门类齐全的制造业体系，从轨道交通、智能电气、风电等高端装备，到汽车、手机、冰箱，再到女裤、火腿肠、速冻水饺等日常消费品，许多行业规模位居全国前列，为河南制造业转型升级奠定了重要支撑。一是基础雄厚。目前，河南省综合经济实力稳居全国第五、中部第一，其中制造业对经济增长的贡献巨大。2014年，全省制造业增加值达到15096亿元，同比增长10%，对国民经济的贡献率达到52.6%。二是创新能力较强。目前"河南制造"技术创新不断增强，在输变电设备、大型矿山设备、大型农机、轴承、轨道交通部件等领域达到国内领先水平，许多高科技产品进入航空航天、航海、能源、大型基础设施等重点工程领域。三是发展潜力巨大。近年来，3D打印、工业机器人、云计算、电子商务等新产业新业态不断涌现，改变了河南传统制造业赢利模式。如中信重工利用物联网技术把传感器、控制器、设备、人员联系在一起，"核心制造+成套服务"的模式形成了中信重工在产业链当中新的增值点。但也应看到，河南多数制造业规模虽大，但产业档次仍然不高，以劳动密集型为主，以低成本换取规模的扩张，还处在产业链中低端，一些企业仍然使用相对落后的生产设备，缺少数字化、智能化的高端技术支撑。因此，河南需要紧紧抓住制造业发展黄金机遇期，强化互联网思维，实施创新驱动，加快制定《河南制造2025》行动计划，提升河南制造业发展水平，推动"河南制造"向"河南智造"转变。根据新形势下国内外制造业发展趋势，按照"产业共生、协同创新、智能制造、品牌升级、服务增值"的发展思路，重点应用数字化、网络化、智能化技术促进河南制造业的转型提升，促进河南省新型制造体系的构建。

第七章
以创新引领河南现代服务业

目前,服务业在发达国家的国内生产总值(GDP)中所占的比例在70%以上;在发展中国家,服务业的规模和在GDP中的占比也在迅速上升,其增长速度远远快于其他行业。现代服务业已经或正在为国家的经济发展发挥越来越重要的作用。河南作为一个经济大省,2015年经济总量为37010.25亿元,居全国各省区第五位,实现GDP增速8.3%,比全国平均水平高1.4个百分点,已经实现人均GDP 6000美元。按照美国经济学家霍利斯·钱纳里(Hollis B. Chenery)和西蒙·史密斯·库兹涅茨(Simon Smith Kuznets)等人对工业化水平评价体系的判断标准,如果一国人均GDP在1000美元~3000美元,则意味着该国经济社会开始进入产业升级、技术进步和城市化进程逐渐加快的关键阶段,此时的产业结构处于快速变动期,表现为第一产业、第二产业所占比重明显下降,服务业处于加速上升的关键时期。与此相反,2015年,河南的服务业增加值为14611.33亿元,居全国第七位,落后经济总量排名2个位次。全省三大产业比重由2014年的11.9:51.0:37.1变化为11.4:49.1:39.5,相较于以前,河南的产业结构得到了一定的优化,但河南第三产业比例仅为39.5%,仍处于工业化中期阶段,这与全国第三产业比重平均超过50%的情况差异较大。显然,这种产业结构是不合理的,不符合经济发展中产业结构的演变规律。未来河南经济发展必须认真贯彻党的十八大精神,加快转变经济发展方式,走新型工业化道路,推动产业结构优化升级,这其中的一个必然要求就是加快发展服务业,特别是重点培育和支持现代服务业,坚持实施"三化协调、四化同步"的产业发展战略,提升服务业,尤其是现代服务业的比重,这也是按照科学发展观的要求,为制造业技术升级和降低成本提供支撑,促进经济结构优化升级,推动经济增长方式转变的必然选择。鉴于现代服务业的特征,河南积极发展第三产业尤其是现代服务业是促进其中部崛起的重要路径选择。具体实践中,笔者选取了现代服务业中比较有代表性的金融服务业、文化产业和物流业来研究河南现代服务业的发展,认为可以从以下三个领域着手大力发展现代服务业。

第一节 优化金融行业生态

在中部崛起战略中扮演重要角色的河南省,凭借得天独厚的交通以及资源优势,历经多次反复改革与试验,逐步摸索出与自身经济发展实际情况相适应的金融机制,在金融行业规范建设、金融板块基础设施建设以及金融市场培育等方面都取得了长足发展,逐步形成了以银行业为主体、各类金融机构为补充的较为完善的金融体系。这为河南省经济发展提供了必要的金融支持,使其由20世纪90年代时以重污染、高能耗、重工业为主平稳转变成以服务型经济为主,并逐步推进第三产业向第一、第二产业渗透与融合。如在发展规模方面,2004年河南省金融服务业产值为170.82亿元,2014年已经接近1509.20亿元,10年时间已经实现了将近十倍的增长,充分说明了其巨大的市场潜力;在结构方面,截至2014年末,河南省境内共有金融业机构网点27249个,其中银行业金融机构12161个,占网点总数的45%,保险业网点机构共计14719个,占网点总数的54%;在产值方面,截至2014年末,河南省GDP达到34938.24亿元,第三产业产值为12961.67亿元,占比为37.10%。但河南省在金融服务业总量不断攀升的同时,我们也应看到其发展过程中的一些局限性,其金融服务业在第三产业的产值乃至整个GDP中所占的比重远低于全国平均水平,同第三产业内其他子产业相比,也存在较大程度的差距。同时在结构方面,虽然河南省内已经建立了包括银行业、证券业、保险业、财务公司、小额贷款公司、金融租赁公司等在内的健全的金融市场体系,但银行、保险这些传统金融中介机构不管从法人总量还是就业人数来说在金融体系当中依然占据绝大多数份额,结构不合理,存在发展严重失衡的问题。在产值方面,尽管河南省存贷款余额以及社会融资规模也持续扩大,金融机构创新产品接连涌入市场,但相对于社会流通产业以及房地产行业来说,河南省金融服务业还存在巨大的发展空间,其行业发达程度以及对经济总量的贡献度还是比较低的。综上,河南省金融服务业作为现代服务业的重要一环,虽然取得了阶段性成就,但其发展过程中仍然暴露出诸多缺陷,与发达省份相比,其服务业总量水平偏低,同时内部发展不协调,综合竞争力较弱,这些亟待解决的问题也将严重阻碍河南省金融服务业的发展进程。目前河南省经济处于实现跨越式发展的重要时期,唯有经济结构优化与产业提升的配套发展才能为河南省的经济腾飞注入活力,金融服务业作为产业结构调整中的关键环节,其支撑实体经济发展的意义不言而喻。因此,笔者围绕实体经济发展的需要,从银行业、信托业、保险业、投融资平台、新型金融业态、政策性金融和证券期货业七个方面分别给出这些行业支持河南经济建设的具体改革发展对策。

一 搭建跨机构投融资平台

(一) 探索和推行"知识产权质押贷款"模式

由物联网、云计算、高端软件、新兴信息服务、生物制药、生物制造以及新能源、新材料和高端装备制造业等构成的战略性新兴产业,在企业发展初期资金缺乏问题较为普遍。固定资产抵押物和信用记录的缺乏,以及知识产权等无形资产存在的价值评估风险和坏账后处置知识产权渠道的缺失,使得这些企业难以获得银行贷款支持。为了扩大战略性新兴产业的融资渠道,融资服务平台可以在同国家开发银行河南省分行和现有担保机构密切合作的前提下,结合资产评估公司和产权交易中心,解除银行的后顾之忧,帮助战略性新兴产业完成融资。

(二) 建立多元化的融资渠道

一是拓宽融资渠道。应争取尽早成为地方政府债券的发行试点区域。市场化是地方政府债券的必然趋势,国家已开展了相关的试点工作。2014年5月19日,山东、北京、江西、上海、浙江、广东、深圳、江苏、宁夏、青岛等地经国务院批准成为政府债券自发自还的试点地区。中原经济区特别是河南省应争取早日获得地方政府债券的发行权,这既可以多元化融资渠道,又可以实现地方政府融资行为的规范化和公开化,并进一步清理和显性化历史债务。

二是组建资金互助会。融资平台可以参考广东和浙江等省出现的"资金互助会"模式,借助河南省政府的力量,联合一家商业银行,在经济区内组建具有行业自律性的非营利"中小企业资金互助会"。互助会采用会员制,担保基金由会员基金、财政拨款和社会募集等部分组成,会员企业的贷款额度与其缴纳的会员基金密切相关。担保基金的管理由融资平台的借款主体负责,实行会员企业相互监督、相互担保的运行方式,有效缓解银行的放贷风险,提升中小企业融资能力。

三是扩大投融资机构的债券融资规模。鼓励并组织符合发行条件的投融资公司开展公司债、商业票据以及中期票据等债务性票据的申请和发行工作,提供更多的债务融资工具和融资资金,降低企业获得资金的成本。同时,支持和引导投融资机构学习国内外的先进经验,以投融资平台为依托,开发新的融资工具和融资模式,运用BOT、TOT、证券化工具、金融租赁等方式广泛地集聚社会的闲散资金,同时满足投资方的投资需求和融资方的资金需求。

四是创建公共项目民间融资平台。第一,降低民间投资的准入门槛,放宽相关投资领域,加快垄断领域和存量领域的开放。第二,创新项目运作模式,拓宽民间投资渠道,结合河南省实际,设计差异化的投融资模式。根据不同行业特点,分类予以推进:对经营性领域,以市场化运营为主;对准经营性领域,大力推行特许经营;对非经营性领域,推动政府购买服务。切实加强引导,增强民间投资后劲。

(三)明晰平台定位

一是明确平台功能定位。投融资平台的功能定位是外部性。投资平台作为政府宏观调控的一个重要工具,借助其可以实现资金向重点发展行业和产业以及核心发展区域的倾斜,从而实现地方的转型调控。投融资平台必须始终紧紧围绕这一定位,突出主业发展,引进和带动社会资本投入重点领域,共同推动重点领域发展,发挥其"四两拨千斤"的作用。

二是实现资源在经营性项目和公益性项目之间的合理配置。科学合理配置经营性项目和公益性项目关系着资源和资金的社会功能以及经济功能的发挥,地方政府投融资平台和地方政府必须给予足够的重视。政府应根据发展和地区实际,对公益性项目注入一定的资金,并对参与公益性项目的企业和融资平台给予一定的补贴支持或税收优惠等,建立科学合理的补偿机制,吸引投融资平台参与公益事业的建设。地方政府投融资平台可以通过收益率的高与低、投资时间的长与短等合理搭配,使得资金投放兼顾公益性和营利性,从而实现经营性项目和公益性项目的协调发展,更好地发挥地方政府投融资平台的基本功能。

（四）完善投融资平台公司治理结构

一是隔离经营者和出资人的角色功能，资金的经营和管理归于投融资平台，地方政府则是主要出资人。政府不能通过向平台直接派高管人员或施以行政手段来干预投融资平台的实际运作。二是平台公司应根据各地实际，明确董事会、经理层以及政府等相关部门的具体权责。这既可以实现自身的规范运作，又可以使得各部门相互监督和监管，实现执行体系的集中统一和决策体系的有效制衡。三是通过完善内部过失责任追究机制、绩效考核制度和风险自我约束机制以及科学制订管理流程等方式，建立健全内部风险控制体系。四是通过加强财务管理、成本管理、营运管理和风险管理，提高管理水平和盈利能力。

二　培育新型金融业态

（一）支持和推广互联网金融

随着互联网时代特别是移动互联时代的到来，互联网凭借其灵活多变、反应快速、门槛低于银行等特点，以及信息流量入口的优势，大举进军理财、支付、贷款、众筹等金融领域。互联网金融借助传统金融的大数据分析手段等，更容易发现中小企业的融资需求和信用缺失，两者相互融合，能更好地提升互联网金融的普惠化。互联网金融不仅能为资金拓宽出口，减少非法集资，而且能较好地解决中小企业"融资难""融资贵"问题。河南省的互联网金融虽然已取得一定进展，且于2014年11月成立了河南省电子商务协会互联网金融分会，但是其规模在全国的比重仍不足3%。因此，互联网金融的发展，需要进一步的推广与扶持。

一是设立中原经济区互联网新兴金融产业园。在互联网搜索引擎、云计算、大数据、移动通信、社交平台信息技术重点发展的基础上，建立起集资金融通、结算、支付等为一体的金融服务新兴业态。引进和集聚一批与互联网金融相关的上下游企业，形成互联网金融与科技企业全产业链条，为入园企业提供技术支撑、物业管理、人员培训、宣传展示等各项服务。

二是建立互联网金融企业与实体企业的交流对接机制。搭建合作平台，引导企业尤其是中小微企业加强对互联网金融行业的理解，结合自身需求与互联网金融企业开展业务合作，尝试通过互联网金融模式进行高效率、低成本的融资。

三是创新融资方式。支持互联网金融企业通过信用贷款、股权质押等方式开展融资，支持和鼓励互联网金融企业发行集合融资工具、企业债券、短期融资债券、中期票据及其他新型债务融资工具。助推互联网金融企业进入多层次资本市场，对上市、挂牌企业给予一定的支持。支持互联网金融企业通过河南股权金融资产交易中心等融资平台出售创新型的金融产品，鼓励其探索和开展资产证券化业务，多元化融资渠道。

四是设立专项资金。专项资金用于对互联网金融企业的税收补贴和房租补贴、金融云平台等基础设施的建设、人才引进的安置费和津贴、创新产品的专项奖励等方面。营造良好的互联网金融氛围，多渠道、多方位支持中原经济区互联网金融企业的健康持续发展。

（二）支持新型金融业态与产业资本融合

正如虚拟经济的健康发展离不开实体经济的同步发展，新型金融的发展离不开与产业资本的对接和融合。通过发展科技金融和产业融合金融以及多样化融合产品的形式，新型金融业可以为实体经济提供有力的支持。第一，积极推动高科技企业的发展，通过私募基金、科技银行和风险投资基金等多种投资途径为科技型的中小企业提供创新项目支持资金及创业基金；第二，鼓励企业在资本市场上进行海外上市从而获得国际化的投资，并积极适度地开展离岸金融业务，为资金的国际流动扫除障碍，开展全球范围内的科技合作，实现金融资源在全球的优化配置；第三，重视保险资金的运用，积极推动保险资金参与到高新技术产业中，同时鼓励保险资金投入到交通基础设施、环境保护产业、绿色科技农业和养老产业园等民生工程和朝阳产业中去；第四，发展基于电信网、广播电视网、互联网的"三网融合"的金融创新服务模式和交易技术，发展和完善电子支付技术。

（三）支持新型金融业态与总部经济战略相结合

第一，加快保险、证券、试点银行、入股私募基金的建设步伐，支持国有企业和私有大型企业投资新型金融业态，积极引进社保基金和私募基金，全方位发展郑州的私募股权基金业务，使之成为中原经济区私募基金的投资中心和主体中心。第二，积极支持中原经济区的上市公司走特色化、品牌化、国际化的发展之路，深化国有企业改革，转变经济增长模式和增长方式，盘活和增值国有资本，做大做强中原经济区内的朝阳企业。

（四）积极发展融资租赁业

融资租赁"以融物代替融资"的方式，可以避免企业筹措大量资金来采购关键设备而引起的流动性紧张和极大的设备贬值风险,盘活了企业的现金流,降低了企业的运营成本和风险。且通过融资租赁采购设备的成本,比通过银行贷款要便宜,可以提升企业的综合竞争力。目前,河南的租赁公司比较少,仅有两家,市场的渗透率不到2%,在中部地区处于落后位置。融资租赁将工业、贸易、金融三个领域紧密结合起来,以融物代替融资,可以使得资金直接进入生产领域,能够进一步推动虚拟经济对实体经济的支撑作用。

三 加大政策性金融和绿色金融的发展

政策性金融机构(policy-based financial institutions)是指由政府或政府机构发起、出资创立、参股或保证的,不以利润最大化为经营目的,为了贯彻和配合中央政府所设定的社会经济政策或发展方针,在贸易、农业等特定的业务领域内进行政策性融资的金融机构。1994年正式组建的中国农业发展银行、国家开发银行以及中国进出口银行,是我国现有的三家政策性金融机构。专门的政策性金融机构的建立使我国政策性金融实践进入一个比较规范和稳定发展的阶段。适应中原经济区建设需要,政策性金融必须与时俱进推进改革发展。

(一)强化政策性金融机构的支持与导向作用

一是充分发挥政策性银行的支持作用。在郑州航空港实验区建设项目、棚户区改造项目、河南省水利基础设施建设项目和高速公路、城市地铁及高架桥交通枢纽建设项目等战略性公用项目建设方面,要积极发挥国家开发银行的支持作用。在农业保险补贴资金、龙头农业型公司的建设与发展、农业灌溉等基础设施的改造、农业的规模化经营贷款、绿色农业建设、农产品储备贷款等方面,要发挥中国农业发展银行对农村经济的支持作用,积极服务于农业现代化建设。

二是充分发挥政策性银行的导向作用。第一,政策性银行应适应当前经济发展的方针与政策,积极参与到城镇化建设中来。支持产业园区、物联网园区、生态园区和创业园区等与城镇化密切相关的项目建设,同时可以提高人力、物力等各种资源的聚集能力。参与重大基础设施项目,确保这些项目的顺利开展和成功推进,从而发挥这些项目的辐射作用和吸纳劳动力、资金及优势项目的能力,增强产业发展对城镇发展的支撑作用,提升和完善城市功能。第二,政策性银行也应该发挥对中小城市建设的支持作用,依据地区特点，在各地区的旅游、商贸等优势产业和特色产业的发展中给予必要的资金支持，引导小城镇走向特色发展道路。第三，政策性银行的支持资金应向环境保护、公共卫生和公共服务等关系到中原经济区可持续发展的民生项目上倾斜，提高中原经济区的经济发展质量。

(二) 优化中原经济区的各项金融服务

第一，切实完善金融产品服务体系，增加小额贷款、小额存取款及汇兑等基础性的金融服务项目，满足不同类型和不同层次客户的投资需求和融资需求，准确定位，提供符合实际的、个性化的、多样化的金融产品。第二，将金融业务由传统的结算业务转向现代金融业务，同时注意逐步以户少量大的信贷模式替代量小面大的传统信贷模式，提高为大型项目和龙头企业提供金融服务的质量，积极提供城中村改造、基础设施完善等城镇化过程中所需要的各项金融服务。第三，加大特色金融产品创新力度，如设计出专门的金融产品和金融服务以服务于城镇化建设，推进资产证券化进程，开发一揽子金融产品等。

(三) 积极争取设立中国进出口银行河南省分行

随着河南省经济的开放与发展，河南省的国际贸易业务已成为全省经济的主要力量。中原经济区的批复设立，特别是郑州航空港综合经济实验区的建设，将使郑州成为国际航空物流中心、国际化陆港城市、国际性的综合物流区、高端制造业基地和服务业基地。这必然要求国家在口岸通关、航线航权、财税金融、土地管理、服务外包等方面给予实验区政策支持，因此，迫切需要中国进出口银行在河南省设立分行，并通过信用证、出口退税贷款、进出口押汇等多种融资方式，为外贸型企业提供资金支持。

第二节 推进文化产业发展

进入 21 世纪，文化产业作为朝阳产业和黄金产业已成为西方国家的支柱产业。2009 年以来，仅美国、韩国、日本的文化产业就占全球文化贸易额的 70% 左右，文化产业不仅为其创造经济利润，而且成为其全球扩张的武器。20 世纪 90 年代开始，我国各地纷纷加入发展文化产业的行列中。党的十七届六中全会提出要大力发展文化产业，国家"十二五"规划提出要把文化产业建成支柱产业。社会发展规律表明，随着人民生活水平的逐步提高，在物质生活获得丰富的同时，包括中部地区人民在内的全国人民也激发了对精神产品的需求，而发展文化产业则是提供精神产品的重要渠道和手段。党中央多次指出，文化产业是社会主义市场经济条件下满足人民群众多样化、多层次、多方面精神文化需求的必然选择，也是加快经济结构调整、转变经济发展方式的重要抓手，是现代经济发展的新增长点，是国民经济的支柱性产业，更是综合国力竞争的重要因素和国家经济、政治、文化发展的重要支撑。作为文化资源大省的河南省也积极推动文化产业的发展，相继出台了《河南省建设文化强省规划纲要》《关于大力发展文化产业意见》《进一步深化文化体制改革加快文化产业发展的若干意见》等一系列文件，为河南省文化产业的发展提供了政策支持；并在《文化强省建设规划纲要》指出了河南省文化产业发展的总目标：到2020年，文化产业成为河南省的支柱性产业。表现在数字上，即实现文化产业增长率达15%左右，增长量占GDP的7%。在这样的背景下，如何提升河南文化产业的竞争力、加快传统文化产业改造、培育新兴文化产业、积极发展文化产业，以及探索出适合河南文化产业发展的对策成为亟待研究的重要课题。

文化产业的较量总体上而言也是文化产业竞争力的较量。文化产业竞争力主要由内部环境和外部环境——机遇构成，其中内部环境因素主要包括了生产要素（人才、科技、创新）、市场需求、政府行为、企业因素、相关产业集群因素五个方面。文化产业的发展正是通过这六个因素之间的相互作用与联系而不断向前推进的。因此，要发展文化产业，就要结合文化竞争力的六因素来解决河南省文化产业存在的问题。按照"思想—制度—实践"的逻辑，笔者归纳出适应河南省文化产业的发展对策，具体如下。

一 树立全新的文化产业观

思想是行动的先导。发展文化产业首先需要从思想解放、观念更新起步；同时，必须能够正确地认识和处理市场与政府、保护与开发、传统与现代以及"引进来"与"走出去"的关系。由此，河南文化产业才能获得真正的思想解放。

（一）更新旧的文化产业观念

河南文明上下三千年，历史悠久，文化深厚。然而文化越是悠久，思维越是趋向于墨守成规、顽固不化，也就越不利于新的文化观念和行为的构建。由于受农耕文化影响深远，河南省逐渐形成了与日新月异的现代社会不协调的心理与观念——"小富即安、故步自封、墨守成规"。河南省文化产业发展在思想上潜藏着致命缺陷——思想保守。因此必须要打破思想牢笼，解放和发展文化生产力。

第一，要彻底改变过去认识上的文化单一的意识形态属性。避免弱化甚至忽略其商品的经济价值。文化企业通常单纯地用产业化的方式来经营文化，专注于经济效益，一味地强调其经济转化。要真正实现文化产业的发展，要做到文化产业的两个"结合"，即文化产业的经济效益和社会价值的结合、文化产业的意识形态性和商品性的结合，树立起适应社会主义市场经济的新的文化产业观，真正地实现文化与经济的有机统一。

第二，纠正传统认识中的文化"虚无"主义，避免进入"文化搭台，经济唱戏"的怪圈。文化是强大的生产力，能够以软力量为经济的发展提供"硬支撑"。文化产业就是通过对文化元素进行产业化的生产、加工来创造经济价值的。在文化产业的功能方面，打破传统思想中文化"虚无"而经济"实在"的牢笼，克服"就文化论文化、就经济谈经济"的弊端。正确地认识和对待经济和文化，突破文化产业"纯事业"的偏见，走出"发展产业靠市场，发展事业靠政府"的误区，力争达到文化产业经济和社会效益的"双赢"。

第三，正确认识文化产业的内容，纠正文化产业就是旅游产业的错误思想。思想的保守、认识的偏差使得人们通常认为文化产业仅指旅游产业，从而仅仅重视旅游业而忽视其他文化产业业态。尽管当前河南省旅游产业在整个文化产业体系中发展迅速、成绩卓著，但文化产业内部结构方面并不协调，传统文化产业与新兴业态极为失衡。正确认识文化产业不仅要注重文化资源的基础性环节的发展，而且也要重视相关产业的发展。结合河南省文化产业发展实际，以传统的旅游业和出版业为基础，依靠科技和创新驱动，重视演艺、会展、电影等的发展，尤其是要加强动漫游戏、数字媒体等新兴业态的发展，促进河南文化产业内部结构的协调，提升河南文化产业综合竞争力。

第四，改变传统的粗放型经营模式，更加重视文化资源的深度开发和人力资源的充分利用。在对自然资源进行开发和利用上，应坚持科学开发、合理利用，不能仅停留在对资源的初始性挖掘上，而是要创新性地深层次加工，以实现文化产业的可持续发展。在人力资源上，要打破传统思维，重视人才，树立"人才是第一资源"的理念，同时更加注重文化产业人才的培养，不仅要加强对经济、营销知识的学习，而且要重视对河南省本土文化的学习，培养既懂文化又懂经济的综合型人才，克服人才的"通而不专、专才不专"的缺陷。在人才的利用方面，要打破传统的注重学历、忽视经验的弊端，企事业单位在加强人才引进的同时，要更加注重人员的在职培训，达到"各尽所能、人尽其才"的局面，使物力、人力得到最大限度的开发、利用。

（二）正确处理若干关系

正确处理市场与政府的关系。政府规划和市场调节是两种不同的配置方式，因此在实际应用中的作用不同。其中政府主导型强调政府在发展文化产业中的主导地位，政府通过总体规制，制定法规政策，为文化产业的发展营造良好的环境、奠定坚实的基础。而美国是典型的市场主导型发展，强调市场的主导作用和政府"一臂之遥"的管理，树立在市场竞争中求生存、谋发展的理念，充分发挥市场这一"无形的手"的作用，使得文化企业在激烈的市场竞争中不断壮大。但是市场调节偏向于局部，不能从全局高度统筹规划。河南省处在文化产业发展的初级阶段，市场经济发展不完备，采取单一的市场主导或政府主导的发展模式不适合河南省实际情况，正确的选择是要将市场和政府规制结合，既强调市场规律的基础性作用，也重视政府的主导作用。因此，要实现河南省文化产业的突破性发展，既要反对政府的过度管制，又要规避市场的自由放任，走市场与政府相互配合的发展道路。这不仅能够克服市场的片面性缺陷，而且能将整体利益和局部利益、长远利益和眼前利益、社会效益与经济效益有机结合起来，促进整个文化产业的壮大。

正确处理文化资源开发与保护的关系。无论是物质的还是非物质的文化资源，都是人类创造的宝贵财富，都是人们辛勤劳动的结晶，具有无可比拟的精神价值。文化资源通常具有不可再生性，如果开发不善、经营不力，就会造成文化资源不可估量的损失。正如当今众多旅游景点普遍存在的不文明行为，在反映国民素质低劣的同时，更是对文化资源价值的破坏。因此，在文化产业的发展过程中，要坚持"开发中保护、保护中创新"的原则，保护、开发、创新并举，走文化产业的可持续发展道路。在资源的开发中，要进行分类管理：哪些资源适合文化事业的公益性开发；哪些适合产业化的生产，杜绝简单粗放型的生产。在资源的开发上，要科学布局、合理开发，立足于文化资源的保护，挖掘文化资源的内在价值，不能仅停留在文化资源的旅游、观赏价值上，尤其是要注重资源背后的隐性资源。

如少林寺的佛教文化和少林功夫，通过舞台剧《禅宗少林》的实景演出得以展示；新郑的寻根文化通过每年一度的祭祖大典来传播。将这些历史的、静态的文化资源通过特殊方式实现动态化、现代化，实现隐性资源的显性化、具体化，使文化资源开发、利用、保护相得益彰，从而确保文化资源得到最大化的开发与保护。

合理调节传统的本土文化与现代的外来文化的关系。河南文化渊源深厚、资源富饶，传统文化孵化出现代文化，现代文化继承和拓展着传统文化，两者具有不可分割的关系。因此，不能割裂传统文化与现代文化来进行研究，而是要正确处理这两者的关系，兼顾传统与现代两类文化，既不能忽视传统文化的发掘，又不能轻视现代文化的发展。在积极实施的文化产业大发展的过程中，一方面要深度挖掘传统文化因素中独具地方特色的文化资源，另一方面要充分利用科技和鼓励创新，将现代思维注入传统文化中，增强传统文化的时代感和丰富现代文化的表现力，实现传统文化与现代文化的衔接。同时，在探索河南发展文化产业的对策中，也要坚持"引进来"和"走出去"的原则，协调地方本土文化与外来文化之间的关系。坚决抵制一味地"引进来"和简单地"走出去"，要将两者有机地结合起来，不仅要引进先进的管理理念和设备，借鉴国内外先进的文化产业经验，而且要大胆地"走出去"，参与文化市场的竞争，拓展国际市场，增强本土文化的竞争力和吸引力。

二 优化文化产业发展环境

政府是保障文化产业发展的重要支撑和主导力量，尤其是在文化产业发展的初级阶段，通常会出现市场化程度低、发育不充分等现象，政府的规制应发挥关键性的作用。其中最主要的是政府通过不断完善政策法规来为文化产业的发展提供支撑和便利。在河南省文化产业发展中，政府不断地制定和颁布相关政策、法规，逐渐完善法规体系，这不仅体现出政府全心全意为民服务的宗旨，而且为河南文化产业发展营造了稳定的政策环境。

（一）建立健全相关文化产业政策法规

伴随着河南省文化产业的不断推进，关于文化产业的若干政策法规相继出台，例如《大力发展文化产业的意见》《河南省建设文化强省规划纲要》以及2013年3月出台的《河南省文化产业发展战略重点方案》等，这从总体布局上引导着河南省文化产业的发展。但由于河南省文化产业起步晚，缺乏经验和借鉴，在法律规制方面存在一定的漏洞和"缺位"现象，因此，努力做好政策法规的完善工作十分必要。

一方面要不断完善文化产业政策法规。由于文化产业内容丰富、门类众多，既包括传统的广电、新闻、出版、文化艺术，也包括会展、动漫、游戏等新兴的业态，因此建立完善的法规体系存在困难。近年来，河南省颁布了《大力发展文化产业的意见》《加快文化资源大省向文化强省跨越的若干意见》等，这些纲要、意见只是优惠、鼓励性的政策，起着临时性法规的作用。当前的政策体系不够健全，不仅缺失真正权威性的政策法规以及专业性的行业法，而且一些政策法规不能实时更新，存在相互冲突的地方，法规制度体系一片混乱。在这样的情况下，河南省要顺应国家的大政方针，政府和立法机关相互合作，结合本省文化资源状况和文化产业发展实际，制定相应的地方性的文化产业法规，确保文化产品和服务的生产、流通与消费各环节的顺利完成。尤其要加强对知识产权的保护，重视知识产权相关规章制度的完善。

另一方面要完善配套的优惠、鼓励性政策。所谓完善的文化产业政策体系不仅包含着主导性法规，而且应当包括财政、投资、金融、土地和人才等的相关配套优惠政策。目前，河南省的文化产业还比较弱小，距离文化产业的支柱性地位有一定的差距，要顺利地实现这一战略性目标，就要运用税收、利息等手段来调节文化产业发展。政府要发挥服务性的作用，在文化产业的资金来源、人才培养、对外合作、产业集群建设等各个层面上提供法制保障，如充分运用税收、利息等财政手段，引进民间资本投资文化项目，实现文化产业投融资的渠道多元化，对不同的文化产业项目进行等级化税率杠杆调节，给予减免税的优惠政策。

文化产业的发展是一个渐进的过程，同时也是法制体系不断完善、社会主义法制建设不断推进的过程。只有文化产业步入法制轨道，才能保证其持续、高效、稳定地发展。虽然河南省文化产业政策法规体系不够健全，但随着相关政策法规的不断出台，河南省文化产业发展的政策体制在逐渐地走向成熟，文化产业的发展也在迎接一个崭新的发展环境。

（二）积极实施文化体制创新

与经济体制改革的进程不同，河南省文化体制改革处在起步阶段。河南当前的文化体制与其文化产业发展不相适应。政事企不分、官办模糊、权责不明等问题普遍存在，且已成为制约河南文化产业发展的瓶颈。这就要求河南省从文化体制上清除局限性障碍，解决发展中存在的深层次的矛盾和问题，使文化生产力得到最大限度的释放和发展。具体环节上应做到以下几点。

一方面是创新政府管理职能。受计划经济的影响，政府角色普遍存在"错位、越位"的现象。政府处于"管而有余，放而不足"的尴尬境地。要实现文化产业的蓬勃发展，转变政府的管理职能应成为政府的首要任务。首先政府角色要实现由"办"文化的管理者向"管"文化的服务者转变，履行服务型政府的职能。对于文化产业的管理，政府主要应为文化产业的发展提供政策引导和基础保障，具体的微观运营应交给企事业单位处理，避免政府处于"参与过多，效率低下；参与过少，自由放任"的状态下。此外，要形成政府、企业、行业协会"三位一体"的管理模式，三种力量相互协调、配合，共同维护河南省文化产业的和谐发展。另一方面是转变企业运行机制。培育优秀文化企业，是河南省文化体制改革的要点。转变经营管理方式是文化企业的首要任务。要实现经营管理方式的转变，就要实施自主经营、自我管理、自负盈亏的现代企业制度，自觉摒弃过分依赖政府的"等、靠、要"的思想，积极主动地参与市场竞争。同时也要加强企业间的兼并、重组，以资本和项目为纽带形成规模大、品牌响、实力强的大型文化集团，壮大文化企业整体实力。2004年河南日报报业集团整合多种媒介资源，引入现代企业制度，成功进行了机制体制改革，形成了"九报两刊一网站"的媒体布局，获得了丰厚的经济效益和良好的社会信誉。与此同时，投融资机制也是促进文化企业顺利运行的动力。河南省要实现文化产业的发展和文化企业的壮大，不能仅依赖于政府的财政资助，而是要综合金融信贷基金、机构、个人等手段，实现投融资渠道的多样化，以此促进文化企业顺利运行，壮大文化企业实力。

政策法规的不断健全、文化体制改革的不断推进为文化产业的发展提供了坚强后盾。只有从体制层面进行改革与创新，才能从根本上解放和发展文化生产力。这不仅能够营造稳定、有序的制度环境，而且能够很好地激发文化生产力和文化产业的发展潜力，实现文化产业在河南省的大发展。

三 提升河南文化产业竞争力

产业规模、自主创新能力、文化品牌、高科技和国际化水平是文化产业竞争力的重要组成部分。各地区文化产业的较量主要是通过这五种实力来实现的。本章节从这五方面来分析发展对策,以达到提升河南文化产业整体竞争力的目的。

(一)"集群化"是扩展文化产业规模的最佳选择

规模化是文化产业做大的条件,集群化是文化产业做强的关键。河南文化产业要做大做强,就必须走规模化、集群化的发展道路,改变散、小、乱局面。文化产业的集群化不是单纯意义上的若干文化企业聚集,而是由龙头企业带动,优质项目衔接,人、财、物得以优化配置的链条体。集群化不仅有"量"的优势,而且也有"质"的要求。首先要鼓励跨地区、跨行业文化企业联合、重组,形成力量整合、优势互补的内部格局。河南报业集团、文化影视集团以及出版集团等强强联合,对古乐舞、杂技武术、魔术演艺等项目加工整合,加快推进"清明上河园"、商都遗址公园等文化产业园区建设,构建多种风格的文化产业集群。其次是合理开发文化资源,科学规划、创新设计、充分利用,建设文化产业园区。通过文化资源的整合与分类,以主体公园建设为起点形成独具特色的产业园区。在建设郑东出版园区、出版物发行基地、影视制作基地等六大产业园区的基础上,抓住市场机遇,以创新性的视角发掘文化资源的隐性价值,建设动漫、会展等新兴文化产业基地,形成开发、生产、经营、销售"一条龙"式的文化产业集群,提升河南省文化产业集群的竞争力。

(二)"科技"是提升文化产业竞争力的硬件

科学技术是第一生产力,同时也是促进文化产业发展的支撑力。为加快文化生产力的转化,河南省不断推进科技与文化的结合,实施"科技引领"战略。这不仅促进了文化资源的深度开发,而且有利于催生新型文化产业业态,例如动漫、网络游戏、移动多媒体电视(CMMB)、物联网等。同时要重视科学技术在产品的生产制作、包装设计、传播销售等环节的大力支撑,将动画与3D、4D技术相结合,丰富人物形象,使画面精美绝伦,在增强文化产品吸引力、提升文化传播力和表现力的同时,也不断地提升文化产业附加值。以《阿凡达》为借鉴,其票房大卖正是基于先进科学技术的大力支撑而取得良好的市场效益的有力证明。此外,要支持文化企业与高等院校和科研院所联姻,进行"产、学、研"结合,实现科技对文化产业的推动。人才是承载科技的主体,发挥人才联结文化产业与科技的"桥梁"作用,顺利实施科技引导战略。注重营造良好的环境,培养引进高科技人才,为河南省文化产业发展提供智力支撑,以实现河南省文化产业发展与科技进步同步进行，最终达到文化产业发展方式转变和产业结构升级，文化产业综合实力和竞争力增强的目标。

（三）"创新"是提升文化产业竞争力的软件

"资源有限，创意无限。"河南文化产业不仅注重高新科技的应用，而且非常强调创新。尽管河南文化资源丰富，但也需要创新给予文化产业以发展的动力。实现文化产业的创新带动，就是以独特的方式开发文化资源，以创意的视角整合文化产业结构，创造新的文化产业形态。将演出与旅游景点结合创新实景演出业，将人物传说、形象思维与电脑技术结合形成动漫业，将网络与游戏结合产生网络游戏业，丰富文化产业项目，壮大文化产业的规模。同时要重视传统与现代的结合、吸收和改造的结合。以尊重传统文化为前提，紧抓时代脉搏，不断创新思维，创作顺应时代要求的文化产品，借助电影《少林寺》以及大型舞蹈史诗《风中少林》《禅宗少林·音乐大典》，挖掘少林"禅、武、医"文化，使武术与舞蹈结合、佛文化与医学结合，建立少林主题公园，形成少林旅游、演出、购物、体验的产业链条，强调文化资源的"一源多用"，以科技手段发挥资源的最大效用，推动文化产业的深层次发展。

（四）"品牌"是扩展文化产业影响力的有力武器

"品牌就是市场，品牌就是效益。"优秀的文化品牌不仅是无形的资产，而且是提升文化产业核心竞争力的重要推力。文化产业的竞争显著地表现为文化品牌之间的较量。河南省要发展文化产业，就必须深刻地认识到文化品牌的市场价值，探究属于河南地方特色的文化品牌的建设思路，走"文化品牌带动"的道路。就少林文化资源而言，河南省要以少林禅武文化为出发点，高起点、大规模地打造少林文化产业，建设少林武术城和嵩山少林武术培养基地，建立少林文化网站，保护少林知识产权，打造国际化的少林文化品牌。尤其是近些年来，河南省将少林文化中的"禅""武"元素与舞蹈结合开辟性地创作出大型演出《风中少林》《禅宗少林·音乐大典》等，不仅提升了少林品牌的知名度和影响力，而且牵引出集表演、武术、舞蹈、故事为一体的文化产业形态，提升了河南文化产业品牌的质量。依托于已有的品牌成果，要趁势培育品牌企业、品牌产业集群，实现整个链条式的品牌体系。以产品的品牌化提升文化企业的知名度，促成文化企业的品牌化。在传媒业，依托《大河报》《大河网》《梨园春》《武林风》等传媒品牌，学习借鉴先进经验，培育更多的文化传媒项目，提升河南卫视、河南报业集团等文化企业的知名度；在演艺业方面，学习《风中少林》《禅宗少林·音乐大典》的创意和风格，结合河南民间技艺和习俗，开发焦作太极、濮阳杂技等民间演艺品牌，深化国内外对河南省文化的认识。不仅如此，河南省要继续整合文化资源，打造南阳玉雕、禹州钧瓷、开封汴绣等工艺品牌。同时也要树立品牌保护意识，重视知识产权保护。以美国大片《花木兰》《功夫熊猫》改造、占用中国的文化元素和民间故事为警戒，反思对文化资源和品牌的保护，为品牌塑造奠定良好基础。

（五）"走出去"是强化文化产业发展的重要补充

"文化外交，一般是指以文化形式为载体来促进国际相互理解与友好的文化交流活动，也是主权国家通过对外传播本国文化来传达国家意志、输出国家价值观和实现国家文化战略的一种外交活动。"河南省要发展文化产业，就要进行文化外交，充分发掘和利用国内外两大文化资源、两大市场，不遗余力地宣传和提升文化产业的影响力。

河南省要有目的、有意识地进行文化交流合作，为河南省本土文化走出国门创造机会。韩国以宣传、推销文化产品为介质在世界主要国家和城市设立代表处，以达到传播韩国本土文化的目的。河南省应借鉴韩国的先进经验，努力抓住每一次国际展销、洽谈活动等国际文化交流的机会，依托于茶文化、禅武文化、殷商文化等，创设信阳茶文化节、嵩山禅武节、殷商文化节等，建立河南文化交流合作中心，挖掘河南文化合作交流空间和潜力，主动参与国际合作与竞争，扩大对外文化贸易。同时要积极开展跨国合作，充分开发和利用国内外两大市场和资源。建立与国外文化集团的合资、合作关系，学习借鉴国外文化企业的先进技术，创造水平高、效益好的文化产业项目。河南文化这一世界表达的方式，不仅有助于扩展河南文化的国际知名度，而且更重要的是能够促使文化优势转化为经济优势，创造丰厚的外汇收入。

总而言之，与富"口袋"的经济建设不同，文化建设解决的是富"脑袋"的问题。当下，进行文化产业的发展就是解决"脑袋"与"口袋"的共同富裕问题。河南省不仅应适时调整文化产业内外部结构以及发展方式，改变过去粗放型的产业发展模式，而且要优化资源配置、注重科技创新，实现文化资源的深层次开发和循环利用，走文化产业的可持续发展之路，满足知识经济时代的发展要求。

第三节 构筑现代物流业体系

现代物流业是传统服务业和现代服务业结合的产物,是指原材料、产成品从起点至终点及相关信息有效流动的过程,是将运输、仓储、装卸、加工、整理、配送和信息等方面有机结合的综合服务。它既需要传统服务业提供的普通劳动力,又需要现代服务业中的信息、技术、人才。现代物流业作为极具发展潜力的新兴产业,正在迅速成为促进国民经济与社会发展,特别是推动第三产业快速增长的主要力量。河南是全国交通通信、商贸物流、生产要素汇集和扩散的中心,是东部地区产业转移、西部地区资源输出的枢纽,具备地理优势。在物流企业的运作成本中,河南人力资源成本较低,发展物流业优势突出。加快河南现代物流发展,要充分利用河南的地理优势、交通优势来提升物流服务功能,完善物流服务。全力推进郑州国际物流中心建设,把食品冷链、医药、钢铁、汽车、家电、纺织服装、邮政、粮食、花卉、建材十大物流行业作为河南省发展现代物流业的主要抓手和建设郑州国际物流中心的突破口。实现物流、产业、市场的联合,物流中心、分拨中心、配送终端的联网,对外集输与对内集配的联动。优化城市配送网络体系,构建由商贸批发、连锁零售两个层次和生产资料、日用工业品、农产品三类产品组成的物流配送体系。河南素有"九州腹地、十省通衢"之誉,特殊的枢纽地位、巨大的辐射能力,以及交通区位优势,奠定了河南在全国商贸大流通格局中的重要地位。研究河南现代物流发展对策,对于优化资源配置,调整经济结构,改善投资环境,增强企业竞争能力,提高经济运行质量与效益,以及实现可持续发展战略,具有深远的意义。根据国家对现代物流业发展的有关要求,紧密联系河南实际,为促进河南物流产业健康发展,笔者提出了以下相应的对策。

一 构造中部统一的大通道和大市场

根据区域经济发展的理论和物流管理的相关理论,河南省必须树立现代物流概念,依托中原城市群和骨干交通网,建立现代物流网络。中原城市群是河南省为了实现中原崛起而做出的一项重要的战略规划。中原城市群是一个以郑州为中心,以洛阳为副中心,以郑州、洛阳、开封、新乡、焦作、平顶山、许昌、漯河和济源九个城市为核心区域,以安阳、鹤壁、濮阳、商丘、周口、驻马店以及山西晋城、长治和山东菏泽等城市为外延的城市密集区。根据河南省的交通运输网络和城市群经济的发展，进行整体和组团内节点布局，建成以郑州综合物流中心为依托，豫北、豫西、豫东、豫南区域物流中心相互补充，以郑州物流枢纽为核心，以安阳、洛阳、商丘、信阳、南阳五个区域物流枢纽为主体的省内和跨省物流节点有机结合的现代物流网络体系。

（一）郑州中心物流枢纽建设

郑州是全国重要的交通、通信枢纽，在中原城市群经济隆起带中处于核心地位，发展现代物流具有独特的优势。依托郑州的区位交通优势，充分发挥郑州的物流资源和产业优势，规划建设3个物流园区（莆田物流园区、编组站物流园区和航空港物流园区）、11个物流中心和若干个配送中心。特别要加快郑州中原国际物流园区及郑州国家干线公路物流港、郑州国际航空货运中心、郑州铁路集装箱货运中心、郑州铁路零担货运中心、中南邮政物流集散中心、郑州出口加工区、河南进口保税区七大重要物流设施的建设，努力把郑州建设成为中原地区或全国重要的现代综合物流中心，使其成为带动区域、链接全省、辐射全国的现代物流枢纽。

（二）豫北区域物流建设

豫北地区地处华北平原南部，与山东、河北、山西接壤，主要包括安阳、新乡、焦作、濮阳、鹤壁五市。该区域自然资源丰富，交通便利，现已成为河南发展水平较高的区域之一。依托该区域的区位、交通、资源和经济优势以及区域物流流向，进行区域物流节点布局；规划建设安阳、新乡、濮阳三个现代物流中心，主要承担河南省内和华北、京津地区以及邻近省区的物流服务；焦作、鹤壁以现有物流节点设施改造提升为主，形成与安阳、新乡、濮阳三个物流中心相互补充、相互呼应的一体化物流节点网络体系。

扩大开放是实现河南经济发展、中部崛起战略的重要途径，河南要抓住机遇，拓展国际合作的领域和深度，开拓国际市场，并继续加强与长、珠、闽三角和环渤海经济圈等区域多年形成的经济技术联系，结合自身实际，迎接产业转移，抓好结构调整，同时，瞄准和挖掘本省巨大的潜在市场，实现向西扩张。而这就需要加强河南的交通、通信等物流商贸基础设施建设，形成以铁路、高等级公路、航空港为主体的现代化立体交通枢纽，形成大通道，加快培育中部商品与要素市场，更多地通过市场的力量优化配置资源，使人流、物流、信息流在河南有效地聚合，并通过河南及中部向西部辐射。

打破地方封锁，清除现代物流发展的体制性障碍。地方保护主义仍然是当前河南省物流发展的严重障碍，有的以行政手段，强行让物流企业进驻物流园区；有的强迫物流企业的经营网点在当地注册、纳税；有的在线路招标、车辆通行、货源承揽等方面，明里暗里偏袒本地企业。这些做法，与物流一体化运作的要求背道而驰，也不利于投资环境的改善和经济发展，应该彻底清除。加强河南省区域内各城市和区域外的物流协作，在基础设施、信息、人才培训、客户服务、技术支持等方面加强合作，逐步建立中部地区物流业定期协调制度，完善协作网络和机制。

二 提高物流业服务质量和效率

加强物流人才培养和引进。首先，建立从业资格认证制度，发展职业培训。在物流行业中推行物流师、采购师证书人才培养与从业人员上岗资格证制度。河南省的物流在职人才培养很贫乏，通过委托培训方式培训员工的企业极少，也很难找到合适的培训学校。建议相关部门发挥其作用，不仅要组织各种短训班，而且应该组织系统的培训，将参加物流培训并获得资格证书，作为物流企业管理人员和职工的上岗基本资格。结合省内物流业实际，河南省应尽快建立物流从业人员的终生人才培养制度。此外，职业人才培养形式要多样化，要有不同层次，以适应不同情况的需要。其次，加快多层次物流人才培养体系的建立。经济发展以市场为导向，人才的培养也必须根据市场需要来安排。首先应在高等人才培养中恢复物流管理与物流工程本科专业的设置，这个专业的目标是培养具有扎实的经济学、管理科学、信息科学、工学基础，较高的外语水平和计算机基础技能，掌握物流基础理论和方法，得到物流系统设计的基本训练，具有综合性、应用性、宽口径的知识体系，具备物流管理、规划设计等较强的实务能力的专业物流人才。目前物流本科专业有的设在管理学之下，有的设在工学之下，这不必强求一致，但从总体上讲，物流学主要是管理类学科，但修学者必须有工学基础。物流研究生人才培养主要培养高层次管理人才、科研人员和高校师资，但他们要成为企业的高级管理人员，除了在学校学到系统的物流理论知识和具有广博的知识结构外，还必须在工作中不断探索，积累经验，在实践中继续学习，将实践所得知识上升为理论，使之成为解决各种疑难问题的钥匙。这就是说高层次的物流管理人才的培养仅靠学校还不够，其还要在工作中学习。对于在基层领导岗位上和在第一线的实际操作人员的培训，就不应由高等人才培养来承担，而是由高等职业学校、中等专业学校来完成。再次，优化组合物流人才培养科研队伍，加强物流师资建设。有什么样的物流师资水平，就有什么样的物流教学水平。目前河南省高校的物流师资力量大多是从宏观经济学、机械工程学、管理科学、营销学、交通运输学等专业教师中转移过来的，严格地讲，总体水平不高，所以，提高师资水平十分重要，要加大物流师资出国培训力度，可以采取邀请外国专家来河南省讲学的办法。最后，物流人才的培养要产学研相结合。产学研结合是国外人才培养的有效方法，河南省物流人才的培养一定要走这条路。建立物流示范基地与物流实验基地，使之成为物流研究生与本科人才培养基地。物流教学一定要与科研结合，物流领域有大量的硬课题与软课题要研究，只有科研水平提高了，才能有效地提高教学水平。

此外，信息化和标准化是现代物流发展的重要趋势和特征。目前河南省的物流行业和企业的信息化水平还比较低，重要的信息技术应用的范围还不够广泛，各种运输、仓储设施之间的接口还没有标准化，严重阻碍了一些先进的物流技术和设施的应用，提高物流行业的信息化和标准化水平是河南物流从传统物流向现代物流转换的重要技术措施，必须抓紧。这又需要从两个层次入手，首先是抓好物流行业的信息共享平台的建设，促进河南运输、仓储、商品交易等信息的传输和共享，其次是引导物流企业采用先进的电子信息技术，如鼓励企业积极运用电子商务、电子数据交换、供应链管理软件系统、通信系统、用户反馈系统以及因特网等方面的技术，提高物流企业的信息化水平。严格控制物流产业的要素投入成本，尤其是要合理控制土地价格，降低基础设施的投资运营成本。物流基地的建设会占用较多的土地资源，考虑到市政建设的投入，会造成土地价格的提升，使得物流基础设施的建设成本上升过快，提高物流企业的运营成本，削弱物流企业的竞争力，因此需要控制物流基地或者物流园区内土地价格的过快上涨，提高物流设施的使用效率。

三 加强物流业的竞争实力

河南应立足自身优势，结合实际情况，加强与中部其他省份的合作，充分利用武汉国际机场与长江对外开放口岸的交通优势，构建以物流基础设施和物流信息网络为内容的物流基础平台，对接国家物流规划，依托长江黄金水道、京广京九铁路和高速公路，整合现有交通、商贸等部门和社会各企业的物流存量资源，对高速公路及站场、港口铁路集装箱枢纽、交通枢纽等重要的物流节点进行统一布局,形成外接国际、内联中国五大物流圈的综合物流网。提升河南物流竞争力,要做到以下两个方面。

(一)建立多功能、多品种、多形态的交易市场

配合粮食、能源和原材料基地以及加工制造业的发展,建立多功能、多品种、多形态的交易市场。物流业的发展取决于制造业、其他服务业和贸易等方面的需要,对于河南而言,未来将建成我国重要的粮食等农产品生产加工基地、能源和原材料基地以及新型的制造业重点地区。首先,农业物流产生了巨大的市场,农业本身非常需要现代化物流,农业和物流业会呈现交互式发展的局面;其次,河南资源丰富的煤炭、电力、铝、黄金等有色金属以及钢铁等能源和原材料的交易和流通量很大;最后,河南以煤炭、速冻食品、方便面、电子产品为主的工业产品的生产量和运输量大。河南具备了大流通发展的区位条件及资源优势,以粮食为主的农产品、煤炭、石油及天然气、化纤轻纺等产品的商贸构成河南物流需求的主体,需要发展多品种的物流基地和商品交易市场。从市场形态上讲,河南是我国的粮食主产区,既要通过实施"进村下乡"措施,建立贴近农村的农产品市场,搞活农村市场和农产品流通,减少交易费用,帮助农民从流通环节中获益,也需要建立以大宗农产品为交易对象的农产品期货交易市场,如在河南设立稻谷、棉花期货交易市场等;既要建立有形的商品集中交易市场,也要建设无形的以电子交易方式为平台的市场。

(二)统筹规划物流基础设施

当前,物流基础设施规划和建设中存在部门分割的问题,公路、铁路、仓储、商贸和交通等部门分别制定自己的中、长期发展规划,侧重于本部门的资源配置,未能从完善物流系统的角度综合解决问题,对大规模的、综合性的物流基地建设的重视程度还不够,物流基地存在相对位置、布局、衔接和市场取向不衔接、不合理的状况。建立现代物流体系是河南省经济和社会发展的必然要求,而建立完善的物流基础设施是建立现代物流体系的重要前提,因此政府主管部门要针对各自为政所造成的物流基础设施功能单一、投资分散、重复建设和资源浪费问题,加强物流基础设施建设的统筹规划,特别要加强对中心城市、交通枢纽、物资集散地等大型物流基础设施规划建设的统筹与协调工作,建设综合配套的物流基础设施,包括具有一定规模和区位优势的物流园区、物流基地和物流中心,对已有的运输、仓储、信息平台以及专业市场等资源进行整合。

四　完善物流相关政策

成立政府职能部门和行业管理部门参加的协调机构，专门负责研究、制定和协调物流产业发展的相关政策。要鼓励整合、改造和提升现有物流资源。要打破物流资源的部门分割和地区封锁，鼓励物流企业跨部门、跨地区整合现有物流资源。利用国有工业企业实行主辅分离改革的机会，对现有物流资源进行兼并和重组，加快物流资源整合、改造和提升的步伐，推进物流社会化装备更新的融资政策、物流基地的土地使用政策、物流服务及运输价格政策以及工商登记管理政策，研究制定有利于物流产业发展的支持性措施。加大物流标准化体系建设的力度。物流业的加速发展，要求加快物流企业信息化和标准化的建设步伐，全面提升服务水平。信息化是现代物流的灵魂，现代信息技术使分散在不同经济部门、不同企业之间的信息实现交流和共享，从而达到对各种物流要素和功能进行有效协调、管理和一体化运作的目的。从发展远景上看，要促进现代信息管理技术在物流企业和工商企业物流管理中的应用，大力推进公共信息平台建设，建立健全的电子商务认证体系、网上支付系统和物流配送管理系统，为物流信息交流的畅通和高效创造条件，同时要鼓励物流企业采纳国家物流技术标准，使用标准化、系列化、规范化的物流设施及条码技术，加快全社会物流管理一体化进程。在我国，特别是在深圳、上海等地，物流产业中信息技术受到极大重视，从而得以迅速发展，其广泛应用于物流产业，带动整个物流产业的发展，但也有相当一部分地区，特别是中西部地区的现状令人担忧。河南省应当整合区域物流信息资源，特别是尽快建设地市级物流信息网，改进物流运输交易方式及提高运输效率，缩短交易时间，提高交易成功率，并且物流信息收发畅通，将提高车辆的利用率，降低货运承托双方合同的毁约率，大大降低货运车辆的平均空载率，减轻公路交通拥挤状况和对环境的污染，减少社会资源的浪费。从点到面，建设好河南省的省市二级信息网，必将有力地推动其物流产业信息化的发展，以信息化带动整个物流产业的发展。要采取积极的措施推进物流标准化国家标准和地方标准的制定进程，协调行业主管部门、行业协会加快物流用语、计量标准、技术标准、数据传输标准、物流作业和服务标准等的制定工作，包括针对物流基础设施、装备制定基础性和通用性标准，针对安全和环境制定强制标准，以及支持行业协会对各种物流作业和服务制定相关的行业标准。

第八章
以创新构筑河南发展新体制

深化行政体制改革是推动河南创新发展的强大动力和重要保障。党的十八大以来，以习近平为核心的党中央对深化行政体制改革提出了明确要求。十八届二中全会指出，转变政府职能是深化行政体制改革的核心。十八届三中全会强调，经济体制改革的核心问题是处理好政府和市场的关系，使市场在资源配置中起决定性作用和更好发挥政府作用。本届中央政府成立伊始，开门办的第一件大事就是推进行政体制改革、转变政府职能，把简政放权、放管结合作为"先手棋"。长期以来，政府对微观经济运行干预过多、管得过死，重审批，轻监管，不仅抑制经济发展活力，而且行政成本高，也容易滋生腐败。推进简政放权、放管结合，就是解决这些突出矛盾和问题的关键一招，也紧紧抓住了行政体制改革和经济体制改革的核心，把握了完善社会主义市场经济体制、加强社会建设的要害。可以说，这项改革是"牛鼻子"，具有牵一发动全身的重要作用。

第一节　深化行政管理体制改革

近年来，中央层面的简政放权、放管结合工作取得明显成效。国务院部门共取消或下放行政审批事项537项，本届政府承诺减少三分之一的目标提前两年多完成。投资核准事项中央层面减少76%，境外投资项目核准除特殊情况外全部取消。工商登记实行"先照后证"，前置审批事项中的85%改为后置审批；注册资本由实缴改为认缴，企业年检改为年报公示。资质资格许可认定和评比达标表彰事项大幅减少。中央层面取消、停征、减免420项行政事业性收费和政府性基金,每年减轻企业和个人负担近千亿元。在放权的同时,采取措施加强事中事后监管。地方各级政府认真贯彻中央决策部署,积极做好"接、放、管"工作。有些省份进展较快,行政审批事项取消和下放比例超过一半,最高的达70%,有的省份非行政许可已全面取消。

一 深化以创新河南为目标的行政体制改革

河南省高度重视行政体制改革工作,从改革实际来看,先后出台《河南省人民政府关于取消和调整行政审批项目的决定》等多项文件,简政放权等改革虽初见成效,但与人民群众的期待和经济社会发展要求相比,还有很大差距。一方面,政府一些该放的权还没有放,手伸得还是太长;另一方面,已出台的简政放权措施尚未完全落实到位,"中梗阻"现象大量存在,"最后一公里"还没有完全打通。当然,"最先一公里"也存在问题,这里面既有思想认识不到位、管理方式不适应的问题,也有地方和部门利益在作梗的问题。企业和基层反映,不少审批事项只是换了个"马甲",从明的转成暗的、从上面转到下面、从政府转到与政府有关的中介,审批服务中的各种"要件"、程序、环节等还是关卡林立。同时不少群众反映,"办事还是存在难与慢,部门之间经常扯皮,这个章那个证还是很多,经常被折腾来折腾去"。比如,商事制度改革实现了"先照后证",有些人反映拿了"照"以后还是碰到层层阻碍。缺一个"证",企业就运行不了。一些谁听了都会觉得荒唐的"证"仍然存在。名目繁多、无处不在的审批"当关"、证明"围城"、公章"旅行"、公文"长征",对个人来说,耗费的是时间和精力,增添的是烦恼和无奈;对企业来说,浪费的是人力和物力,贻误的是市场机遇;对社会来说,削弱的是公平和公正,挤压的是创业创新空间,尤其是抑制了劳动生产率提高;对党和政府来说,影响的是形象和威信,挫伤的是人心民意。

深化简政放权等改革不仅是基于历史的启示,而且是基于我国近四十年来改革开放内在成功逻辑的启示。当前和今后一个时期,深化行政体制改革、转变政府职能总的要求是:简政放权、放管结合、优化服务协同推进,即"放、管、服"三管齐下,推动大众创业、万众创新,充分发挥中央和地方两个积极性,促进经济社会持续健康发展,加快建设与社会主义市场经济体制和中国特色社会主义事业发展相适应的法治政府、创新政府、廉洁政府和服务型政府，逐步实现政府治理能力现代化。为此，我们要善于借鉴汲取"大道至简"等优秀文化传统，并结合新的时代要求予以发扬光大，放手让一切劳动、知识、技术、管理、资本的活力竞相迸发，让一切创造社会财富的源泉充分涌流，让所有社会成员各得其所、各展其能，打造经济发展新引擎，开辟社会进步新天地，营造团结和谐新气象。具体来说，应做好以下几个方面工作。

（一）抓好取消和下放管理层级行政审批项目工作落实

各地、各部门要加强组织领导，抓好督促检查，加强工作衔接，确保取消和下放的行政审批项目及时落实到位。对取消的行政审批项目，有关部门要研究提出加强后续监管的具体措施，避免出现监管真空；对下放管理层级的行政审批项目，有关部门要下放到位，与下级政府部门及时沟通衔接，加强业务指导，防止出现管理脱节。

（二）健全行政审批制度改革工作督促检查机制

各地、各部门要建立健全行政审批制度改革评估和考核制度，把取消和下放行政审批事项的工作情况作为部门年度考核的主要内容，建立长效机制；要加强对行政审批权力运行的监督，不断提高政府管理科学化、规范化水平。

（三）推进行政审批规范化建设

健全行政审批服务体系，推广网上审批、并联审批和服务质量公开承诺等做法，优化审批流程，缩减审批时限，提高行政审批服务水平。建立行政审批项目审查论证机制，没有法律、法规和政府规章作为依据，未按规定程序报批，任何地方和部门不得以任何形式设定行政审批项目，切实防止边减边增、明减暗增。

二 创新和加强政府管理，保证市场活而有序

建设创新河南，既要深化行政体制改革，转变政府职能，取消和下放权力，还要改善和加强政府管理，提高政府效能，增强依法全面履职能力，使市场和社会既充满活力又规范有序，促进经济持续健康发展和社会公平正义。

加强市场监管，为各类市场主体营造公平竞争的发展环境，是当务之急。目前，我国市场经济秩序还很不规范，商事制度等改革之后，新的市场主体大批涌现，如果监管跟不上，那么市场秩序混乱现象会加剧，"劣币驱

逐良币"的扭曲效应会放大，将严重制约诚实守信经营者和新的市场主体的发展。不少企业（包括台商、外商）反映，侵犯知识产权、坑蒙拐骗等行为，企业自身难以解决，如果政府把这些问题管住了，那么企业的"心头之痛"就解除了。因此，在大量减少审批后，政府要更多转为事中事后监管，切实把市场管住、管好，这是政府管理方式的重大转变，难度更大，要求更高。

从思路上看，建设创新河南要转变监管理念，强化法治、公平、责任意识。具体原因主要包括以下两个方面：一方面，各种检查太多，随意性太大，企业疲于应付，还有不少寻租行为；另一方面，该监管的还没有管或没有管住、管好。政府监管要"居敬行简"，不扰民，不烦民，但法度应不缺，制定科学有效的市场监管规则、流程和标准，向社会公示，使市场主体明晓界限、守法经营，并缩小监管者自由裁量权。同时，要依法开展监管，维护和保障市场公平竞争秩序，当好"裁判员"，不犯规的不去烦扰，轻微犯规的及时亮"黄牌"警告，严重犯规的马上"红牌"罚下场。当然，裁判员要履职尽责、公平公正执法，不能该吹哨的不吹，更不能吹"黑哨"。监管者必须受监督，要公开信息，健全并严格执行监管责任制和责任追究制。要创新监管机制和监管方式，提高监管效能。要继续推进监管创新。一是实行综合监管和执法。抓紧建立统一的监管平台，把部门间关联的监管事项都放到平台上来，同时清理整合各类行政执法队伍，推进跨部门、跨行业综合执法，让几个"大盖帽"合成一个"大盖帽"，形成监管和执法合力，避免交叉重复或留空白死角。监管和执法的结果应公示，并留底备查，阳光是治理监管和执法不公最有效的手段。二是推广随机抽查监管。有些地方和行业把企业和监管部门人员放在同一平台上，通过两次摇号，按一定比例对企业进行抽检，随机确定检查人员，从而使企业有了压力，也减少了监管部门的寻租机会。要抓紧推广这一做法。三是推进"智能"监管。积极运用大数据、云计算、物联网等信息化手段，探索实行"互联网+监管"模式。加快部门之间、上下级之间信息资源的开放共享、互联互通，打破"信息孤岛"。推进统一的社会信用体系建设，建立信息披露和诚信档案制度、失信联合惩戒机制和黑名单制度，让失信者一处违规、处处受限。四是强化社会监督。畅通投诉举报渠道，对举报者要给予有足够吸引力的奖励，并对其身份信息严格保密。强化企业首负责任，通过倒逼形成层层追溯、相互监督机制。加强行业自律，鼓励同行监督。充分发挥媒体舆论监督作用，无数双眼睛盯着每一个角落,织就监督的"恢恢天网"。

从具体领域上看,建设创新河南要切实通过加强政府作风建设来提升其治理能力和水平。具体来说,包括以下一些领域。①扶贫开发领域。督促各级政府认真落实脱贫攻坚主体责任,着力解决脱贫攻坚主体责任落实不力,项目资金分配下达不及时,项目审批时间过长,资金滞留严重和项目监督不到位、验收不及时、管理不善等问题,严肃查处扶贫资金拨付、使用和扶贫项目实施中的乱作为、不作为、慢作为等问题。②重点项目建设领域。督促各级政府对全省重点项目、专项建设基金项目、1816投资促进计划项目、2015~2016年度中央预算内投资项目的建设责任、建设目标任务落实情况进行监督检查,着力解决各级政府、相关部门工作推动不力,项目建设进展迟缓,在项目审批(核准、备案)、土地、规划、环评、建设环境、资金拨付、政策落实、问题协调等方面服务保障不积极、不到位等问题,严肃查处项目建设中滥设门槛、障碍等突出问题。③行政审批制度改革领域。督促各级政府落实简政放权、加强监管、优化服务等重大改革举措,重点对落实取消调整下放行政审批事项、按要求向社会公布权责清单、简化优化公共服务流程、清理各类无谓证明和繁琐手续、方便基层群众干事创业等行政审批制度改革工作进行督促检查,严肃查处明放暗不放、放虚不放实等问题,坚决纠正不按权责清单行使权力、滥用权力等行为,着力解决基层群众办证多、办证难等顽疾。④土地开发利用和保护领域。督促各级政府落实最严格耕地保护制度和节约集约用地制度,按期完成永久基本农田划定、农村宅基地和集体建设用地使用权确权登记颁证工作;市、县级不动产登记机构实现人员到位,资料移交到位并按期发放新证。着力解决土地批而未征、征而未供、供而未用和闲置浪费等突出问题。严肃查处违反规定强征强迁、截留拖欠征地补偿资金和违法违规用地行为。⑤教育领域。督促各级政府加强乡村教师队伍建设和促进义务教育均衡发展,重点对全省乡村教师支持计划和全面改善贫困地区义务教育薄弱学校办学条件落实情况进行督促检查。严肃查处招生舞弊、违规办学、乱收费问题,着力解决学校招生考试、联合办学、教学安排、学籍管理、规范收费等方面的突出问题。⑥卫生计生领域。督促各级政府深化医药卫生体制改革、卫生计生机构改革,落实新农合资金和公共卫生财政资金、重点项目建设资金、卫生计生民生工程资金。对全省医疗机构"合理检查、合理用药、合理治疗、规范收费"情况开展监督检查,严肃查处涉医贪腐、收受"红包""回扣"问题。对违规非法接受捐赠和借集中配送形成垄断问题的整改、落实情况进行监督检查,严肃查处主体责任落实不力、损害群众利益等突出问题。⑦环保和城市公用事业领域。督促各级政府和环保部门认真履行属地管理和部门监管责任,对违法违规建设项目清理整改情况进行督查问责,着力解决偷排、偷放废水、废气、固体废物等损害群众利益的突出问题。严肃查处政府属地管理责任不落实、部门监管责任缺失等行为,促进环境质量持续好转。督促城市公用事业企业主管部门认真履行监管职责,重点对城市供水、供气、供热等公用事业企业管理、服务、收费等情况进行监督检查,严肃查处行业主管部门和城市公用事业企业在管理、收费、服务中的"吃拿卡要"、以权谋私等问题。⑧食品药品安全监管领域。督促各级政府落实食品药品安全属地管理责任,重点对乡镇食品药品监管派出机构建设、执法装备和检验仪器设备配备等情况进行监督检查。严肃查处属地管理责任落实不到位,基层监管机构建设和执法装备、检验仪器设备配备不到位等问题。加大对违法生产、销售假冒伪劣食品药品行为的打击力度,严肃查处食品药品监管中的突出问题。⑨公安和交通运输领域。重点对公安交通路面执勤执法、户籍管理等方面存在的突出问题进行监督检查,对交通运输执法体制改革政策不落实、治超责任不落实和新组建的交通运输执法机构不作为、乱作为问题进行监督检查。着力解决群众反映强烈的执法不规范、执法不公、执法不透明、制度执行不严、管理不到位等突出问题。⑩安全生产领域。督促各级政府健全基层监管执法机构,加强基层执法力量,落实安全生产监管责任。重点对郑州、洛阳、安阳、焦作、许昌、三门峡、南阳、滑县等地79处油气管道隐患整改任务完成情况进行督促检查。着力解决安全意识不强、安全理念不牢、安全责任不落实等问题,严肃查处执法监督不严格、隐患排查不认真、隐患整改不及时不彻底等不履行或不正确履行职责的行为。

三 优化政府创新服务体系

优化政府服务,更好满足人民群众和经济社会发展需求。全心全意为人民服务,是我们党的根本宗旨;让老百姓过上好日子,是人民政府的天职。近年来,各级政府在加强服务方面花了不少力气,但公共产品短缺、公共服务薄弱等问题依然突出。加快解决这一问题,可以有效提升政府服务能力和水平,也可以增加有效投资,有利于顶住经济下行压力。这要靠深化简政放权等改革破除障碍,把市场机制作用发挥好。改革的实效也要从增加公共产品、公共服务方面来体现。我们要努力通过提供比较充裕的公共产品、优质高效的公共服务，使创业创新过程更顺畅、经济发展之路更通畅、人民群众心情更舒畅，使整个社会更温馨、更和谐、更有凝聚力和活力。

（一）为大众创业、万众创新提供全方位服务

"双创"有利于扩大就业，稳增长也是为了保就业。一是加强政策支持。在降税、清费、减负基础上，要研究出台一批扶持创业创新特别是小微企业的政策措施。对众创空间、创新工场等各种孵化器，要在租金、场地、税费等方面给予支持。发挥财政资金杠杆作用，采取贴息、补助、创投基金等方式，撬动社会投入。完善投融资机制，大力发展风险投资、天使投资等投资方式，探索新型商业模式，多措并举帮助创业者解决资金困难问题。二是提供平台综合服务。创业创新需要什么服务，政府就要在这个平台上提供什么服务。强化政策、法律和信息咨询服务。加强知识产权保护。做好对大学生的就业创业指导服务和农民工的职业技能培训。这些服务有的政府部门可以直接提供，有的可以向专业机构购买，有的还要鼓励中介组织等积极参与。三是服务要便捷高效。群众创业创新不易，各级政府及其工作人员要设身处地为他们着想，提供更加人性化、更富人情味的服务，态度要好，手续要少，速度要快。继续办好政务服务中心和办事大厅，实行"一个窗口受理、一站式审批、一条龙服务"，规范流程，明确标准，缩短时间。

（二）为人民群众提供公平、可及的公共服务

增加公共产品和公共服务供给，政府不能唱"独角戏"，要创新机制，尽可能利用社会力量，并搞好规划、制定标准、促进竞争、加强监管。凡是企业和社会组织有积极性、适合承担的，都要通过委托、承包、采购等方式交给他们承担；确需政府参与的，要实行政府和社会资本合作模式。即使是基本公共服务，也要尽量这样做。政府办事要尽可能不养人、不养机构，追求不花钱能办事或少花钱多办事的效果。这也有利于公共服务发展新机制，促进民办教育、医疗和养老等服务业发展。我们既要努力提供充裕的公共服务，更要增强公共服务的公平性和可及性。要创新服务方式，最大限度地便民利民。有些服务事项，最好能让群众不出门，通过网上办理、代办服务、上门服务等方式来完成。如果需要群众直接来，那么要提前告知其各种要求，力争来一两次就办成。对要求群众出具的各种"证明"，要清理规范，能免的就免，能合的就合，确实需要的，尽可能通过部门之间信息共享和业务协同来核查解决。各级政府及其工作人员都要有这样一个服务理念,就是宁可自己多辛苦,也要让群众少跑路。

(三) 履行好政府保基本的兜底责任

我国还是一个发展中国家,全国有7000多万低保人口、7000多万贫困人口。虽然我国建立了覆盖全民的社会保障制度,但保障水平还比较低。现在不少地方财政吃紧,但再困难也要保障好困难群众的基本生活。底线兜住了,也可为创业者特别是青年人创业解除后顾之忧,即使失败了也有机会再次创业。当前,要更加关注困难群体的就业、社保、教育、医疗、养老等问题,加快城市棚户区和农村危旧房改造。需要指出的是,提供基本公共服务、保障和改善民生不能脱离实际,要与经济社会发展水平相适应。

四 抓好创新河南的组织领导

深化行政体制改革、转变政府职能,是一场深刻改革,涉及面广,难度大,必须按照中央统一部署,切实加强领导,周密组织,才能使改革积极稳妥向前推进。

第一,强化机制,明确责任。河南省应该根据中央部署继续着力推进简政放权、放管结合、优化服务工作。省内各地市、区县也要充分加强相应的领导机制和工作机制,主要领导要直接抓,及时拍板解决改革中的重大问题。每个改革事项都要细化任务和分工,要有时间表、路线图和责任状。

第二,协调行动,积极探索。简政放权、放管结合、优化服务是一个系统工程,需要统筹安排、整体推进。省内各地市、区县要牢固树立大局意识和全局观念,不折不扣地贯彻执行党中央、国务院的决策部署,确保令行禁止,不能各吹各的号、各唱各的调。国务院做出的各项改革决定,相关文件和配套措施必须尽快出台,不能久拖不办。尊重基层和群众的首创精神,是我国改革开放的一条基本经验。很多重大改革举措都是先从地方做起,然后推向全国的。根据国务院总的要求和原则,要大胆探索创新,在改革中力争上游,同时要注意学习借鉴其他地区的好经验、好做法,互促共进。

第三,主动作为,干事创业。改革开放以来我国取得的巨大成就,是各级干部和群众一起干出来的,今后推动改革发展还得靠干部带着群众一起干。现在,确实存在着一些干部不同程度的懒政怠政、消极敷衍等现象。对此,一方面要加强思想教育,引导公务员积极适应简政放权、放管结合、优化服务的新形势,加快转变观念,不断取得新的工作业绩,富一方百姓,保一方平安；另一方面，要完善激励约束机制，鼓励各级干部愿干事、敢干事、能干成事。

第四，加强督查，狠抓落实。省内各地市、区县要把简政放权、放管结合、优化服务情况纳入绩效考核体系，并完善考评机制。加大督查力度，创新督查方式，并与第三方评估、社会评价结合起来，好经验要及时推广，发现的问题要抓紧解决，对落实不力的要严肃追究责任，确保各项改革措施落到实处。

第五，依法改革，有序推进。法律是治国之重器，良法是善治之前提。简政放权等改革要在法治轨道上推进，重大改革要于法有据，同时法律法规也要适应改革需要，及时加以调整和完善，使激发释放活力和维护保障秩序有机统一起来。有关部门在放权的同时要提出修法建议。修法立法要严格把关，防止部门利益法制化；严禁法外设权扩权，走出"精简、膨胀"循环的怪圈。要按照国务院要求，抓紧对规范性文件进行全面清理，凡是于法无据、损害群众合法权益的，都要废止或进行修改。

第二节　加快形成竞争有序的市场体系

党的十八届三中全会通过的《中共中央关于全面深化改革若干重大问题的决定》（以下简称《决定》）指出，"建设统一开放、竞争有序的市场体系，是使市场在资源配置中起决定性作用的基础"。我国改革开放已走过30多年波澜壮阔的历程，取得了举世瞩目的成就，社会主义市场经济体制不断完善。但也应看到，我国市场取向的改革仍需深入推进，市场秩序有待规范，生产要素市场发展滞后，市场规则不统一，市场竞争不充分。要使市场在资源配置中起决定性作用，必须加快建设统一开放、竞争有序的市场体系。当前，应在以下几方面着力。

一　清除地方保护和市场壁垒

统一市场，是指在社会分工和商品经济发展基础上形成的各地市场相互依存、优势互补、整体协调、开放高效、通达顺畅的市场体系。在统一市场中，市场封锁、地方保护等现象基本消除，商品和要素资源能够依据经济规律和统一市场规则顺畅流动和优化配置。改革开放以来，特别是党的十四大以来，随着经济的快速发展、社会主义市场经济体制的建立、市场体系的形成以及一系列相关法律法规的颁布实施，我国在打破地区封锁、建设全国统一市场方面取得了长足进展，商品和要素的跨区域流动明显增强。但毋庸讳言，各类市场封锁和地方保护仍然存在，全国统一市场仍未真正形成。目前，市场封锁和地方保护表现得更隐蔽、形式更多样。一是在保护内容上，由保护本地产品、资源为主转向保护本地市场为主，限制外地产品进入本地市场。二是在保护手段上，由简单设置关卡转为制定地方规则和行政壁垒，往往以"红头文件"形式使保护措施"合规化"；制定地方标准排斥外地产品和服务；通过对外地产品重复检验、多头执法等手段实施地方保护。三是在保护范围上，由过去的以保护商品为主扩大到保护要素和服务市场。

地区封锁屡禁不止、统一市场难以形成，根本原因是体制障碍和制度制约。现行的财税体制和财权事权划分，使地方利益刚性化；简单"以生产总值增长率论英雄"的考核机制，强化了地方保护。此外，区域发展差距大、社会保障体系不健全、约束地区封锁的法律制度欠缺、监督监管乏力等，也是地方保护和区域封锁的重要体制和制度根源。市场封锁和地方保护阻碍了统一市场的形成，进而阻碍了社会生产力的发展和资源的优化配置，损害了市场主体的利益和消费者的合法权益，还滋生了腐败。因此，着力消除各类市场封锁和地方保护，形成全国统一的商品和要素流通政策和贸易体制，根据产业的整体技术水平和国际发展趋势，推行全国统一的、合理的技术标准、检验体系，促进统一市场的形成，是深化改革的内在要求；健全监督机制、公正公平执法、加大查处力度，是转变政府职能、建立高效公正廉洁的行政管理体制的重要任务。同时，加强媒体和公众监督，营造良好的社会舆论监督环境，对于建立全国统一市场也很有必要。

河南省高度重视清除各项市场壁垒，先后出台《河南省贯彻落实国务院通知精神进一步做好减轻企业负担工作实施方案》等重要文件，其重要背景就在于受国内外经济形势影响，河南省经济下行压力明显，企业减负的呼声强烈。河南省企业的负担主要表现在四个方面：一是违规收费和摊派问题仍然存在；二是行政审批前置服务项目和收费增多，部分中介组织利用行政资源指定服务、强制收费的情况时有发生；三是行业协会、中介组织收费不合理问题反映较多；四是个别商业银行在放贷的同时，搭售理财产品，附加相应的存款要求，收取过高费用，抬高了企业的融资成本。目前河南省经济稳定回升的基础尚不稳固，企业负重前行。减轻企业负担工作，目的就是通过加强涉企收费管理，为企业松绑，激发企业活力，为稳定经济增长发挥积极的作用。从长远看,减轻企业负担是服务企业发展的重要内容。企业兴则经济兴,稳增长的核心是稳企业。工作的重点就是将减轻企业负担和服务企业发展有机结合,在体制机制改革上狠下功夫,真正从根源上减轻企业负担,为企业营造良好发展环境,更好地服务企业发展。清除市场壁垒、减轻企业负担的核心在于建立和实施涉企收费目录清单制度。所谓清单制度,是一种以法律法规、强制性标准规范为依据,最大限度减少和规范政府管理的行政管理方式,主要包括政府性基金、行政事业性收费、实施政府定价或指导价的经营服务性收费、行政审批前置服务项目收费四大类。本次的目录清单是正面清单,清单之外的涉企收费,一律不得执行,企业也有权拒绝,可以举报和投诉。清单之内的涉企收费,要逐步减少项目数量。清单制度的建立标志着减轻企业负担从运动式治理向制度性规范的转变,标志着今后要真正看住向企业乱伸的手,从根源上减轻企业负担。

二 促进资源在更大范围优化配置

深化要素市场改革,促进资源在更大范围优化配置。建设统一开放、竞争有序的市场体系,涉及更深层次的统一生产要素市场体系的构建。近年来,我国土地、劳动力、资本等生产要素的市场化程度不断提高,推动了市场体系建设,促进了国民经济平稳较快发展。但从总体上看,市场体系发展并不平衡,要素市场化改革一直是薄弱环节,要素市场化进程远远落后于商品市场化进程。要素市场分割,制约要素资源在更大范围优化配置,影响我国经济提质增效。

从土地市场看,在现行土地管理制度下,我国土地市场还不完善,在城乡之间发展不平衡、不统一,特别是农村集体建设用地基本被排斥在土地市场之外。对此,《决定》要求"建立城乡统一的建设用地市场"。一段时间以来,农村集体建设用地流转处于自发和无序状态,正常的土地市场秩序受到干扰。在城镇,城镇化推进、基础设施建设以及工业、房地产开发都需要土地,市场需求旺盛,地价高企,"地王"频现。这种城乡分割的土地市场格局已越来越不适应经济社会发展的要求,围绕土地征收拆迁的社会矛盾日益突出,改革现行土地管理制度势在必行。深化土地管理制度改革,关键是改革土地征用制度,严格界定公益性和经营性建设用地,缩小征地范围,公平补偿被征地农民。随着工业化、城镇化的推进,农村集体建设用地的资产价值充分显现出来。推动农村集体建设用地在符合规划和用途管制的前提下进入市场，以公开规范的方式转让使用权，使其与国有建设用地享有平等权益，可以防止土地流转价格扭曲，有利于充分挖掘集体建设用地的巨大潜力，建立城乡统一的建设用地市场。应积极探索农村集体经营性建设用地流转的途径，建立与城镇地价体系相衔接的农村集体建设用地地价体系。完善农民宅基地与房产制度。培育农村土地承包经营权市场，允许农民采取转包、出租、互换、转让、股份合作等方式流转土地。培育土地流转中介服务组织，加强土地承包经营权流转管理和服务。城镇各种建设用地应更多地通过市场公开出让，促进土地在竞争性使用中得到优化配置。

从劳动力市场看，随着城镇化的推进和农民工大规模向城镇转移，城乡分割的体制弊端进一步凸显，劳动力市场被户籍制度人为分割为城镇就业者和农民工就业者的二元格局。农民工在就业、教育培训、工资福利等方面受到一定的身份歧视，享受的公共服务水平比较低，与户籍制度紧密相联的各类社会保障也难以惠及他们。这种城乡分割的体制使劳动力市场发展不稳定、不平衡、难持续，对产业升级和经济结构调整带来负面影响。因此，统筹城乡劳动力市场，关键是深化户籍制度改革，推进农业转移人口市民化。应全面放开建制镇和小城市落户限制，有序放开中等城市落户限制，合理确定大城市落户条件，严格控制特大城市人口规模，促进符合条件的农业转移人口在城镇落户并享有与城镇居民同等的权益。

三 创造市场主体公平竞争的环境

公平竞争是市场经济的本质要求，也是市场机制发挥作用的必要条件。在我国市场体系建设中，各种经济成分市场主体共同竞争发展的格局已经形成。而且，伴随国有企业改革和国有经济布局调整，民营等非公有制经济主体的比例不断上升。目前，非公有制经济创造了我国60%的国内生产总值、50%的税收和70%以上的就业岗位，成为经济发展不可或缺的重要力量。然而，不同市场主体平等使用生产要素的公平竞争的市场环境还没有形成。一是一些重要领域的市场准入机会不均等，民营经济进入一些垄断行业仍面临"玻璃门""旋转门"问题。二是在平等使用要素资源方面，国有企业和民营企业之间有明显差别，从贷款、融资、财政扶持到土地等要素资源的获得，国有企业都具有明显优势。三是在监管力度和法律环境方面，民营企业还不能与国有企业享受同等待遇。创造市场主体公平竞争的发展环境，需要使各种所有制经济得到法律的平等对待和保护。为此，一方面需要继续完善和落实有关政策，为各类市场主体依法平等使用生产要素、公开公平公正参与市场竞争、同等受到法律保护提供支持；另一方面需要形成公平竞争的法律体系，用法律法规和必要的制度安排保障各类市场主体公平竞争。

四 进一步释放市场活力和社会创造力

深化简政放权，既要有勇气，也要有智慧。改革进行到现在，不仅要更多触及深层次矛盾、触动利益的"奶酪"，而且要改变原来习惯性的管理方式，很不容易。何况，简政放权实质是政府的自身革命，自我削权限权就像割自己的肉，更为困难。目前这一改革如同顶风逆水搏激流，不仅不进则退，而且慢进也会退。为了国家发展和人民福祉，为了使经济运行保持在合理区间，实现经济社会持续健康发展，我们必须以壮士断腕的决心和勇气，着力把简政放权加快向前推进。坚决把该"放"的彻底放开、该"减"的彻底减掉、该"清"的彻底清除，不留尾巴、不留死角、不搞变通。同时，要做好深化简政放权的统筹谋划，因地制宜，讲究策略和方法，确保改革顺利推进和取得更大成效。

深化简政放权，要注重把握好三点。一要开门搞改革。民之所望，施政所向。人民群众对审批之弊感受最深，对改什么、如何改最有发言权。我们要把主要由政府部门"端菜"变为更多由人民群众"点菜"，以群众需求为导向，从反映强烈的突出问题入手，确定深化改革的重点、措施和路径，更为精准、更加精细地清除阻碍创新发展的"堵点"、影响干事创业的"痛点"和监管服务的"盲点"。二要上下联动。上下同欲者胜。在简政放权这场重大改革中，上下必须协同推进。上级政府在设计改革方案时，要重视听取下级特别是基层政府的意见，使改革举措更具可行性、操作性。下级政府在贯彻执行上级要求的同时，要结合自身实际制定好可落实的具体办法。除涉及国家安全、生态安全和公众健康等重大公共利益事项外，其他的审批事项原则上要以取消为主。确需下放的，各部门要协调同步，把整个审批链全下放，不能你放他不放、责放权不放。只要有一个部门不放，企业创业和投资项目就整个运作不起来。因此，有关部门对确需保留的审批事项，不论是前置还是后置，都要有时限要求，而且要联网、要公开。事项下放到哪一级，要根据地方各级政府的职责来确定，不能层层往下甩包袱，最后导致基层接不住。三要由人民群众和实践评判改革成效。群众和企业满意不满意，实践效果如何，是检验简政放权成效的根本标准。不能光看你下了多大功夫，数字上取消下放了多少，关键要看群众和企业办起事来是不是快了、花钱少了、成本低了。

政府在减权放权的同时，要以刚性的制度来管权限权，厉行法治，依法行政，建设法治政府。要坚持职权法定原则，加快建立"三个清单"，划定政府与市场、企业、社会的权责边界。以权力清单明确政府能做什么，"法无授权不可为"；以责任清单明确政府该怎么管市场，"法定职责必须为"；以负面清单明确对企业的约束有哪些，"法无禁止即可为"。通过建立"三个清单"，依法管好"看得见的手"，用好"看不见的手"，挡住"寻租的黑手"。

第三节　创新和完善宏观调控方式

科学有效的宏观调控既是社会主义市场经济体制的重要组成部分，又是建设创新河南的必然要求。创新和完善宏观调控方式，加快构建科学规范、运转高效、实施有力的宏观调控体系，是适应、把握和引领经济发展新常态的根本要求，是促进"十三五"时期河南经济社会平稳健康发展的强有力保障。

一　充分发挥市场配置资源的决定性作用

党的十四大确立了建立社会主义市场经济体制的改革目标，明确提出了改革的基本取向是要使市场在资源配置中发挥基础性作用。多年来，我国在资源配置方式上基本实现了由国家计划配置为主向市场配置为主的转变，市场机制的作用不断增强。但从经济发展的客观要求来看，目前市场配置资源的作用发挥得还不够，特别是在一些重点领域仍然以政府配置资源为主，在一些重点领域投资、重要产品价格形成等关键环节仍然主要由政府做决策。因此，全面深化改革，就要大幅度减少政府对经济活动的干预，使市场在资源配置中起决定性作用。

处理好政府和市场的关系之所以是核心问题，就是因为它在很大程度上决定着改革的成效。这就需要更清晰地明确政府和市场的角色定位。就政府职能而言，目前仍然存在对微观经济活动干预过多的问题。这种资源配置方式不仅缺乏科学性，而且造成行政成本过高、效率低下、资源浪费和腐败等问题。处理好政府和市场的关系，就是要明确界定政府与市场的职能，最大限度减少对生产经营活动的许可，最大限度缩小投资项目审批、核准、备案的范围，最大可能减少对各类机构及其活动的认定，让市场在资源配置上发挥决定性作用。凡是市场有能力做好的事情就交给市场去做，政府的职责和作用主要是保持宏观经济稳定，加强和优化公共服务，保障公平竞争，加强市场监管，维护市场秩序，推动可持续发展，促进共同富裕，弥补市场失灵。

二　加大对创新主体的扶持力度

创新和完善宏观调控方式的重要表现就是政府是如何干预和扶持实体经济的，在建设创新河南的进程中，我们应充分认识到金融是实体经济发展的强大支撑，实体经济是金融繁荣的重要基础，两者相辅相成，缺一不可。要始终坚持金融服务实体经济的本质要求，不断为中原实体经济发展创造良好金融环境，确保经济在合理区间运行，主要可以从以下三个方面着手。

（一）抓住有利契机，优化信贷结构

制造业当前的困难，对于银行业金融机构而言，也是一次优化信贷结构的机遇。各行业基本已经完成了一次"洗牌"，能够坚持经营的，已经是资质相对较好的企业。虽然经济形势不容乐观，但毕竟开始缓慢复苏，银行业金融机构要弱化"顺周期"行为，在此情况下抓住经济结构逐步调整的契机，加强信贷结构的优化，做到有增有减。加大对实体经济的投入，减少"脱实向虚"的情况；以变化发展的眼光看待问题，不断加大对制造业的信贷投放总量。

（二）把握调控节奏，注重有保有压

尽管信贷政策有松有紧，但在任何时候都应该杜绝"一刀切"。要理性对待限制性行业中的企业，客观评价个体的生产经营情况，不"惜贷"、不"恐贷"，对于发展较好或者暂时遇到困难但前景看好的企业，要积极予以扶持。解决不合理收费和附加贷款条件等问题，一定程度上放宽和简化企业的贷款条件和审批程序，缓解企业贷款成本过高的状况。另外，加强贷后检查，跟踪贷款走向，确保贷款注入实体经济运行中，切实发挥金融支持实体经济发展的作用。

（三）加强金融创新，拓展融资方式

每个地方都有其区域经济特点、产业特色，银行业金融机构应当以此为

依托，通过创新工作挖掘新的业务增长点。河南的现代服务业和高端制造业作为支柱行业，其中的优质大中企业较多，对于这部分企业可以加以积极引导，在政策允许的范围内，适当放宽其向金融市场直接融资的准入条件，调整现行股票、债券发行条件中对中小企业规模的限制，为其提供更为有利的融资环境。

2016年9月，为积极应对经济下行的严峻形势，有针对性地解决好企业融资难融资贵等突出问题，河南银监局于日前正式印发《河南银行业支持实体经济发展的二十条措施的通知》（以下简称《二十条》），从加大有效信贷投放、发展普惠金融、推进精准扶贫、降低企业负担等方面提出明确要求和具体措施。对于正在推进的国企改革，《二十条》也有具体的支持措施。对煤炭、钢铁、有色金属等重点改革领域，河南省银行业将坚持有扶有控、区别对待的原则。对符合国家政策导向的，要积极支持企业技术改造、产品升级、转型转产、压减产能、淘汰落后、破产重组、扭亏脱困。对于政府明确的优质骨干企业或重点企业，特别是河南能化集团、郑煤集团、安钢集团等省管国有工业企业，要集合、引导金融资源集中支持，除稳贷、续贷之外，要积极依法合规出资参与国有企业改革基金、产业结构调整发展基金等的设立和运作，有效推进国企改革稳定开展。此次《二十条》出台，旨在促进河南省银行业金融机构在全面把握国家宏观调控政策有关要求的前提下，增加资金投入，优化金融服务，促进实体经济稳健发展。

三 政府成为创新河南的主要推动者

2016年5月30日，习近平总书记在全国科技创新大会上发表重要讲话，从战略高度把科技创新摆在更加重要位置，吹响了建设世界科技强国的时代号角。我们要自觉把思想和行动统一到中央精神上来，深入领会中央关于科技创新的新理念新思想新战略，深刻认识科技创新的重大意义，进一步深化认识、主动作为，切实推动创新河南建设，为把我国建成世界科技强国做出应有贡献。

第一，明确郑洛新国家自主创新示范区发展思路，加快实施创新驱动发展战略。要科学分析创新态势，看到河南省科技创新面临的重大机遇和有利条件，特别是随着郑洛新国家自主创新示范区、中国（河南）自由贸易试验区获批，科技发展的战略和政策叠加优势日益凸显，将引领和带动全省创新发展的能力加快提升。要准确把握创新导向，坚持问题导向补短板，坚持战略导向抢先机，坚持市场导向重效益。要紧紧盯住创新目标，按照河南省创新发展"三步走"战略目标任务，区分近期、中期和远期，合理确定阶段性目标和具体发展指标，一步一个脚印向前推进。要着力打造创新载体，做亮郑洛新国家自主创新示范区这张名片，加强科学谋划，加大建设力度，以解放思想引领示范区建设，以政策引导示范区建设，以开放带动示范区建设，将其打造成为具有国际竞争力的中原创新创业中心，充分发挥其对河南省其他城市的辐射带动作用，推动形成核心引领、辐射带动、梯次发展、全面提升的创新发展新局面。

第二，全面提升河南省科技创新的支撑能力。做好近期重点工作与中长期任务的统筹衔接，强化重点领域和关键环节的重大任务部署。一是加快促进产业转型升级，培育经济发展新动能。围绕推动产业转型升级这一关键，着力在创新龙头企业、创新产业链、创新产业集群培育上下功夫。打造创新龙头企业，培育一批具有先进技术水平、引领行业发展、支撑产业转型升级的创新龙头企业，年营销额超亿元的"科技小巨人企业"和高新技术企业。围绕产业链部署创新链，围绕河南省产业发展的优势和方向，加强产业链条中关键领域、薄弱环节的重大技术攻关。培育创新型产业集群，以技术的群体性突破支撑引领产业集群创新发展。二是大力推进开放创新，集聚创新资源。积极开展科技开放合作，推动国家科技资源在河南省布局，鼓励省内企业与国内外同行、大型央企、科研院所、高等院校开展合作，支持省内高等院校、科研院所与国内外一流大学、科研院所和世界500强企业在省内联合设立研发机构或科技中心。加快承接技术转移，充分发挥区位、交通、市场、人力资源优势和国家级科技服务机构的辐射带动作用，推动先进适用技术成果向河南省转移。积极促进军民融合协同创新，辐射带动全省军民融合产业协同发展。三是坚持人才发展为先，调动各类人才创新积极性。实施更加积极的人才引进政策，创新人才引进机制和方式方法，坚持刚性引才和柔性引才相结合，突出柔性引才品牌提升，吸引聚集国内外高层次人才来河南省开展科技研发和项目合作。完善人才培养模式，培育造就一批高层次科技人才。创新人才使用机制，完善激励人才创新的分配制度和人才评价机制，真正让有贡献的科技人员在经济上有实惠、工作上有保障、社会上受尊重。四是深化科技体制改革，激发创新创业活力。完善科技决策机制，切实发挥好科技界和各类智库对行政决策的支撑作用。完善科技成果转化机制，研究制定"河南省实施促进科技成果转化法"的具体细则。完善金融支持机制，推进科技融资平台建设，培育壮大创新投资基金，壮大股权投资引导基金规模。完善科技管理基础制度，持续深化财政科技计划和经费管理改革。

第三，着力打造河南"双创"新高地。科技创新处于河南省经济社会发展全局的核心位置。2016 年，郑洛新国家自主创新示范区揭牌，郑州航空港经济综合实验区和中信重工机械股份有限公司入选国家首批双创示范基地，可谓"创新绘就出彩中原"。河南省在《关于大力推进大众创业万众创新的实施意见》（以下简称《实施意见》）中提出，到 2020 年河南省创新创业要从"小众"走向"大众"，从"众创空间"走向"双创基地"、示范城市，成为全国重要的创新创业新高地。《实施意见》指出，到 2018 年创新创业体系建设要取得突破性进展，汇聚一批以企业家、科技人员、大学生为主体的创新创业实践者，打造一批特色鲜明、集聚度高、辐射能力强的科技企业孵化器、创业园区、电子商务示范基地和小微企业创新创业基地示范城市，基本形成政策清晰、载体多元、机制创新、服务高效、充满活力的创新创业发展格局。如果将"互联网＋双创＋中国制造 2025"彼此结合起来进行工业创新，那么将会催生一场"新工业革命"，对河南省国有企业改革具有重要意义。

四 创新企业融资方式

在建设创新河南的伟大进程中，我们应充分认识到民营企业尤其是中小企业将是今后发展的创新主体，通过创新企业融资方式强化金融服务、提升民营企业的"供血"能力、有效缓解民营企业融资压力，将是今后一段时间的工作重点。

一是充分发挥政府投资的引导带动作用。积极通过投资补助、基金注资等方式，鼓励和引导民营资本参与重点领域建设。2011 年以来，河南省共安排省服务业发展引导资金 3.75 亿元，支持 224 个项目，其中支持民间投资项目 184 个，占支持项目数量的 82.1%；安排工业结构调整资金 12 亿元，支持 391 个项目，其中民间投资项目 179 个，占支持项目数量的 45.8%；安排节能减排专项资金 2.9 亿元，支持 162 个项目，其中民间投资项目 94 个，占支持项目数量的 58%。设立河南省股权投资引导基金，出资 6.8 亿元参股基金 14 只，重点支持先进装备制造、节能环保、新材料等行业，有效带动民间投资。设立 5 亿元的科技创新风险投资基金，重点支持种子期、初创期科技型小微企业发展。同时，还先后成立了先进制造业集群培育基金、中小企业发展基金、"互联网＋"发展基金、现代农业发展基金等多只基金，省财政出资42.5亿元，带动基金规模210.2亿元，有效撬动社会资本进入重点建设领域。

二是着力解决小微企业融资难题。实施差异化监管，对小微贷款不良率高出平均不良率2%以内的，予以一定容忍度。加快专营机构设立，截至2015年底，河南省银行业小微企业专营机构、特色支行超过400家。截至2016年3月末，河南省小微企业贷款余额9393.66亿元，同比增速16.11%，高于各项贷款增速1.45个百分点；贷款户数78.98万户，申贷获得率达到94.59%。深化银企对接，搭建银企沟通对接平台，促成8725家企业签约，贷款金额871亿元。建立"河南银行业小微企业金融产品库"，推进银保、银担、银税合作，帮助860家小微企业获得信用贷款。

三是加强对涉农经营主体服务力度。各银行单列涉农信贷计划，持续加大信贷支持力度，2015年共投放支农再贷款250.1亿元、支小再贷款40亿元，办理再贴现98.7亿元，直接为河南省三农领域和小微企业节约利息成本近12亿元。搭建银企对接平台支持"三农"发展，合计签约金额101.2亿元。2015年新增涉农贷款1820.87亿元，较年初增长15.56%，高于各项贷款平均增幅0.29个百分点。扎实推进金融精准扶贫，截至2016年3月末，河南省银行业扶贫贷款比年初增加4.7亿元，增长32.91%，其中，农发行河南分行在全省53个贫困县和革命老区贷款余额403亿元。

四是加大股权债权融资支持力度。积极推动民营企业在境内主板、中小板、创业板上市、挂牌融资，加快民营企业股份制改造工作，加强与资本市场对接。2015年，河南省共有19家民营企业上市，融资金额达156.73亿元，占全部上市融资金额的65.91%。其中，2015年河南省首发上市的6家企业均为民营企业，合计募集资金28.9亿元。积极推动民营企业在新三板和中原股权交易中心挂牌融资，形成"优选一批、培育一批、申报一批、成功一批"的阶梯式推进格局。截至2016年4月底，河南省新三板挂牌企业达到244家，合计募集资金53.3亿元，新三板后备企业1019家。中原股权交易中心交易板挂牌企业21家，融资6465万元。充分发挥省金融业发展专项奖补资金作用，对发行债务融资工具实现融资的企业，按照实际发行金额给予不超过0.1%的发行费补贴。2015年，拨付资金3631万元，支持47家企业在资本市场实现债务融资968亿元。2016年第一季度，河南省银行业共帮助企业申报债券36个，成功发行324.9亿元，3年期以内债券的平均利率为 3.09%，提供了较多的低成本融资支持。努力扩大债券融资规模，2011 年以来，河南省共有 11 家民营企业发行债券 4 只，共融资 92.9 亿元，其中天瑞集团发行了 50 亿元规模的全国唯一一只并购重组化解过剩产能债券。

五是积极发挥政策性金融作用。加大政策性金融机构对基础设施、市政公用及社会事业等领域的资金支持，充分利用专项建设基金等政策工具，着力解决民间资本资本金不足的问题。截至 2016 年 4 月末，国家开发银行河南省分行充分利用棚改专项资金、专项建设基金等政策工具，投放专项基金 286.87 亿元，棚改贷款余额 736.38 亿元，较年初新增 94.25 亿元。中国农业发展银行河南省分行支持的 280 个专项建设基金项目中，民营资本主导的有 79 个，金额达 34.33 亿元，占专项建设基金投资金额的 31.21%。

六是积极支持创业投资基金设立发展。截至 2015 年末，河南省工商注册登记的各类基金机构数达到 129 家，注册资本规模从 2012 年之前的 115.36 亿元增长到 301.2 亿元。其中，民间资本发起设立基金占比超过 80%。积极支持创业投资基金投资中小微企业创业创新项目。2016 年初，河南省已有 200 多家高成长中小微企业获得各类基金提供的直接投资 150 多亿元。在创业投资基金"融资"和"融智"的双融帮助下，郑州辰维科技等一批高成长科技型民营企业成功登陆"新三板"。

七是着力防范民营企业融资风险。通过设立应急周转贷款，帮助临时性困难企业解决临时性的资金周转困难。2015 年河南省建立还贷周转基金 20 只，共 39 亿元，协调帮助 30 多家民营企业渡过难关。建立小微企业信贷风险补偿机制，金融机构对小微企业的贷款在完成"两个不低于"目标后，省财政按增量给予不高于 0.5% 的风险补偿，2015 年拨付省级小微企业信贷风险补偿资金 6 亿元，引导市县设立补偿资金 9.3 亿元。加强对重点区域企业关联担保风险的识别与监测，综合运用置换担保、缩减担保链、压降风险额度等措施，大圈化小或拆圈解链，有效防范化解了民营企业互保联保风险。

第九章
以创新提高河南整体发展质量

第一节 培育河南发展新动力

在本书前几章,笔者从理论层面和实践层面论述了河南创新发展的必要性和可行性;从农业、工业和服务业三个产业领域论证了创新的促进作用。那么,为提高未来河南经济发展的整体质量,就必须提供持续不断的创新动力。笔者认为,制度创新动力、人才创新动力和文化创新动力是创新河南之根本动力。

一 建立制度创新动力

(一)使制度创新成为推动发展的强大动力

制度创新的实质是创新文化的培育和提供经济创新的环境。所以,要形成制度动力级别的制度红利,制度创新的突破口就要放在对创新创业的支持上,即创新型经济的支持制度,要放在激励创新创业上。

制度创新的另一个方面就是推动合作,要打造让创新者获利的体制与机制,搭建创业企业的交易平台和服务平台。创新创业者的创意可以通过平台交易和退出,这种市场制度创新,也是推进制度红利不可缺少的。因此,要利用公共资源来加速新兴市场的形成,通过政府政策或政府购买的方式,人为地造成市场的变革,从而让创新者提前获利,提早获得回报,并反馈创新,使创新早成规模,早成产业。

面向创新型经济的文化创新、制度创新和市场创新是非常重要的制度红利释放目标。这样的动力型的制度红利，会引发转型升级的确定性联想，从而使制度红利释放与挖掘常态化、持久化、系统化。

河南省应该在制度和政策供给上加大力度，在要素和服务供给上创新机制，协同推进其他领域改革，再创体制机制新优势，使制度创新成为推动发展的强大动力。

（二）以制度创新推动政府治理能力现代化

要以政府自身改革来推动制度的创新，不断扩大制度供给的突破口。通过制度确保管理科学化、规范化、法治化，最大限度精简办事程序。提升河南政务服务网功能，推动行政权力网上公开透明运行，推进政府和社会信息资源开放共享。整合建立统一的公共资源交易平台，基本实现公共资源交易全过程电子化。

深化行政审批制度改革。进一步清理、规范和下放行政审批事项，积极探索试行市场准入负面清单制度，推进相对集中行政许可权改革试点，推动市县行政审批层级一体化改革，推进审批中介服务配套改革，健全事中事后监管制度，加快推进行政许可、行政处罚公示上网工作。

社会可以做好的，就交给社会。推进事业单位改革，加快生产经营和中介服务类事业单位转企改制和去行政化改革，推进行业协会商会与行政机关脱钩改革。深化社会组织改革，激发社会组织活力，加大政策扶持和分类指导，创新直接登记和备案登记相结合的新型登记模式。

加快构建资源配置市场化的体制机制。用市场化的手段来配置公共资源，积极探索在当前资源要素紧缺背景下，如何推进资源配置市场化，提供持续不断的制度供给创新。

持续深化县域经济体制综合改革。大力推进资源要素市场化配置改革，全面开展县域经济体制综合改革，创新地方金融体制，完善建设用地配置机制，深化水电气等资源性产品价格改革，深化排污权有偿使用制度改革，建立区域性要素交易综合平台，完善社会信用体系。

（三）以制度创新激发各类市场主体活力

制度经济学代表人物之一、美国著名经济学家舒尔茨说过："任何制度都是对实际生活中已经存在的需求的响应。"随着河南省经济进入转型升级的新阶段，一些制度体系已严重滞后，进而产生了创新制度供给的迫切需求。所有这些需求加起来，可以概括为一句话：发挥市场配置资源的决定性作用与更好地发挥政府作用。

以制度创新激发各类企业创新活力。立足河南省产业布局和地方特色，制定生态农业、战略新兴产业、现代服务业新型市场主体培育计划。支持各类市场主体不断开办新企业、开发新产品、开拓新市场，培育新兴产业，形成小企业"铺天盖地"、大企业"顶天立地"的发展格局。

第一，激发国有企业改革活力。加大省市县国有资本、资源整合力度，推动国有资本向基础设施、民生保障和战略性新兴产业等关键领域集聚。同时，有效推进混合所有制改革，引入各类社会资本参与到企业建设中，激发企业活力。加强人力资源管理改革力度，建立职业经理人制度，合理确定基本年薪、绩效年薪和任期激励收入，最大程度激发管理者的积极性。

第二，激发民营企业活力。降低准入门槛：取消注册资本最低限额、首次出资比例、货币出资比例等不合理限制；放宽市场主体住所（经营场所）登记条件；"先照后证"，推行"多证合一、一照一码"登记模式。落实减税降费：按照中央要求，河南省要落实好减税降费各项政策，同时规范担保业务，搭建对接平台，扩大银企合作，降低企业融资成本，让更多企业以更低成本得到更优服务。方便民营企业"走出去"：河南省围绕构建开放型经济新体制、培育开放型经济新优势等重点，落实"一带一路"、优进优出、自由贸易试验区等一系列重大战略部署，积极培育非公外贸企业竞争优势，鼓励民营企业积极走出去，抓住机遇开拓发展空间。

第三，激发科技型创业企业活力。科技型中小企业是最具活力、最具潜力、最具成长性的创新群体。根据科技型企业的特点，要激发其活力，政府应在科技型中小企业初创期为企业提供专业化的孵化服务、公共研发和检测平台，降低企业的运行成本；在企业科技产品大规模生产的成长期，为企业提供政策优惠的科技园区，解决其用地难题。帮助初创期科技型企业推荐创业导师、选聘科技顾问，为企业科技人才进修培训提供机会与服务。另外，河南要学习外省市的经验，积极探索以科技创新券激发科技型中小企业创新活力。

二 挖掘人才创新动力

人才创新是组织利用有效的方法对人才不断开发、培养并增值的过程。人才创新是真正的管理，是以人为本；人才创新是组织管理者正视并忠诚推动员工成长，使人才成为资本；人才创新就是组织从员工成长中实现利润增长，从而成为企业发展的动力。

当前，河南是人力资源大省，但还不是人力资源强省，更不是人才资源强省，人才在人力资源中的比重较低，特别是高层次创新型人才短缺，已成为制约河南省创新发展的瓶颈。河南省要实现创新发展，必须聚焦人才，补足短板，紧紧围绕经济社会发展需求，推进以人力资本为核心的人力资源开发，充分发挥其在创新发展中的引领支撑作用。

（一）坚持高端引领，开发高层次创新型人才

"千军易得，一将难求。"实践证明，高端人才在事业发展中往往起到决定性的引领带动作用。目前，河南省高层次创新人才严重缺乏，2015年全省仅有院士20人、"长江学者奖励计划"特聘教授4人。因此，我们必须以高层次创新型人才为开发重点，大力培养引进科技领军人才，具有国际化视野、精通国际化规则的国际化人才，具有战略眼光、市场意识、管理创新能力和社会责任感的优秀企业家；培养造就一大批勇于创新、敢于冒险的创新型企业家；建设专业化、市场化、国际化的职业经理人队伍；培养造就一大批技艺精湛、掌握绝技绝活的高技能人才。

要围绕高新技术开发、基础应用研究，以及对河南省经济社会发展有重大影响的优势学科领域，进一步加强杰出专业技术人才的选拔培养，加大外国专家的引进力度，发挥好留学回国人员的作用，培养造就一批科技创新的领军人物。

要围绕重大项目、重大技术攻关课题，积极促进产学研结合，持续推行"人才+项目"培养模式，加强产业集聚区、高新区、开发区等博士后研发基地建设，鼓励、支持博士后站设站单位与国外高校、科研、企业机构广泛开展科技攻关、学术交流、技术合作等，培养造就一批创新型人才团队。

（二）打造基础支撑，注重技能人才开发

技能人才是产业发展的重要支撑力量。创新成果要转化为实实在在的生产力，还要靠一线的技术工人、技能人才去执行和实施。河南要大力实施全民技能振兴工程，实现技能人才培养跨越式发展，不断壮大技能人才队伍，打造河南人力资源优势。

我们也应看到，与河南省经济增长的规模速度和产业转型升级的现实需求相比，技能人才的数量和质量还远远不能满足产业发展的需要，必须加快推动技能培训规模升级，进一步提升培训能力和培训质量。要紧紧围绕经济社会发展需求，立足河南人力资源大省的实际，依托全民技能振兴工程，进一步加强技能型人才特别是高素质产业技能人才的培养。

要大力加强产教融合、校企合作,增强培训的针对性和有效性,实现劳动者培训与企业用工之间无缝对接。要加大高技能人才培养力度,健全以企业为主体、以职业院校为基础、学校教育与企业培养紧密联系、政府推动与社会支持相结合的高技能人才培养体系,提升技能人才的培养层次,为经济结构调整、产业转型升级、提升自主创新能力提供良好的基础支撑。

(三) 强化服务保障,为人才成长和集聚营造良好环境

一个良好的环境,对人才的成长和集聚至关重要。历史上优秀人才的脱颖而出都与时代发展和社会环境紧密相关。对人才来说,最能打动他们的是欣欣向荣的事业,最能体现他们价值的是干成事业,最能吸引他们的是激发他们创造活力的动力源泉。基于这一点,人才引进就应针对当地发展实际,采取科学的引进方式,在优化人才发展环境上狠下功夫。

总体来看,当前河南省人才尤其是创新型人才成长的环境还不尽如人意。创新创业的环境更多体现在"硬件"方面,"软环境"建设亟待加强,突出表现在,人才优先发展的思想认识还不到位,人才成长的体制机制障碍仍然存在。在党管人才的大格局下,各有关部门应当加强相互之间的政策统筹协调,保障人才开发,尤其是创新型人才开发政策的一致性和协调性,通过创新人才工作政策和机制,破除人才发现评价、流动引进、激励保障等方面存在的障碍,努力为人才的成长营造一个良好的、鼓励创新创造的制度环境、市场环境、工作生活环境和社会环境,促进人才集聚,推动创新发展。

从创新发展的微观突破来看,无论是大众创业,还是万众创新,都要充分调动不同类型、不同领域、不同层面各类人才的积极性、主动性和创造性。要强化创新型科技人才和高技能人才队伍建设。完善高端创新人才和产业技能人才"二元支撑"的人才培养体系,加强普通教育与职业教育衔接,加快推进部分本科高校向应用技术型高等学校转变。建设一批高水平职业院校和职业技能实训基地,推进校企合作、工学结合,开展现代学徒制试点,创建"大工匠"工作室、技能大师工作室。只有"量体裁衣",对人才使用进行"个性化定制",激发人才活力,发掘创新潜力,才能把人才对于创新发展的贡献作用最大化、最优化。

人才资源是永不枯竭的战略资源,人才优势是最具潜力的发展优势。助推河南创新发展,必须充分发掘各类人才的资源价值,努力为各类人才投身发展、展现自我提供良好环境,为创新河南发展提供强劲的人才动力。

三 培育文化创新动力

创新文化是指与创新活动相关的文化形态，是社会共有的关于创新的价值观念和制度设计。它反映了社会对创新的态度，这种态度体现为一种价值取向，映现了社会是否对新思想、新变革容许、欢迎乃至积极鼓励。激发创造力是创新文化建设的目的。文化力与经济力同等重要地被认为是现代化实现程度的硬指标，没有相当的文化力就不可能有真正的现代化。

近年来，创新河南的实践活动取得了很大的成效，也面临着不小的阻力，其中最大的阻力在于文化创新方面。主要表现在有利于创新的制度环境和文化氛围还未形成，不少地方和部门没有形成依靠科技创新推动发展的自觉意识和行动，不少企业缺乏依靠自主创新实现可持续发展的意识和动力，社会尚未真正形成鼓励创新、支持创新的文化氛围，对创新重要性的认识有待提高。

因此，要把文化创新上升到河南省发展的战略层面来看待，因为文化创新是其他创新的根本动力。大力推进文化创新，在全社会倡导尊重知识、崇尚创造、追求卓越的创新文化，大力培育敢为人先、宽容失败的创业文化，全力塑造创新河南的区域形象。

鼓励创新的价值观念是创新文化的核心，而相应的制度设计是创新得以广泛开展和持续进行的保证。因此，创新文化体现在鼓励创新的价值观念和相应的制度设计这两个层面。

（一）培养鼓励创新的价值观

创新之所以稀缺，是因为任何创新的实现都是需要基础支撑条件的。当条件不具备的时候，创新是无法实现的。其中最重要的支撑是对于创新的价值认识。当前，河南省还存在一些不利于甚至阻碍创新的文化因素，如传统文化中的某些消极因素、计划经济时代遗留下来的一些不合时宜的思维定势、教育中的一些不足等。因此，在全社会培育创新意识，倡导创新精神，形成创新友好的社会文化氛围，是提升创新价值观的根本之道。我们必须把创新文化的价值追求融入民众的基本价值追求之中，只有让创新文化深入人心，才能增强河南省的创新能力，将其建成创新型大省。

具体而言，要培养鼓励创新的价值观，一是要提倡科学精神和企业家精神。科学精神是在科学漫长的发展历史中逐步积累形成的优良传统、认知方式、态度作风等，表现为求真务实、诚实公正、怀疑批判、协作开放等精神。技术创新的主要驱动力量是企业和企业家，技术创新呼唤企业家精神。企业家精神的核心价值表现为崇尚竞争、勇于变革、敢冒风险、追求卓越、奉献社会等。二是要形成鼓励创新的道德准则、行为规范。有研究表明：一个地区的政策环境、经济情况，直接制约当地的文化状况和当地人们的认知结构。所以，在全社会培育创新文化，就要倡导崇尚理性、尊重知识、勇于竞争、鼓励创新、宽容失败的道德准则。进而，这种道德准则会以润物细无声的方式影响人们的行为规范，创新的价值观就会逐渐体现出来。

（二）设计支持创新的制度体系

作为制度形态的创新文化，是指创新活动顺利开展应具有的体制机制、管理制度、法律法规等。制度构建了科技创新活动最重要的科研环境和保障机制，调节着创新资源的配置，引导着创新主体的价值取向，规定着相应的评估标准和激励方式。制度形态的创新文化通过持续不断的作用，逐步塑造创新者的行为模式，并影响着全社会对创新活动的态度和看法。

降低制度成本是最大的创新支持政策。大凡创新成本低的地区，也是创新活力比较强的地区。导致创新成本低的主要原因在于制度成本比较低，而制度成本比较低可以简单理解为，当地市场经济发展较为充分，自由与公平逐渐成为一种习惯，契约精神具有更高的接受度与践行度。反之则是完全相反的情况，创新成本高的地区，也大多是传统的计划经济区域，那里的制度成本严重偏高，从而导致创新动力不足。

加强服务型政府的建设是降低制度成本的主要手段。服务型政府是支持创新制度体系的载体，政府向服务型政府的转变，关键是管理理念的转变，进而带来政策的转变和执行的高效。对于降低制度成本而言，服务型政府的建设必须要在以下几个方面得到加强：一是政府政策的制定与执行以市场协调为原则，减少或避免与创新环境的冲突；二是营造高效的创新服务环境，创新服务理念、内容和方式，坚持依法行政，为社会创新提供良好的法制环境；三是对创新者实施具体的管理服务，如发展知识产权服务，建立知识产权管理体系，壮大职业技术经纪人队伍，为创新成果交易服务。发展专业咨询机构，政府带头，启动咨询市场的有效需求；培育高素质人才，完善认证制度；建立服务网络，启动中小企业快速咨询服务系统；利用中介服务基金等形式促进中介机构发展。加强行业规范化管理，促进行业协会的发展；由协会开展行业标准制定、业务培训、资质认定、信用监督、质量考核和调解纠纷等工作等。

总之，培养鼓励创新的价值观，设计支持创新的制度体系，使文化创新成为河南发展的永恒动力。

第二节 拓展河南发展空间

制度动力、人才动力和文化动力为创新河南未来发展提供了持续的动力源。在提高河南经济发展质量的同时，拓展河南未来发展的空间自然就成为下一步要思考的问题。笔者认为，拓展河南发展空间应该从拓展河南省内发展空间、国内发展空间和国际发展空间递次展开。

一 拓展河南省内发展空间

（一）提升产业集聚区的扩张能力

河南省产业集聚区发展现状。截至2016年底，河南省产业集聚区共有180个，集聚区内企业2万余家，分布在全省18个地市，所涉及的行业主要集中在装备制造、钢铁、食品加工、生物医药、汽车及汽车零部件、有色金属、纺织服装、农副产品加工、新材料、物流商贸、轻工、化工、电子信息、新能源、建材等十五大类。

据统计，河南省产业集聚区"四上"企业12487家，其中有123个产业集群，主营业务收入超过100亿元，而郑州电子信息、漯河食品、洛阳装备制造3个产业集群主营业务收入更超过1000亿元。2015年产业集聚区规模以上工业增加值占全省的60.4%，对全省工业主营业务收入增长及利润总额增长的贡献率均超过70%，产业集聚区对全省高成长性制造业增长的贡献更超过80%。今后一段时期，要进一步提升产业集聚区的扩张能力，要做好以下几个方面。

推动产业集聚区从规模扩张向量质并重转变。面向未来，培育产业全球竞争力。中高端产品是河南省产业集聚区产业发展的方向。从市场层面看，出入境便利化、海外代购和跨境电商等快速发展使国内消费者可以非常便利地购买海外消费品。但随之而来，中高端消费品面临全球市场竞争，没有全球竞争力根本无法占领国内市场。从技术层面看，全球竞争意味着要走在全球前列而不再是"跟随""赶超"，低成本"山寨""模仿"已经没有出路，面向未来进行技术深耕的创新产品、精工产品才能有全球竞争力，才能在国内市场站住脚跟。所以，河南省产业集聚区必须切实从规模扩张向量质并重转变，立足于培养全球竞争力，发展面向未来、引领市场的创新产品、精工产品。

弘扬工匠精神，全力提升产品品质。河南省是制造业大省，但还不是制造业强省，制造业总量大但具有全球竞争力、能够引领市场的产品少。作为工业发展的主阵地，产业集聚区应鼓励、支持、引导企业弘扬精益求精的工匠精神，不断提高设备工艺与组织管理水平，全力提升产品性能品质，打造精工产品。一是加强教育培训，让企业、企业家提高其提升产品性能品质的自觉性，不求最大，但求最好。二是进一步加强与优化职业技能培训体系，培育职业操守强的高素质产业工人，把粗放型劳动力转变为能够生产高性能、高品质产品的精细化劳动力。三是设立产业产品提升基金，对于企业提高技术、改进装备给予一定的财税、金融支持。四是加强市场监管，规范市场行为，为企业提升产品性能品质营造良好的市场环境。

打造平台，全方位支持创新创业。创新、智力型创业是新常态下优化供给结构的重要途径。河南省产业集聚区应调整发展思路，打造创业创新平台，完善创投机制，创新人才政策，支持智力型中小企业和创业团队发展，强力推动大众创业、万众创新。一是落实国家鼓励企业研发创新的有关财税政策，允许研发费用提前从成本中摊销，或从所得税额中扣除，或从税前收益中扣除。二是充分利用鼓励科技创新的各项政策，以成果转让费、持股、利润分成等多种形式加大科研人员在创新性成果所获收益中的分成比例。三是适时调整发展与招商思路，转变招商方式，变招商引资为招商引智，将招商指导思想从注重大项目、大资本转向注重智力型、精细化的中小微企业和创业团队。四是集中力量在产业集聚区构建一批创新与创业相结合、线上与线下相结合、孵化与投资相结合的高品质创业平台与创业空间。

突出特色，强化集群。产业竞争归根结底是集群的竞争，河南省产业集聚区培育全球竞争力必须要强化自身优势，重点突破，厚植发展优势，补齐产业配套能力不足的短板。一是强化自身优势，差异化发展。国内各区域在产业升级方面面临激烈的竞争，河南省要根据自身的比较优势选择合适的、能够实现可持续发展的产业，差异化发展。对于每一个具体的产业集聚区来说，主导产业一定要再聚焦，集中一个特色产业，不断集聚竞争优势。二是强化产业集群。产业配套能力差是河南省的弱点，因此一定要进一步强化集群意识，延链补链，产业链招商，强力推动产业配套能力提升，积极利用互联网推进产业集群在线化，打造基于互联网的线上产业生态。

如今，河南的产业集聚区建设正在由"创业期"向"创新期"过渡，一批高端外向型企业在产业集聚区平台上扎堆集聚，产业链的黏合性和协同作业程度日益提高，产业集聚区愈加重视集群发展和创新驱动，为推动河南制造向河南创造、河南速度向河南质量、河南产品向河南品牌转变提供了强劲动力。

（二）加快建设郑洛新国家自主创新示范区

河南省将按照国务院批复和《实施方案》要求，着力把郑洛新国家自主创新示范区打造成具有国际竞争力的中原创新创业中心和开放创新先导区、技术转移集聚区、转型升级引领区、创新创业生态区，使之成为引领带动全省创新驱动发展的综合载体和增长极。

示范区到2020年的发展目标，即郑洛新三个国家高新区研发投入占生产总值的比重达到5%，带动郑洛新三市研发投入占生产总值比重达到2.5%；示范区科技进步贡献率达到65%，带动全省科技进步贡献率达到60%。每万人有效发明专利拥有量达到15件，技术合同交易额年增长10%以上，示范区内高新技术产业产值占规模以上工业总产值比重达到65%以上，服务业占生产总值比重在50%以上。

按照发展目标要求，将把示范区打造成为国家重要的装备制造、新能源和新能源汽车、生物医药、现代物流创新中心和产业基地，使其成为中西部地区大众创业、万众创新的热土。在空间布局上，示范区将按照"三市三区多园"的架构，加快形成创新一体化发展格局。即以郑洛新三市作为示范区建设主体，以郑州、洛阳、新乡三个国家高新区作为核心区，在三市内规划建设一批园区，实现产业发展差异化、资源利用最优化和整体功能最大化。在功能布局上，郑州、洛阳、新乡三个片区将形成优势互补、错位发展、特色明显的产业格局。

立足比较优势和发展基础，深化体制机制改革，开展创新政策先行先试，深入推进大众创业、万众创新，激发各类创新主体活力，营造良好的创新创业环境，培育一批"百千万"亿级创新型产业集群。高新区要强化战略先导地位，突出"高"和"新"，充分发挥引领、辐射、带动作用。辐射区突出"专"和"精"，发展特色产业。加快形成示范区优势互补、错位发展、特色明显的产业格局，开创各有侧重、各具特色、协同发展的创新新局面，全面提升区域创新体系整体效能。

郑州片区。重点发展智能终端、盾构装备、超硬材料、新能源汽车、非开挖技术、智能仪表与控制系统、可见光通信、信息安全、物联网、北斗导航与遥感等,打造国内具有重要影响力的高端装备制造产业集群和新一代信息技术产业集群。以建设国家科技和金融结合试点城市为抓手,重点开展科技服务业区域试点和科技金融结合方面的试点示范。

洛阳片区。重点发展工业机器人、智能成套装备、高端金属材料、新型绿色耐火材料等,打造国内具有重要影响力的智能装备研发生产基地和新材料创新基地。以建设国家小微企业创业创新基地城市示范为抓手,重点开展创新创业生态体系和新型研发机构建设方面的试点示范。

新乡片区。重点发展新能源动力电池及材料、生物制药、生化制品等,打造新能源动力电池及材料创新中心和生物医药产业集群。充分发挥科教资源集聚优势,全力争创国家创新型试点城市,重点开展新能源领域科技成果转移转化和产业组织方式创新方面的试点示范。

国家自主创新示范区在区域创新发展和转型升级中具有重要的示范、引领、辐射和带动作用。示范区建设要实现示范、带动、支撑全省创新发展的功能,一方面,迫切需要在示范区空间布局上做出努力。要建设好核心区,在提升示范区创新支撑功能、提升产业创新水平上下功夫,适时扩编核心区的建设规划。要分批次建设辐射区,让全省各地区都有获取示范区激励政策的机会和希望。另一方面,在功能布局上立足比较优势和发展基础,着力引领、培育一批"百千万"亿级创新型产业集群,带动全省产业结构优化升级,推动发展方式向依靠持续的知识积累、技术进步和劳动力素质提升转变,实现较高速度、较高质量的发展。

二 拓展国内发展空间

(一) 以"互联网+"交易扩张

"互联网+"作为一种新业态、新模式、新技术,已经广泛地影响到我们的生产生活。近年来,河南省从企业到政府都在为如何利用"互联网+"而积极探索,并取得了很大的成效。

利用"互联网+",河南众品和鲜易控股有限公司由传统加工制造型企业成功转型为互联网平台型企业。公司建立的垂直生鲜食材 B2B 电商交易平台——鲜易网注册用户超过33.2万个,总交易额达36亿元,展示了新技术、新业态推动产业发展的强大动能。

河南首个互联网渠道交易所"豫货通天下"正式启动,传统企业可借该交易所补齐短板，抢占先机。据介绍，企业把产品免费上传到"豫货通天下"交易所平台，该交易所平台通过研读判断，确定企业所提供的商品适合在哪个平台销售，如淘宝、天猫或者亚马逊等其他国外平台。之后，通过专业的销售人才、翻译人才，对产品进行推广，获得询盘，并最终促成交易。只有交易完成了，企业才给交易所一定的佣金，不成交不用缴付佣金，这极大地扩张了企业的交易市场，减少了交易的费用。

目前，由河南保税物流中心承接的郑州跨境贸易电子商务服务试点项目，业务单量是全国其他6家试点的总和，参与企业数量等综合指标也处于全国首位。

实际上，河南省在"互联网+"进程中积极探索，不断推动社会转型升级，创造出了多个"第一"：河南省成为国内第一个与腾讯公司签约推进"互联网+"战略的省份；全国首个"互联网+智慧"景区落户洛阳龙门；两大智慧城市同时上线——"互联网+开封"探索首创"互联网+文化"的模式，"互联网+鹤壁"开了中国首个"互联网+生态城市"之先河……

河南省政府高度重视"互联网+"产业发展。2015年10月8日，省政府印发《河南省"互联网+"行动实施方案》，明确了11大行动和43个重点专项，涵盖了电子商务、高效物流、创业创新、协同制造、现代农业、普惠金融、益民服务、便捷交通、智慧能源、绿色生态、人工智能等11个领域。其中，在"互联网+"电子商务行动中明确，河南省将推动便民服务新业态发展，大力发展线上线下结合的新型社区服务，规范推广在线租房、停车服务、闲置物品交易等新业态，重点推广基于移动互联网入口的城市服务，让公众足不出户便可享受便捷高效的服务。

2015年11月6日，河南省政府与中国移动、中国电信、中国联通、中国铁塔四大央企在郑州签署战略合作协议。根据协议，四大央企在未来三年将重点实施郑州国家级互联网骨干直联点提升、"全光网河南"、"精品4G"三大工程，为云计算、大数据、物联网等新技术应用提供强力支撑，为河南发展插上"互联网+"的翅膀。

因此，利用"互联网+"交易扩张，是拓展河南省发展空间的一个重要途径。要顺应市场的发展要求，利用河南省"互联网+"发展的良好环境，做好以下几方面的工作。

一要实施中国（郑州）跨境电子商务综合试验区申建工程。将试验区办成进出口商品集散交易示范区，对外贸易转型升级示范区，有效监管、便捷通关创新示范区,内外贸融合发展示范区,力争到2017年全省跨境电子商务年交易额超200亿美元。

二要开建中国中部电子商务港。中国中部电子商务港包括电子商务综合平台、区域电商总部、产业孵化基地、智能物流园、互联网金融区域结算中心等功能园区。吸引电商企业集中布局、集群发展,形成在全国具有影响力、竞争力的电商发展高地。目前,已有谷歌关键词体验中心及装备制造业大数据平台、百度业务推广基地及中部结算中心、国内知名电商物流企业新地集团与省内长通物流一期投资18亿元的电商物流产业园、亚马逊中部电商和物流中心、世界工厂网、国内领先的互联网金融公司拉卡拉郑州分公司等企业有意向入驻。

三要大力发展农村电子商务。结合河南省第一批电子商务进农村国家试点工作成功经验,积极推荐第二批国家级试点县。同时,加快推进与阿里巴巴集团签署的"互联网+农村"电商应用项目合作协议,初期选择孟州市、汝州市、光山县三地进行试点,每个县(市)建立电商服务平台和融资管理中心,每个乡建设仓储物流中心,每个行政村建设阿里电商服务站。

另外,河南省还要培育10家省级电商示范基地、50家示范企业;针对电子商务、云计算、大数据产业发展出台招商引资专项政策,并举办全省电子商务博览会,吸引知名电商、物流、支付企业在省内设立一批总部、分支机构或运营中心;加快全省商务公共服务云平台系统调试,争取尽早运行,形成大商务、大数据、大平台优势。

总之,要构建河南省网络化、智能化、服务化、协同化的"互联网+"生态体系,使"互联网+"新经济形态发展进入国内先进行列,成为全省经济发展扩张的一个重要途径。

(二)以投资并购扩张

如果说利用"互联网+"交易扩张拓展了河南经济发展的市场空间,那么利用投资则可以拓展河南产业的发展空间,利用并购可以拓展河南企业的发展空间。以投资并购扩张是企业为主导的市场行为,但同样需要政府的引导。

近年来,由于产能过剩、经济下行、投资效益低下,无论是流动性充裕的企业,还是手握重金的政府相关职能部门,直接投资相关产业的能力和动力都不大,因此我们应该鼓励通过并购提高产业效率,优化资本市场的资源配置,扩张产业发展空间。在这里,政府的产业基金要起到先导和引导的作用。

目前，河南已运行7只基金，总规模4069亿元。其中，新型城镇化发展基金，规模3000亿元；政府和社会资本合作（PPP）基金，规模1000亿元；产业发展基金共57亿元，其中现代农业发展基金12亿元、先进制造业发展基金初步30亿元、文化产业发展基金10亿元、科技创新基金5亿元；河南省"互联网+"产业发展基金12亿元。政府主导基金的市场化投向和引导，远远比僵硬的行政命令更为有效。

在以移动互联为代表的信息技术产业日新月异发展的时期，政府需要疏导民间资本向着未来新兴产业的方向投资。事实上，政府主导的产业基金投资主体指向均为创业投资或新兴产业，可以说，新兴产业的创业投资已成为政府引导基金的主题，民间资本也看到了新的投资机遇。这种形式的投资扩张，有利于凝聚社会资本，激发民间投资活力，又能缓解中小企业融资困难，优化企业股权结构，促进企业自主创新和加快转型升级。

企业并购是企业发展到一定时期进一步做强做大的主要手段之一。从国内来看，河南省具备比较优势的产业应该也能够利用并购来发展，如农业生产的畜牧业养殖、农产品加工等；装备制造业的客车生产、汽车配套、轨道交通设备等；食品加工业的冷鲜食品、速冻食品等。事实上，这几类优势产业中的代表企业如宇通客车、双汇食品等经过多次并购已经成为行业龙头。同时我们也应该看到，河南企业的国内并购步子迈得还不够大，比较优势在缩小。因此，无论是为保持竞争优势，还是为扩张企业发展空间，河南的优势企业都应该抓住我国产业结构调整的机遇，加快并购的步伐，提高并购的力度。

三 拓展国际发展空间

（一）沿"一带一路"走出去发展

作为"一带一路"战略的重要节点，河南省与新疆等我国西部省份、中亚地区及"一带一路"沿线国家的经贸合作潜力巨大。2015年河南省对"一带一路"沿线国家和地区进出口额占全省进出口额的15%，2015年河南省对"一带一路"沿线国家和地区协议投资占全省对外投资的19%。因此，河南应抢抓国家"中部崛起"重大机遇，主动融入"一带一路"建设，积极拓展国际发展空间，蓄积壮大发展后劲。

首先，构建国际化营商环境。深入开展招商项目，落实专项督查，深化与世界500强和国内500强企业的战略合作。2015年7月初，郑州航空港经济综合实验区正式推行企业电子营业执照，实现企业办事"一卡通"；积极推行权力清单和负面清单管理模式，完善以河南电子口岸为载体的一站式大通关服务体系；建成国际贸易单一窗口，推动与"一带一路"沿线国家和地区主要口岸的互联互通。

其次，加强与沿线国家和地区的务实合作。积极组织参加国家级国际经贸交流活动，办好中国（河南）国际投资贸易洽谈会、中国（郑州）产业转移系列对接活动、中国（郑州）世界旅游城市市长论坛等重大活动，借力"一带一路"开展产业、能源、商贸、金融、文化、旅游多领域交流合作，谋划建设亚欧大宗商品商贸物流中心、丝绸之路文化交流中心、能源储运交易中心，形成与"一带一路"沿线国家全面合作的新格局。

再次，统筹口岸等平台建设。目前，河南已经是全国指定口岸数量最多、种类最全的内陆省份。河南处于"一带一路"东联西进的交会点，应积极融入"一带一路"建设，在巩固并重点打造郑州国际枢纽口岸的基础上，进一步优化完善口岸布局。郑州新郑综合保税区功能不断提升，南阳卧龙综合保税区获批建设，河南德众保税物流中心通过国家验收并封关运行，郑州国际陆港多式联运物流监管中心获批建设，郑州铁路汽车整车进口口岸一期工程建成运行，全国邮政国际邮件郑州经转口岸正在加快建设。统筹口岸开放布局，构建以郑州国际枢纽口岸为中心，沿丝绸之路经济带和对接长江经济带、京津冀一体化物流节点城市为支点，覆盖全省、辐射全国、连通世界的口岸开放体系。今后，要进一步扩大保税区建设和提高口岸运营效率。推动鹤壁、郑州经开综保区获批；加快洛阳西工等综保区申建步伐；郑州航空和铁路枢纽口岸应实行"7×24小时通关"、外国人72小时过境免签等便利服务；加快旅客通关信息化建设，积极推广旅客自助通道系统和车辆"一站式"电子验放系统。

最后，充分利用国际友好城市资源。河南省在利用好"一带一路"沿线国家资源发展本省经济的同时，加强与本省友好城市的合作也是一条很好的途径。目前，河南省已与世界上46个国家建立国际友好城市关系102对，其中，省级友好城市38对，市、县级友好城市64对，友好城市数量居中西部之首，居全国前列。另外河南省还建立了省市级友好交流关系40对。河南省同友好城市地区间的往来活动已占到全省主要涉外活动的70%左右，通过友好城市间的交流，促进了双方经贸、科技、文化、农业等各个领域的合作，有力推动了河南省的对外开放。

（二）抓"自贸区"建设引进来发展

国家对河南省自贸区建设的总体要求是"落实中央关于加快建设贯通南北、连接东西的现代立体交通体系和现代物流体系的要求，着力建设服务于'一带一路'建设的现代综合交通枢纽"。

我们要充分利用好这一难得的国家战略机遇，加快河南省外向型经济发展。河南省自贸区的定位，为其今后对外经济发展指明了方向。其一，现代立体交通体系和现代物流体系的建立，表明这个区域将接纳更多、更新、更优的全球企业与资源要素，也意味着全球商品贸易将更多取道中原进入国内市场，它带给河南的不仅是丰富的商品资源和价格低廉的优势，而且包括了巨大的外贸商机。其二，自贸区以负面清单模式为核心，减少了大量审批、税赋，突破了部分现行法律法规的局限性，从而减少了区内企业在贸易链条的中间环节和国别壁垒。其三，自贸区的建立，标志着河南与全球经济的高度接轨，实现真正意义上的"买全球卖全球"。依托自贸区，能催化、培育更多的新兴产业，有力促进河南产业结构调整、商业模式重构。

对于河南省这样外贸依存度不高、外向型经济要有待进一步发展的内陆省份，建设自由贸易试验区，要突出贸工结合，以贸促工，以工带贸。因此，河南省不仅要加大招商引资力度，结合本省特色培育发展外向型产业，做大外贸的蛋糕，而且要深化贸易和投资便利化，简政放权，做好国际化的营商环境。

推动郑州航空港经济综合实验区建设成为内陆地区对外开放的重要门户。河南将围绕"建设大枢纽、发展大物流、培育大产业、形成大都市"，把航空港实验区建设作为建设内陆对外开放高地、带动全省发展的关键性抓手，科学谋划，强力推进。一是在郑州航空港，以政府监管机制改革、外贸监管便利化、金融领域开放创新、外商投资管理体制改革等为抓手，进一步完善国际化营商环境，构建开放型经济体系，建设富有活力的开放新高地。二是在航空港区规划建设服务外包示范园区，培育服务外包自主品牌，打造具有地区产业特色的服务外包基地。三是加快建设现代综合交通枢纽，加快推进机场二期工程建设，完善航空货运网络，构筑国际航空货运枢纽；推进"米"字形快速铁路网建设，推动郑欧返程班列常态化运行；促进机、公、铁三网联合，形成成本优势，与航空港形成联运集疏。四是以航空物流、高端制造、现代服务业三大主导产业为重点，加大招商引资力度，促进产业集群发展,形成全球生产和消费供应链重要节点;大力发展食品加工、电子信息、生物医药、航空设备制造等临空经济或外向型制造产业;积极发展航空物流、航空金融、跨境电子商务、服务外包等现代服务业;着力扩大进出口贸易规模和质量,夯实建设内陆型自由贸易区的基础。

整合优化海关特殊监管区域,加快开放平台建设。推动郑州新郑综合保税区扩区发展,完善各项功能,实现保税加工、保税物流、口岸作业、贸易服务等功能全覆盖。加快整合郑州出口加工区、河南保税物流中心,申请设立郑州经开综合保税区。完善各类开放载体,加快肉类指定口岸建设,申报建设药品、汽车进口指定口岸。加快电子口岸建设,建立完善信息交换平台,实现不同监管区之间、监管区与省内外口岸之间的物流信息和通关放行信息互通。完善铁路、航空口岸功能,加大货站、堆场、仓储、口岸联检等基础设施投入力度,提高口岸信息化、机械化管理和作业水平。

规划建设郑州国际陆港。以铁路集装箱中心站为依托,铁路一类口岸为支撑,扩大郑欧班列运行规模,争取享受"安智贸"协定给予的便利通关政策,加快构建郑州—阿拉山口、郑州—二连浩特经中亚至欧洲的中欧国际物流大通道,在丝绸之路经济带建设中发挥更大作用。

加快郑州跨境电子商务试点建设。完善配套政策体系,建设便利的跨境电子商务交易、监管和物流配送系统,推动构建海关对"信息流""资金流""物流"三维信息的合一比对、实时监控,实现商品的有效查验,进口业务在交易过程中的所有申报数据应可控、可视、可追溯,抢占跨境电子商务领域先发优势。加快规划建设跨境贸易电子商务产业园,引入知名电商和品牌企业建设全球网购商品展示店、保税仓库、保税展示基地等,使虚拟和实体店共同发展,打造全国重要的国外进口商品零售基地,以及网购品集散分拨中心。

实行负面清单管理模式。借鉴国际通行规则,研究制订外商投资负面清单。对外商投资试行准入前国民待遇,对外商投资准入特别管理措施(负面清单)之外的领域,按照内外资一致的原则,将外商投资项目由核准制改为备案制,但国务院规定对国内投资项目保留核准的除外;将外商投资企业合同章程审批改为备案管理。

同时,深化境外投资管理方式改革,进一步减少审批,对境外投资开办企业实行以备案制为主的管理方式,对境外投资一般项目实行备案制。

第三节 加快河南经济发展方式转变

加快河南经济发展方式转变，其目的就是要提高河南经济发展质量。提高经济发展质量，主要途径有三个：一是传统产业转向新兴产业，二是要素驱动转向创新驱动，三是资源优化再配置。

一 传统产业转向新兴产业

产业是决定供给体系质量和效率的根本所在，要顺应产业变革大势和发展规律，充分发挥市场机制和企业主体作用，聚焦产业发展的重大结构性问题，以新兴产业和新业态培育、传统产业转型升级、产业深度融合发展为着力点，推进河南省战略性新兴产业、先进制造业、高成长服务业、现代农业和网络经济的建设，构建高素质、高质量、高效率的现代产业体系。

（一）培育战略性新兴产业

完善有利于新兴产业发展壮大的体制机制和政策体系，解决新兴产业规模小、拉动作用不突出等问题，抢占未来发展制高点。

一要实施智能产品发展工程。①扩大智能终端产业规模，完善产业链条。做强智能手机优势产业集群，积极发展智能手表、智能眼镜、智能手环等智能可穿戴设备。②积极引进发展智能汽车、智能无人机、智能机器人等人工智能产品。

二要实施生物产业提速工程。①加快发展高品质仿制药。②大力发展生物育种，加快农业和畜禽新品种产业化和市场化。③加快建设基因检测技术应用示范中心、区域医疗健康大数据应用基地、干细胞治疗专业服务平台等。

三要实施先进材料创新发展工程。①加快新乡新型电池材料国家战略性新兴产业区域集聚发展试点工作。②加快发展高品级超硬材料，提升终端制品市场份额。③实施高性能镁铝合金、高纯钨钼溅射靶材、电路级硅抛光片、高强高模碳纤维等一批重点项目。积极引进发展石墨烯、纳米等新型材料。

（二）推动制造业提质转型

一要实施高端装备创新工程。①实施增强制造业核心竞争力行动计划。②支持骨干企业开展在线监测、远程诊断、云服务及系统解决方案试点，提升服务型制造能力。

二要实施智能制造示范工程。①支持装备、汽车、轻工、电子信息等行业企业集成应用计算机辅助设计制造等仿真技术,建设智能车间。②支持化工、冶金、食品等行业采用信息技术,构建制造资源系统管理平台,建设智能工厂。③组建省智能制造创新中心,建设省级工业云平台,推动互联网企业搭建面向中小微企业的协同制造公共服务平台,提供以数据聚合和知识共享为基础的云制造服务。

三要实施消费品升级工程。①推动日用消费品结构升级。实施增品种、提品质、创品牌的"三品"专项行动。②加速发展新能源汽车。加快整车企业纯电动和氢动力汽车产业化,规划建设覆盖全省中心城市的充换电设施。

四要实施绿色制造推广工程。①实施高耗能行业节能降碳改造提升行动。②实施节水领跑者行动。③实施工业生产清洁化行动。④实施产业废弃物综合利用示范行动。⑤实施园区循环化改造行动。

五要实施技术改造升级工程。①实施新一轮技术改造专项行动。②实施质量品牌提升专项行动。③开展工业强基专项行动。

六要实施优势产业集群培育工程。①完善产业集聚区和专业园区载体功能。②加快培育郑州电子信息、郑州汽车产业、洛阳智能装备、漯河食品等20个以上千亿级优势产业集群。

(三) 加快发展现代服务业

一要实施生产性服务业创新融合工程。①建设郑州国际物流中心。加快郑州国际陆港建设,推动中欧(郑州)班列开行班次和货值在全国保持前列。推动物流业与制造业联动发展。建设企业供应链管理平台,配套建设一批产业聚集区公共外仓。实施智慧物流升级行动。建设食品冷链、零担货运等领域专业化物流信息平台。提升消费品物流服务能力,建设完善城乡公共配送网络,引进大型快递企业建设区域分拨中心,建成6000个快递终端投送网点。②加快建设郑东新区金融集聚核心功能区。加快推动金融改革,支持"金融豫军"加快发展。争取设立民营银行、中原寿险公司、消费金融公司、金融租赁公司,推进村镇银行县域全覆盖。争取中原证券回归A股上市。③发展多层次资本市场。推进郑州商品交易所向综合性期货交易所转型,扩大债券融资规模,探索建立保险资产交易平台,健全企业上市融资服务体系。积极推进金融服务创新,大力扶持融资租赁企业,支持开展飞机、大型设备等融资租赁业务，加快设立一批产业投资基金和创业投资基金，规范发展互联网金融。④扩大研发设计服务规模。加快建设国家技术转移郑州中心、国家知识产权局专利审查协作河南中心，实施大中型企业省级研发机构全覆盖工程，建成一批国家级工程研究中心、重点实验室和国家级工业设计中心。加快人力资源服务发展。

二要实施生活性服务业拓展提升工程。①建设知名旅游目的地。依托"一河两拳三山四都"（"一河"指黄河，"两拳"指少林拳和太极拳，"三山"指太行山、嵩山和伏牛山，"四都"指郑州、开封、洛阳、安阳四大古都）资源，加快建设郑、汴、洛、焦国际文化旅游名城。加快郑州、济源、栾川等10个国家全域旅游示范区创建，支持兰考县建设红色旅游示范区，建设大别山无障碍旅游区。②积极发展智慧旅游。建设智慧旅游公共服务平台，推进4A级以上景区和智慧乡村旅游试点实现免费无线网络、智能导游、在线预订等功能全覆盖，加快郑州、洛阳国家智慧旅游试点城市建设。③加快文化产业发展载体建设。依托少林功夫、根亲等文化资源，建设发展一批特色文化产业集群。推动文化产业创新发展，打造中原文化精品，培育一批文化名家大师。④扩大健康服务供给。加快推进公立医院综合改革，完善分级诊疗制度。鼓励引进国内外优质医疗资源共建高端医疗健康项目。推进基层医疗卫生机构和公共卫生机构标准化建设。完善养老服务体系。采取公建民营、民建公助、购买服务等多种方式，支持社会力量举办养老机构和医养结合机构，建设一批养老健康产业示范园区（基地）。

（四）提升农业现代化水平

一要开展农业综合生产能力建设行动。①稳定提升粮食综合生产能力。②实施现代种业建设工程。③推动适度规模化经营。积极培育家庭农场、农民合作社等新型农业经营主体，发展多种形式的适度规模经营。

二要实施农业结构调整优化行动。①推进农业生产结构调整。稳定小麦种植，适当调减玉米种植，增加优质生猪、奶牛、肉牛、家禽、肉羊等非粮基本农产品供应。②扩大特色农产品供应。③发展农业新型业态。大力发展休闲农业、观光农业、养生农业、创意农业、农耕体验、乡村手工艺等新业态。④加快推进农村第一、二、三产业融合发展。

三要实施农产品质量安全提升行动。①提高农产品质量安全水平。②加强农产品质量安全全过程监管，建立全程可追溯、互联共享的农产品质量安全信息平台。

四要实施农业可持续发展行动。①提高农业可持续发展能力。实施山、水、林、田、湖生态修复保护,农业清洁生产示范和耕地质量保护与提升等工程。②实施农业面源污染治理。推动农田残膜回收再利用。实施土壤污染防治行动计划。③实现农业资源化利用。建立健全秸秆回收体系,开展秸秆全量化利用试点,推动秸秆、废旧地膜、畜禽养殖粪便等农业废弃物资源化利用或无害化处理。

(五) 大力发展网络经济新业态

一要实施"互联网+"行动。①实施"互联网+"11大行动,研究制定专项工作方案,推进重点领域开放合作,放宽新模式、新业态市场准入,突破"互联网+"发展瓶颈制约。②鼓励传统企业与互联网企业合作,在协同制造、高效物流、现代农业、创业创新等重点领域组织推进试点示范,培育"互联网+"骨干企业。③依托信息惠民试点城市,开展"互联网+政务服务"信息惠民试点,推进部门间信息共享和业务协同,加快实现"一号申请、一窗受理、一网通办"。

二要实施大数据创新发展行动。①积极申建国家大数据综合实验区。②制定部门数据资源开放清单和开放计划。③突出交通物流和农业粮食领域大数据创新应用。

三要实施物联网创新发展行动。①推动物联网健康快速发展。②加快各类先进传感器研发和产业化。③加快建设国家物联网重大应用示范工程试点省,在农业生产、交通物流、城市管理等领域推进试点示范,促进传统产业提质增效。

四要实施电子商务跨越发展行动。①加快建设中国(郑州)跨境电子商务综合试验区。②推进电子商务进农村示范县(市)和示范单位创建。③推动"豫货通天下"工业企业和电商企业对接。④加快国家电子商务示范城市、国家和省级电子商务示范基地(企业)建设。

五要实施信息网络能力提升行动。①深入实施"宽带中原"战略,优化网络资源配置。②实施信息基础设施投资倍增计划。③落实国家电信普遍服务补偿机制。

二 要素驱动转向创新驱动

(一) 以创新驱动促进管理机制转化

要素驱动主要是指资源、环境、人口、投资这些因素对经济发展的推动。经过30多年的快速发展，河南省经济发展的人口红利在逐渐消失，资源紧缺、环境约束矛盾突出，所造成投资回报的边际效应在递减。要解决经济发展质量和效益提升的问题，就要转变这些传统的要素驱动，让全面创新驱动成为经济增长的"倍增器"、发展方式的"转换器"。在全面创新驱动时代，需要新的制度设计和政策支持。

一是积极推动自主创新立法，营造鼓励企业创新的法律环境。要适时适当地对原有技术创新及相关法律进行修改、完善以及制定新的法律法规，对于超前性、探索性强的科技活动给予鼓励和支持。在创新立法的过程中，应增强法律法规的可操作性，比如，完善财政、税收、投资等方面对自主创新扶持的政策和法规；建立科技专家咨询制度与陪审制度，建立不同专业技术领域的咨询专家库；吸收各类技术专家参与知识产权案件审判等。

二是做好产业转型升级政策的顶层设计与规划引导。从国家战略层面促进创新型省份、创新型城市、创新型园区、创新型企业建设，鼓励创建国家转型升级先行区、示范区，并赋予其"先行先试"政策。加大财税、土地政策支持，包括改革财政投入方式，由补助贴息为主向政府股权投资、共有知识产权、创投引导基金等多种方式转变。推进区域税收政策及行业税收政策的落实和改革，完善固定资产加速折旧的税收政策，对重点行业的企业研发和技术改造的仪器、设备可采取缩短折旧年限或加速折旧的方法。

三是推进创新链、产业链和资金链"三链融合"。围绕产业链部署创新链，加快科技创新资源与产业资本、金融资本的融合，破解"技术孤岛"困境。围绕创新链完善资金链，构建包括种子基金、天使基金、创业投资、担保资金和政府创投引导基金等在内的覆盖创新链条全过程的公共（技术）服务平台金融服务体系，破解"产业旱地"困境。

四是加快企业技术改造步伐。制定支持企业技术改造的配套政策，鼓励金融机构开设技术改造融资"绿色通道"。鼓励风险投资、创业投资等民间资本参与企业技术改造。对产业链中的关键领域、薄弱环节和共性问题等进行整体技术改造，推广共性适用的新技术、新工艺和新标准。支持企业信息化、智能化成果应用、新产品开发、新工艺应用等，推动一批智能装备整机、关键零部件和系统集成应用等项目建设。推进优势传统产业企业实施设备更新和升级换代，提升装备水平。推广国内外先进节能、节水、节材技术和工艺，积极发展循环经济。

（二）以创新驱动激发河南发展新活力

依靠开放式创新。必须依靠开放式创新，最大限度挖掘利用国际国内创新资源。一是充分发挥河南省区位、交通、市场、人力资源等比较优势，扩大创新领域的对外开放，尤其是吸引国内外一流大学、国际知名科研机构、世界500强企业、外资研发中心来河南设立研发机构或科技中心，实现引资、引智、引技相结合。二是紧紧抓住世界经济深度调整和新技术革命行将爆发带来的机遇，积极开展与发达国家、先进地区的技术合作，加强本土企业与大型央企、科研院所、高等院校的创新合作，建立创新联盟。三是积极利用双向产业转移叠加发生的大好时机，通过鼓励外资投向河南省的战略新兴产业、高新技术产业，加快承接技术转移转化；同时支持有条件的企业和研发机构走出去布局创新网络，开展技术并购，参与国际合作研发，提升优势领域的国际竞争力。

实施引领式创新。充分发挥郑州航空港经济综合实验区的开放领先、河南自贸区的制度创新、一带一路布局中的节点作用，积极探索建立创新资源统筹协调发展、技术转移转化、科技创新与资本对接、人才服务工作等新机制，创建郑洛新国家自主创新示范区，打造创新驱动新引擎，实施引领式创新。着眼于新技术、新产业、新业态和新模式，探索走出一条"四新"当头、引领创新、率先发展的新路子。此外，依托河南省的综合优势，发挥市场决定作用，以市场吸引优质高端要素的有效集聚和高效配置，形成市场先导、引领创新的发展模式。

强化聚焦式创新。一是聚焦当前产业的发展需求，围绕产业链、价值链谋划创新链，推动传统制造业和服务业转型升级，培育战略新兴产业，支撑"四个大省"建设。二是聚焦产业转型发展拐点，加强产业拐点的研判和重大技术预警，在信息、制造、新材料、生物、新能源等领域，前瞻布局技术研发，塑造获取先发优势的引领型发展。三是聚焦"互联网+"，使产业创新插上互联网的翅膀，引发产业在组织方式、生产方式、消费方式、服务方式等方面的全方位创新，占据发展的主动权和经济制高点。四是聚焦企业创新主体，把企业推向创新的前沿。国有企业创新基础最坚实，要通过体制机制创新，释放创新能量，使之成为科技创新的主力军。非公有制企业创新意愿最强烈，要通过一揽子支持创新的政策，使之成为科技创新的领头雁。小微企业创新触觉最广泛，要通过鼓励支持引导其向"专、精、特、新"发展，使之成为集聚创新能量、喷涌创新活力的沃土。

推进大众式创新。目前，河南省人口已超过1亿，每年高校毕业生、农村转移劳动力数量都较大，人力资源转化为人力资本的潜力巨大。必须推进大众式创新，促使人力资源优势转化为创新优势。一是要精心打造各类创新公共平台。建立科技基础设施、大型科研仪器、重点实验室和专利信息资源向全社会开放的长效机制。鼓励企业建立一批专业化、市场化的技术转移平台，开展面向创业创新的社会化服务。依托产业集聚区等创业创新资源密集区域，打造若干创业创新中心。二是要完善公平竞争市场环境，转变政府职能，增加公共产品和服务供给，为创业创新提供更多机会。三是要健全创业人才培养与培训机制，把创业精神培育和创业素质教育纳入国民教育体系，实现全社会创业教育和培训制度化、体系化。

（三）以创新驱动打造河南发展新引擎

当前，河南发展的外部环境和条件发生了深刻变化，既处于蓄势崛起、跨越发展的关键时期，又处于爬坡过坎、攻坚转型的紧要关口，比以往任何时候都更加需要强化创新的引领和驱动作用。"十三五"期间河南创新发展的总体构想是，认真落实《国家创新驱动发展战略纲要》，把创新驱动发展作为全省的优先战略，拓展产业发展新空间，发挥科技创新在全面创新中的引领作用，释放市场化改革和人力资本红利，强化基础设施支撑，创造新需求新供给，加快实现发展动力转换，提高发展质量和效益。重点包括以下三个方面的内容。

推动"四个大省"建设，构建现代产业体系。建设先进制造业大省，实施"中国制造2025河南行动"，一手抓高成长性制造业和战略新兴产业高端突破，一手抓传统产业脱胎换骨改造，加快向集群化、智能化、绿色化、服务化升级，构建竞争优势明显的制造业体系。建设高成长性服务业大省，实施加快发展现代服务业行动，以现代物流和现代金融引领生产服务业跨越发展，以精细化、品质提升为导向促进生活型服务业提速发展，打造中西部生产性服务业高地和特色消费中心。建设现代农业大省，以发展多种形式的适度规模经营为引领，以集约、高效、绿色、可持续为方向，加快转变农业发展方式，建设全国新型农业现代化先行区。建设网络经济大省，大力发展基于大数据、云计算、物联网等新一代信息技术的网络经济新形态，推进新一代信息技术与经济社会各领域深度融合。

紧扣发展主题，构建现代创新体系。培育壮大创新主体，强化企业创新主体地位和主导作用，实施创新龙头企业培育工程，培养造就一大批创新型企业家；激发高等院校和科研机构创新活力，引导科研人员积极主动地投身经济社会发展主战场；推进大众创业、万众创新，建设各类创新创业孵化载体，激发全社会创新活力。完善创新载体平台，积极创建郑洛新国家自主创新示范区，继续发挥产业集聚区、高新技术产业开发区等在区域创新中的示范带动作用，整合集聚各类创新要素，推动科技创新从科研点到创新链再到创新面的延伸。深化改革开放，通过深化科技体制改革，全面提高科技资源利用效率；通过推动开放式创新，吸引集聚国内外科技资源，借力缩小创新差距。推进全面创新，促进科技创新与业态创新、模式创新、管理创新、产品创新等各方面创新全面融合。

实施人才强省战略，发展壮大创新人才队伍。加快教育现代化，坚持教育优先战略，完善基本公共教育服务体系，建立职业教育产教融合新体系，提升高校创新人才培养能力。发展壮大创新人才队伍，围绕重点产业和重点领域需求集聚高层次人才，依托重点学科、科研基地、重大科研和工程项目，推进高层次创新型人才建设，培育造就一批科技领军人才、工程师和高水平创新团队；完善有利于人才发挥作用的政策环境，健全知识、技术、管理等由要素市场决定的报酬机制，完善科技成果、知识产权归属和利益分享机制；培养技能型人才，深入推进全民技能振兴工程和职教攻坚工程，建立健全技能培训与产业发展对接机制，全面提高劳动者的技能素质，为科技创新和产业发展提供大批高素质技能型人才。

三 全面提升河南经济发展质量

（一）提升河南经济发展质量的路径

在经济新常态背景下，要保持经济持续健康发展，从中低端迈向中高端水平，必须尽快实现由要素驱动、投资驱动为主向创新驱动为主转变，着力提高经济发展质量和效益。

从宏观层面讲，经济发展的质量主要体现在劳动生产率、投资回报率、全要素生产率和企业利润、居民收入、政府税收上。只有提高要素生产效率，才能有效对冲要素成本上升，提高企业竞争力，才能从根本上为增加企业利润、居民收入和政府税收创造条件。

从执行层面看，国家已创新了独特的经济发展质量指标。"十三五"规划提出了七大主要目标，其中首次提出全要素生产力明显提高这一反映发展质量的目标，还提出了25个主要指标。其中实有指标33个，经济发展指标只有4个，占总数的16.0%，而经济发展速度指标只有一个（GDP增长率），占总数的4.0%，其他均为非经济发展指标。首次提出全员劳动生产率增速、科技进步贡献率、实现农村贫困人口全部脱贫、改善空气和地表水质量等指标。这些指标体现了现代化建设大布局和发展新理念，充分体现了发展质量观和发展效益观，也为河南省提高经济发展质量提供了参考指标。

河南省是全国人口和农业大省，虽然经济总量一直位居全国前列，但经济发展质量不高，目前主要表现在经济增速下降、工业品价格下降、实体企业盈利下降、财政收入增幅下降等问题上。产业结构相对偏重能源原材料的基本格局没有根本改变，经济发展方式比较粗放、科技含量相对较低、产业附加值不高的状况没有根本改变。这些问题也可以说是要素生产效率不高带来的。在经济新常态背景下，要保持经济持续健康发展，从中低端迈向中高端水平，必须尽快实现由要素驱动、投资驱动为主向创新驱动为主转变，着力提高经济发展质量和效益。

因此，今后必须摈弃"以GDP论英雄"的传统观念，从根本上力避发展的盲目性，切实转换推动经济增长的动力，通过促进全方位创新，降低要素投入，拓展环境空间，减少资源占用，提高产品附加值，提升产业层次，以相对较少的要素投入和环境代价，获得相对较大的产出，使经济增长真正成为高质量、高效益的增长。只有改变思维惯性和路径依赖，从追求数量扩张转向质量提升，加快结构调整和动力转换，才能顺应经济发展阶段性变化，牢牢把握发展的主动权。

以提高发展质量和效益为中心，加快形成引领经济发展新常态的体制机制和发展方式。创新是引领发展的第一动力，必须把发展基点放在创新上。当下，总需求不足、产能过剩、产业竞争力低、环境资源成本高等成为河南省经济快速发展的制约因素。实现从要素投入型增长向创新驱动型增长的跃迁，以保证"十三五"乃至今后更长一段时期河南省经济健康前行，转型升级、提质增效无疑是刚性遵从。

把产业结构调整转向新技术、新产品、新业态、新模式等新产业领域，核心是提升产业价值链。供给侧结构性改革的目的也是提升发展质量，通过深化供给侧结构性改革，促进要素流动和优化再配置，实现生产要素从低效率企业向高效率企业、从产能过剩行业向有市场需求的行业流动。

传统产业升级的路径还包括发展生产性服务业，促进制造服务化和服务知识化；加快劳动密集型产业转型升级，向劳动知识技能相结合方向发展；

强化研发设计能力，促进由以高技术组装业为主向以自主研发制造业为主转变。

大力拓展消费市场，提高经济发展质量和效益，必须彻底改变"投资独大"的局面，采取创新性措施拓展消费市场。一方面，通过改善农村生产生活条件，为"三农"扩大消费创造环境条件，充分启动农村消费市场。另一方面，着力扩大城镇居民消费，引导消费朝着智能、绿色、健康、安全方向转变，以扩大服务消费为重点带动消费结构升级，进一步发掘城镇消费市场，大幅提高消费对经济增长的贡献率，进而提高经济质量和效益

要营造一个创新生态，也就是要营造激励创新的公平竞争环境，实行严格的知识产权保护制度，强化创投、风投、众筹等支持创新的金融工具，完善成果转化激励机制，形成培养和吸引创新人才的机制等。创新必须尊重创新人才，以市场需求为导向，在试错过程中发现和找准创新方向。这就要求发挥市场机制的决定性作用。

在经济体制改革方面，要围绕处理好政府和市场关系这个核心问题，从多个方向展开布局，在突破经济社会发展瓶颈制约、解决人民群众切身利益、政府自身改革三大主战场，形成战略推进势头。

（二）提升河南经济发展质量的对策

认识把握规律。认识把握区域经济发展规律，重点认识把握区域经济一体化规律、产业梯度转移规律、中心城市和城市群带动规律、区域空间布局与结构优化规律、区域产业集聚与人口集聚规律等。认识把握产业发展规律。要注重产业链从上游向下游突围、产业层次由传统加工制造向服务增值提升、产业形态由分散形态向集中形态转变、产业扩张方式由点式发展向链式发展转变、产业配套由依赖跨区域采购向本地配套供应转变，围绕国内外产业转移的新趋势新特点，注重龙头基地型、技术创新型、服务中心型项目引进，坚持承接产业转移与培育内生动力并举，以增量升级带动存量优化，提升河南经济发展的质量。

全省凝聚共识——靠正确的战略和策略求发展的共识。正确的战略集中体现为国家批复河南省的粮食生产核心区、中原经济区、郑州航空港经济综合实验区、郑洛新国家自主创新示范区和河南自贸区这五个战略规划，标志着河南省发展的战略目标、战略布局、战略重点、战略举措和基本路径已经明确。要围绕国家五大战略加大创新力度，在内外并重的开放系统中寻求资源和生产要素的最佳组合，扎实推进重点领域和关键环节改革，释放发展的

巨大潜力、源头活力和持久动力，推动河南经济发展由依靠投资驱动向更多依靠创新驱动转变。

推动政策创新。国家五大战略规划赋予河南一系列先行先试的权利和相应的政策，要深刻理解规划内容和政策指向，创造性地贯彻落实，使之成为提升河南经济发展质量的有力支撑。一要积极谋划贯彻落实的具体举措，发挥最大政策效应。二要充分挖掘国家战略所蕴含的政策潜力，力争"横向到边、纵向到底"。三要统筹国家五大战略，注重形成政策合力。强化各区域、各部门在贯彻落实国家五大战略中的多方协作、相互配合、统筹推进，注重优化政策组合，形成各配套政策间相辅相成、相互支撑的良好格局，不断提升打造河南经济升级版的政策综合效应。

完善考评体系。建立健全有利于科学发展的考核标准、考核办法、考核手段，切实把民生改善、社会进步、生态效益、群众满意度等指标和实绩作为重要考核内容，再也不能简单"以GDP论英雄"，必须加快形成有利于科学发展的激励约束机制。

我国经济正处于加快转型升级的新时期，作为全国经济大省，河南要从特殊省情和区位出发，着力打造具有更高质量、更高水平的经济升级版。随着粮食生产核心区、中原经济区、郑州航空港经济综合实验区、郑洛新国家自主创新示范区和河南自贸区五个国家战略规划的实施，河南的战略地位和综合优势更加凸显。要努力使国家战略转化为区域发展新优势，实现改革红利、内需潜力和创新活力的叠加累积，努力提升河南经济发展的质量水平。

参考文献

[1]《马克思恩格斯选集》第3卷、第4卷、第25卷,人民出版社,1995。

[2]《马克思恩格斯全集》第2卷,人民出版社,1957。

[3]《马克思恩格斯选集》第2卷,人民出版社,2012。

[4]《资本论》第1卷,人民出版社,1975。

[5]《毛泽东选集》第3卷,人民出版社,1991。

[6]《毛泽东选集》第1卷,人民出版社,1991。

[7]《邓小平文选》,人民出版社,1983。

[8] 吴倬编《马克思主义哲学导论》,当代中国出版社,2002。

[9] 谷建全编《河南实施创新驱动发展战略研究》,社会科学文献出版社,2015。

[10] 辜胜阻:《创新驱动战略与经济转型》,人民出版社,2013。

[11] 河南省人民政府:《关于印发河南省加快转变农业发展方式实施方案的通知豫政》〔2016〕2号,河南省人民政府公报(2016-3)。

[12] 国务院办公厅印发《关于加快转变农业发展方式的意见》,《中国农资》2015年第31期。

[13] 胡德锌:《论加快转变农业发展方式》,《重庆行政》2010年第4期。

[14] 孔祥敏:《中国经济发展方式转变中的动力缺失及对策》,《北京行政学院学报》2010年第6期。

[15] 许捷等:《"三化"发展与经济发展方式转变的实证研究》,《软科学》2014年第9期。

[16] 张玉杰:《论经济发展方式转变目标、路径与行动》,《福建论坛》2015年第1期。

[17] 卿军等:《加快转变农业发展方式,推进广西现代农业发展》,《广西农学报》2011年第4期。

[18] 唐珂:《依靠科技创新加快转变农业发展方式》,《农业科技管理》2015年第5期。

[19] 陈振明:《深化行政体制改革 加快服务型政府建设——中国政府改革与治理的新趋势透视》,《福建行政学院学报》2008年第4期。

[20] 薄贵利:《建设服务型政府必须深化行政体制改革》,《国家行政学院学报》2011年第1期。

[21] 高小平:《解放思想 深化行政体制改革》,《中国行政管理》2013年第3期。

[22] 苗树彬:《释放改革红利》,《上海大学学报》(社会科学版)2013年第6期。

[23] 袁志刚:《深化要素市场改革,创新对外开放模式》,《经济研究》2013年第2期。

[24] 文欣、张雨微:《当前要素市场改革的主线与制度保障建议》,《生产力研究》2015年第8期。

[25] 何玉长:《善待生产性劳动和优先实体经济》,《学术月刊》2016年第9期。

[26] 沈荣华:《简政放权改革的走向》,《行政管理改革》2016年第7期。

[27] 马建堂:《推进"互联网+"亟需简政放权》,《中国信息界》2016年第4期。

[28] 吴向鹏:《区域创新:区域经济发展必由之路》,《福州党校学报》2001年第1期。

[29] 孙丽文等:《区域创新能力与区域经济发展》,《经济研究参考》2005年第52期。

[30] 段娜:《通过创新促进区域经济一体化的发展》,《经济论坛》2011年第3期。

[31] 刘旭青:《创新驱动:转变经济发展方式的战略选择》,《社科纵横》2013年第7期。

[32] 张来武:《论创新驱动发展》,《中国软科学》2013年第1期。

[33] 陈曦:《创新驱动发展战略的路径选择》,《经济问题》2013年第3期。

[34] 吴延兵等:《创新、模仿与企业效率——来自制造业非国有企业的经验证据》,《中国社会科学》2011年第4期。

[35] 李玲等:《纵容之手、引导之手与企业自主创新——基于股权性质分组的经验证据》,《南开管理评论》2013年第3期。

[36] 周亚虹等:《中国工业企业自主创新的影响因素和产出绩效研究》,《经济研究》2012年第5期。

[37] 黄群慧、贺俊:《中国制造业的核心能力、功能定位与发展战略——兼评〈中国制造2025〉》,《中国工业经济》2015年第6期。

[38] 张峰等:《政府管制、非正规部门与企业创新:来自制造业的实证依据》,《管理世界》2016年第2期。

[39] 周文辉等:《瓶颈突破、行动学习与转型能力——基于三家内向型中小制造企业的转型案例研究》,《南开管理评论》2015年第2期。

[40] 黄群慧:《论中国工业的供给侧结构性改革》,《中国工业经济》2016年第9期。

[41] 完世伟、赵然等:《产业互联网驱动下的商业模式创新研究——以河南为分析例证》,《中州学刊》2014年第11期。

[42] 黄正林:《制度创新、技术变革与农业发展——以1927~1937年河南为中心的研究》,《史学月刊》2010年第5期。

[43] 李庚香:《着力打造河南"十三五"发展的"混合动力"》,《中州学刊》2015年第12期。

[44] 李远东:《吸收能力、创新绩效与信息化障碍——来自河南中小民营企业的实证》,《科技进步与对策》2016年第11期。

[45] 孙永金:《河南科技创新成果转化难的成因分析》,《科技管理研究》2012年第13期。

[46] 王晓芳:《河南省文化产业发展的对策探究》,硕士学位论文,西安工程大学,2015。

[47] 王晖:《区域创新与区域经济发展的关系研究——以浙江省为例》,硕士学位论文,浙江工业大学,2012。

[48] 杨济时:《中原经济区建设的金融支持研究》,博士学位论文,吉林大学,2015。

[49] 王东升:《河南省现代服务业发展的影响因素和对策研究》,硕士学位论文,信阳师范学院,2010。

[50] 刘科军:《河南省现代物流业发展对策研究》,硕士学位论文,天津大学,2006。

[51] 王雪威:《河南省金融服务业竞争力研究》,硕士学位论文,河南工业大学,2016。

[52] 苌千里:《河南省区域创新生态系统适宜性研究》,博士学位论文,河南大学,2012。

[53] 崔芸:《河南现代服务业发展的影响因素及对策研究》,硕士学位论文,河南大学,2012。

[54] Falck, O., Heblich, S. and Kipar, S., "Industrial Innovation: Direct evidence from a Cluster - oriented Policy", *Regional Science and Urban Economics* 40 (6), 2010.

[55] Bruggemann, J., et al., "Intellectual Property Rights Hinder Sequential Innovation: Experimental Evidence", *Research Policy* 20 (10), 2016.

[56] Delgado - Verde, M., et al., "Intellectual Capital and Radical Innovation: Exploring the Quadratic Effects in Technology - based Manufacturing Firms", *Technovation* 8 (35), 2016.

[57] Vuori, T. O., Huy, Q. N., "Distributed Attention and Shared Emotions in the Innovation Process: How Nokia Lost the Smartphone Battle", *Administrative Science Quarterly* 1 (9), 2016.

[58] Wan, F., Williamson, P. J. and Yin, E., "Antecedents and Implications of Disruptive Innovation: Evidence from China", *Technovation* 26 (94), 2015.

[59] Bharadwaj, N., Noble, C. H., "Innovation in Data – Rich Environments", *Journal of Product Innovation Management* 3 (476), 2015.

后　记

区域创新被认为是区域经济发展的重要推动力，对区域经济增长、区域产业结构升级和区域整体竞争力提升具有显著的促进作用。通过区域创新可以优化、整合区域内的创新资源，提高区域的创新能力，形成区域的创新合力。区域中高科技企业和高科技产业园区形成区域经济中的新产业和新的经济增长点。区域内大型企业创新能力的形成，不仅可以提高企业自身对先进技术的消化吸收能力，而且可以逐步形成企业的自主创新能力。区域创新环境还可以为区域内的大量中小企业提供新技术和各种技术服务，进行技术扩散，形成更大规模的经济增长效应。

河南作为中国的中部省份之一，按照国家区域战略部署，正在大力推进中原经济区建设，并以郑州航空港经济综合实验区、郑洛新技术创新示范区、郑州自贸区为抓手，以创新培育新的"增长极"为手段，充分发挥增长极的回顾效应和旁侧效应。一方面，通过回顾效应对各种投入要素产生新的要求，从而刺激这些投入品产业的增长。另一方面，通过旁侧效应对它的周围地区在社会经济发展方面起到积极的带动作用，并诱导新兴工业部门、新技术、新原料、新能源等的出现，进而使由于产业结构改变而产生的新的瓶颈问题得到解决。由此，引发河南区域经济全方位的增长。

作为集体智慧的结晶，本书由华小鹏教授总领提纲，程文晋教授负责组织协调。全书共分九章：第一章由华小鹏教授撰写；第二章由李培林博士撰写；第三章、第五章由王义忠博士撰写；第四章由陈慧慧博士撰写；第六章由张斌博士撰写；第七章由刘蕴博士撰写；第八章由许贵阳博士撰写；第九章由曾一军博士撰写。全书由华小鹏教授审稿、程文晋教授统稿、王义忠博士校对。

在本书的撰写过程中，借鉴了国内外学者的很多重要观点和研究成果，参照了河南省软科学课题（152400410094）《河南省实施创新驱动发展战略研究》的研究框架和思路。在此对这些研究成果的作者表示衷心感谢！

鉴于本书作者的理论水平有限以及时间仓促，难免有疏漏和不当之处，恳请专家学者批评指正。

本书由河南财经政法大学政府经济发展与社会管理创新研究中心、现代服务业河南省协同创新中心共同出版，并得到了河南财经政法大学道德与文明研究中心的支持。

华小鹏

2017 年 1 月

图书在版编目(CIP)数据

河南创新发展:现实与未来 / 华小鹏等著. -- 北京:社会科学文献出版社,2017.7
 ISBN 978 - 7 - 5201 - 0359 - 6

Ⅰ.①河… Ⅱ.①华… Ⅲ.①区域经济发展 - 研究 - 河南 Ⅳ.①F127.61

中国版本图书馆 CIP 数据核字(2017)第 031807 号

河南创新发展: 现实与未来

著　　者 / 华小鹏　等

出 版 人 / 谢寿光
项目统筹 / 周　丽　陈凤玲
责任编辑 / 陈凤玲　关少华　汪　涛

出　　版 / 社会科学文献出版社·经济与管理分社(010)59367226
　　　　　　地址:北京市北三环中路甲29号院华龙大厦　邮编:100029
　　　　　　网址:www.ssap.com.cn
发　　行 / 市场营销中心(010)59367081　59367018
印　　装 / 北京玺诚印务有限公司

规　　格 / 开　本:787mm×1092mm　1/16
　　　　　　印　张:14.5　字　数:253千字
版　　次 / 2017年7月第1版　2017年7月第1次印刷
书　　号 / ISBN 978 - 7 - 5201 - 0359 - 6
定　　价 / 85.00元

本书如有印装质量问题,请与读者服务中心(010-59367028)联系

版权所有 翻印必究